특수아동교육

이미선 박미숙 김미경

YANGSEOWON
양서원

머리말

특수교육은 장애나 장애위험을 지닌 유아들에게 장애가 미칠 수 있는 부정적인 영향을 최소화할 수 있다. 유아기는 인간발달의 기초를 형성하는 중요한 시기로, 이 시기의 발달은 생애 전반에 걸쳐 많은 영향을 미치게 된다. 따라서 교사는 특수교육대상 아동의 개별적인 특성과 다양성을 인정하고, 무한한 잠재력이 있는 한 아동으로 인식하는 것이 매우 중요하다.

「장애인 등에 대한 특수교육법」에서는 통합교육을 "특수교육대상자가 일반학교에서 장애유형, 장애 정도에 따라 차별을 받지 아니하고 또래와 함께 개개인의 교육적 요구에 적합한 교육을 받는 것"으로 정의하고 있다. 이후 통합교육은 물리적·사회적·교육적 통합의 의미로 확대되었고 장애 학생 인권 보호 및 통합교육에 대한 국가의 책무성이 강화되고 있다.

2022년 특수교육 연차보고서에 의하면, 학령인구는 감소 추세인 반면, 특수교육대상자의 수는 2018년 90,780명, 2020년 95,420명, 2022년 103,695명으로 매년 증가하고 있다. 특히 교육·보육기관 이용 영유아 수는 2018년 17,007명에서 2022년 19,906명으로 증가하여, 영유아 단계의 특수교육 수요가 높아짐을 알 수 있었다.

1994년 「특수교육진흥법」 제정으로 시작된 유아특수교육은, 초기에는 특수학교 유치부, 유아특수학교, 장애전담 어린이집 등에서 교육이 이루어졌으나, 현재는 장애 통합어린이집, 일반 유치원 및 일반 어린이집에서도 교육이 실시되고 있다. 따라서 특수교육대상자가 통합학급 안에서 또래와 의미 있는 학습 참여가 이루어질 수 있도록 지원하는 교사의 역량 강화의 지원이 필요하다.

따라서 이 책은 조기특수교육대상 아동을 교육하는 현장의 유아교사, 보육교사, 유아특수교사로서의 전문성과 현장실무역량을 강화하기 위한 목적으로 예비교사인 학생들이 특수교육과 특수아동을 이해할 수 있는 내용으로 구성하였다.

이 책의 단원 구성은 특수교육대상자의 분류 및 대학의 학사일정을 고려하여 12장으로 구성하였다.

1장은 특수교육의 이해로 특수교육의 개념과 유형, 특수교육의 필요성과 관련법을 알아보았다. 2장은 통합교육의 개념의 이해와 효과를 알아보고 긍정적인 영향에 대한 이해를 다루고 있다. 3장~10장은 다양한 장애 유형에 따른 장애의 정의, 장애의 진단 및 원인, 장애의 특성, 장애의 교육적 접근, 지원방안 등에 대한 내용을 포함한 내용을 담고 있다. 최근 특수교육은 다른 교육 분야와 달리 특수교육대상 아동의 가족과의 동반자적인 관계를 유지하고, 가족의 강점과 우선순위를 포함한 구체적인 교육을 실행하는 것으로 변화하고 있다. 11장에서는 이와 관련한 특수교육대상 가족지원의 내용을 살펴보았다. 12장은 부모상담을 통해 자신만의 정체성을 깨닫거나 자아를 발견하고, 양육태도와 양육스트레스 감소를 도와 긍정적인 방향성을 알 수 있도록 하였다.

각기 다른 현장에서 특수교육대상 아동을 교육하는 현장 전문가들이 모여 교재를 집필한다는 것은 결코 쉬운 과정만은 아니었다. 공동의 목적을 달성하기 위한 많은 노력을 기울였고, 이에 최선을 다한 결과물이 생산되었다는 사실로 위안을 삼아 보려 하지만, 이 책이 가지고 있는 부족한 부분이나 한계점 등에 대한 충고를 들을 마음의 귀는 항상 열어 놓고, 꾸준히 수정·보완해 나갈 생각이다. 또한 우리 저자들은 특수교육아동을 위한 같은 곳을 바라보며 함께 걸어가고 있다는 믿음을 겸손한 마음으로 드리고 싶다.

이 책이 특수교육아동과 함께 할 교사와 예비교사를 양성하는 대학에서 교육지원 역량강화에 도움이 되는 교재로서, 전문성 향상시키는 데 길잡이가 되어 줄 지침서로 유용하게 활용될 수 있기를 기대한다. 또한 교사들에게 유용하게 사용되어 특수아동과 그 가족들에게 긍정적인 영향으로 이어지길 바라며 통합 상황에서 어려울 때나 기쁠 때나 아이들을 위해 애써주신 통합반 교사들에게 박수를 보내고 앞으로도 특수아동들을 위한 애정과 사랑이 이어지길 바란다.

끝으로 이 책이 출간되기까지 애써주신 양서원 출판사 관계자 분들께도 깊은 감사를 드린다.

2023년 1월

이미선·박미숙·김미경

차례

Chapter

01

특수교육의 이해

배울 내용

1. 특수교육의 개념 및 유형
2. 특수교육의 목적 및 필요성
3. 특수교육 관련법
4. 특수아동의 진단 및 평가
5. 특수교육 교원자격기준 및 특수교육 교사양성

학습 목표

1. 특수교육의 개념과 유형을 알 수 있다.
2. 특수교육의 목적을 알 수 있다.
3. 특수교육 관련법을 이해한다.
4. 특수아동의 진단 및 평가를 알 수 있다.

개요

특수교육은 일반교육의 토대 위에서 특수학생의 특별한 교육적 요구를 충족시켜 주기 위해 교육내용, 교육방법, 교육환경을 새롭게 설계하여 맞춤형 교육프로그램을 제공해야 한다.

이에 본 장에서는 특수교육의 개념과 유형을 이해하고 특수교육의 필요성과 관련법을 안다.

1. 특수교육의 이해

1) 특수교육의 개념

특수아동을 담당하는 교사는 교육대상인 특수아동을 포함한 모든 아동들에게 가장 필요한 교육을 제공하기 위해서 특수아동의 특성과 특수교육이란 무엇을 의미하고 특수아동에게 어떻게 접근해야 되는지에 대해 알아야 한다.

'특수교육'은 정상에서 벗어난 특수아(영재아와 장애아)의 독특한 요구에 맞게 특별히 고안된 교수를 의미한다. 권요한 등(2010)은 "특수교육이란 일반교육의 토대 위에서 특수학생의 특별한 교육적 요구를 충족시켜 주기 위해 교육내용, 교육방법, 교육환경 및 그와 관련된 서비스 등을 새롭게 설계하여 맞춤형 교육 프로그램을 제공하는 교육"이라고 하였다.

일반학급의 구성원을 살펴보면 성격, 정서, 학업능력, 인지 등이 서로 다른 다양한 유아들로 구성되어 있다. 일반유아를 지도할 때에도 개별 아동마다 기질과 성향의 개별적인 특성을 인정해주고 서로 다름에 맞는 지도를 하고 있다. 그러므로 교사들은 특수아동을 대할 때 결함이나 문제를 부각시켜 '장애아'로서가 아니라, 인간의 다양성을 언정하고 이해를 하는 것부터 시작하여 특수아동도 행동 특성이 있다는 것을 인정하고 무한한 잠재력이 있는 한 아동으로 인식해야 할 것이다. 즉, 특수교육은 특수교육대상자의 개별적인 요구를 충족시키기 위해 특별하게 고안된 교육과정의 시행과 더불어 이를 효율적으로 실행하기 위한 관련서비스의 제공을 동시에 실시하는 것으로 규정한다. 이러한 목적을 성취하기 위해서는 사전 계획을 잘 세우고 특수아동의 개별적인 요구에 맞게 체계적으로 교육을 실행해야 한다. 또한 교사는 장애를 가진 아동이 장애로 인하여 학교, 사회에서 실행하는 학습과 활동참여에 방해요소를 갖지 않고 극복할 수 있도록 도와주는 역할을 해야 한다.

2) 특수교육의 유형

특수교육의 연계적인 서비스 체계에 포함되는 세부 유형은 다음과 같다(김종현 외, 1996).

(1) 일반학급

특수아가 최대한 일반아와 어울릴 수 있도록 최소한의 제한적 교육환경을 제공하는 곳이다. 일반학급 교사는 특수아에 대한 1차적 책임자이므로, 특수아의 욕구에 맞는 적합한 교육을 위해 각기 다른 개별 프로그램을 제공해야 한다.

(2) 순회교사 서비스

일반학교 프로그램을 제공받고 있는 특수아에게 일정 기간 도움을 주기 위해 훈련된 특수교사가 각 학교를 순회하는 서비스이다. 교사들은 특수아의 욕구에 따라 처치의 종류와 강도를 달리하며, 특수아를 직접 지도한다.

(3) 교육 상담가

특수아를 직접 가르치지는 않지만, 일반학급 교사들을 도와주고 일반학급 프로그램에 특수아가 포함될 수 있도록 지원한다.

(4) 시간제 특수학급

대부분의 교과목 시간에는 특수아를 분리시키고, 그 외 음악, 미술, 체육 등의 시간에만 특수아를 투입시켜 교육하는 방법이다.

(5) 전일제 특수학급

1960년대 가장 인기 있었던 특수아 서비스 체계로, 훈련된 일반교사가 일반학교 내에 특수학급을 구성하여 수업을 통해 특수아동들과 상호작용하는 방법이다.

(6) 특수학교

특수아에 대한 특별한 훈련을 받은 특수교사와 전문가들이 중심이 되어 특수학교에서 특수아를 교육시키는 방법이다.

(7) 기숙제 시설

가정에서부터 특수아를 분리시켜 같은 특수아들끼리 생활하면서 교육을 받는 장소이다.

(8) 가정 및 병원

질병 및 신체장애로 인해 가정이나 병원에 있는 특수아동에게 실시하는 방법이다.

2. 특수교육의 목적 및 필요성

1) 특수교육의 목적

적절한 조기중재와 특수교육은 장애나 장애위험을 지닌 유아들에게 장애가 미칠 수 있는 부정적인 영향을 최소화할 수 있다. 유아특수교육은 중재에 있어 가족지원을 가장 중요한 목적으로 두고 다음과 같은 내용을 목적으로 강조하고 있다(이소현 역, 1995).

첫째, 유아특수교육은 발달과정에 있는 영유아기의 장애 자녀를 어떻게 기를 것인지에 대한 방법을 안내해 주고, 가족이 다양한 영역에서의 자원을 확인하여 양육지원에 대한 능력을 강화 받도록 하여야 한다.

둘째, 유아특수교육은 특수아동의 참여, 독립성, 새로운 기술의 습득을 촉진하여야 하며, 특수아동이 그들이 접하는 환경 안에서 다양한 상호작용을 하고 환경에 적응하는 것을 목적으로 진행하여야 한다. 자연스럽고 다양한 환경에서의 참여를 기반으로 하여 최대한의 독립성을 기를 수 있도록 개별적으로 적합한 방법을 통하여 새로운 기술의 습득을 촉진하여야 한다. 장애가 없다면 만나게 될 다양한 환경에 대한 참여를 보장하며, 그 안에서 적응하기 위한 기술들을 형성시켜 주어 독립성을 기르게 하는 것이 중요한 목적이 된다.

셋째, 유아특수교육은 결함을 보이는 지체된 발달영역만을 교정하는 차원이 아니라 전인적 발달을 촉진하는 목적을 가져야 한다. 대·소근육의 신체발달 영역과 정서 및 사회성 발달, 의사소통 영역과 인지영역의 발달은 물론 신변처리 영역 등의 주요 발달영역의 촉진을 도모하여야 한다.

넷째, 유아특수교육은 특히 사회성 발달을 지원하여야 한다. 다른 발달영역에 비하여 사회적 기술이 요구되는 상황이나 사람을 접하지 않은 경우에는 사회적 기술의 습득이 매우 어렵다. 사회적 기술은 전 생애에 걸쳐 중요한 기술이므로 영유아기부터 사회적 기술 습득을 목적으로 유아특수교육이 진행되어야 한다. 일생 동안 필요한 기능적인 기술들로 구성되는 사회적 기술의 결손은 장기적으로 지속된다.

다섯째, 유아특수교육은 습득된 기술의 일반화를 촉진하는 목적을 가진다. 습득된 기술은 실제 상황에서 유용하게 사용되어야 한다. 일반화를 촉진하기 위해서는 실제 상황에서 반복적으로 다양한 상황, 사람, 시간을 통해 계획되고 지도되어야 한다.

여섯째, 유아특수교육은 정상화된 생활경험을 제공하고 준비시키는 목적을 가진다. 이는 통합된 환경에서의 적응능력을 기르기 위한 목적으로 기능적인 교육과정을 통하여 실제 환경에서 요구되는 기술들을 지도하는 것을 의미한다. 일반 환경과 유사한 환경을 최대한 제공하며 통합 환경으로의 전이(transition)를 구체적으로 계획하여야 한다.

일곱째, 유아특수교육은 장래의 문제나 장애 발생을 예방하는 목적을 가진다. 기술 습득이 되지 않았을 때 발생하게 될 미래생활의 요구 기술들을 지도하여 다른 장애요인의 발생을 예방하는 것이 중요하다.

조기중재는 바람직한 환경과 경험을 제공하여 발달뿐만 아니라 교육적으로도 많은 효과를 발생시키므로, 성장 후 사회 참여와 많은 경제적 변화는 물론 2차 장애를 예방하고 장애를 최소화하는 데 필수적이다.

2) 특수교육의 필요성

영유아기는 인간발달의 기초를 형성하는 중요한 시기이다. 발달과정에 있어서 '결정적인 시기(인간발달에 있어서 여러 발달 과업들이 획득되는 최적의 시기. 시기를 놓칠 경우 미흡한 상태에 이름)'인 만큼 영유아기의 발달은 생애 전반에 걸쳐 영향을 미친다. 유아특수교육의 이론적 배경을 통한 필요성은 [표 1-1]과 같다.

[표 1-1] 유아특수교육의 이론적 배경을 통한 필요성

필요성	내용
조기중재의 필요성	조기학습과 행동 습득을 통하여 이후의 복잡한 학습을 위한 기초를 형성할 수 있고 발달과정에 있어서 결정적 시기가 존재하므로, 환경과 조기경험을 제공함으로써 학습과 발달에 영향을 준다.
장애의 예방 및 최소화	적절한 교육적 접근을 통해서 장애로 인한 문제행동 발생 및 장애가 미칠 수 있는 부정적인 영향을 최소화할 수 있다.
가족의 지원 필요	가족은 자녀의 발달 촉진을 위해 장애를 지닌 자녀를 이해하고 적절한 양육기술 습득과 교육, 상담 등의 지원이 필요하다.
사회·경제적 혜택	장애인 개개인의 독립성 증진은 장애인의 시설 수용률 감소 및 고용률을 증대시켜 사회적인 혜택과 성장 후의 사회적응능력을 향상시키고, 그 과정에서의 교육비용 감소는 경제적인 혜택으로 연결된다.

출처: 이소현(2020). 유아특수교육(2판). 학지사.

특수교육은 신체적·정신적으로 특별한 아동과 장애나 두드러진 재능으로 특별한 교육적 조치가 필요한 아동에게 특별한 교과 혹은 환경적 수정을 가하여 행해지는 교육이다(김미숙, 김향지, 2011). 특수교육대상자는 개별적인 교육적 요구를 충족하여 성취하고 실현하기 위한 자료, 기술 등이 필요한 사람을 의미한다. 그러므로 특수교육은 개별 아동의 진단결과에 대해 교육계획을 수립하고, 아동의 특성에 따라 요구되는 특별하거나 수정된 교육내용과 교수방법을 활용하여 최대한 성취감을 실현할 수 있도록 하는 활동이기에 조기에 실행하는 것이 중요하다.

특수교육을 받아야 한다는 판단을 최초로 받게 되면 그 가족들은 심리적인 충격과 함께 현실적으로 인정하고 앞으로 해결해나가야 하는 많은 과제들을 직면하게 된다. 그러나 영유아의 성장과 발달의 결정적인 시기인 만큼 특별한 지원체계가 필요한 특수아동에게는 조기중재를 실행해야 한다.

장애아동을 조기에 발견하고 아동의 장애유형과 발달특성에 따른 적절한 조기교육이 이루어지면 장애아동의 정상적 발달 촉진과 함께 2차 장애 예방을 할 수 있다(이소현 역, 1995). 또한 특수아동에 대한 보육서비스는 특수아동의 성장과 발달에 대한 촉진 및 특수아동을 기르는 가족들과 그 환경에 미치는 영향을 고려해 볼 때 매우 절실하고 필요한 서비스로 강조되고 있으며, 보육을 통한 특수아동에 대한 조기중재는 유아발달에 있어서 장애의 영향을 줄일 수 있을 뿐 아니라 가정의 기능을 정상화하고 가정이 장기적으로 장애아동을 양육하고 지원하는 데 매우 효과적이고 적절한 조치로 입증되고 있다(서문희, 2001; Bruder & Brand, 1995; Fewell, 1993).

일반적으로 영유아기는 발달특성상 주요 영역별 발달이 급증하는 시기이므로 개인별로 발달속도에 많은 차이가 나기 때문에 각 영역별 발달이 느리다고 장애라고 섣부르게 판단해서는 안 된다.

영유아기의 장애라는 명칭 대신 발달지연 또는 발달지체라는 용어를 사용하는 것이 바람직하다. 장애라는 명칭은 개인의 특성을 과소평가하거나 장애유형별 특성을 이유로 유아교육과정에서 분리될 가능성을 높인다는 문제를 안고 있기 때문에 주의를 기울여야 한다(이소현, 2020; Bailey, McWilliam, Buysse, & Wesley, 1998; Odom & McEvoy, 1998).

3. 특수교육 관련법

우리나라의 특수교육과 관련된 주요 법안인 「장애인 등에 대한 특수교육법」(2007) 제2조 1항에서는 "특수교육"이란 "특수교육대상자의 교육적 요구를 충족시키기 위하여 특성에 적합한 교육과정 및 특수교육 관련서비스 제공을 통하여 이루어지는 교육을 말한다."고 정의 내리고 있다.

동법 제2조 10항에서는 "특수교육기관"이란 "특수교육대상자에게 유치원, 초등학교, 중학교 또는 고등학교(전공과를 포함)의 과정을 교육하는 특수학교 및 특수학급을 말한다."고 정의하고 있다.

동법 제15조에서는 특수교육대상자의 선정을 다음과 같이 분류한다.

1. 시각장애
2. 청각장애
3. 지적장애
4. 지체장애
5. 정서·행동장애
6. 자폐성장애(이와 관련된 장애를 포함한다)
7. 의사소통장애
8. 학습장애
9. 건강장애
10. 발달지체
11. 그 밖에 두 가지 이상의 장애가 있는 경우 등 대통령령으로 정하는 장애

「장애인 등에 대한 특수교육법」의 주요 골자는 다음과 같다.

첫째, 의무교육 실시이다. 「장애인 등에 대한 특수교육법」 제3조에 "유치원, 초등학

교, 중학교 및 고등학교 과정의 교육은 의무교육으로 하고 제24조에 따른 전공과와 만 3세 미만의 장애 영유아 교육은 무상으로 한다."고 규정하여 영아에서부터 고등학교 과정까지 국가 및 지방자치단체에서 의무교육 및 무상교육에 들어가는 비용을 부담한다.

둘째, 특수교육대상자의 확대이다. 새로운 「특수교육법」에서는 기존의 특수교육대상자 즉, 언어장애, 시각장애, 청각장애, 정서·행동장애, 학습장애, 지적장애, 지체장애 외에도 자폐성장애와 발달지체가 새로운 특수교육대상자에 포함된다.

셋째, 특수교육요원 배치의 확대이다. 「특수교육법」 제27조에는 "유치원 과정의 경우 특수교육대상자가 1인 이상 4인 이하인 경우 1학급을 설치, 4인을 초과하는 경우 2개 이상의 학급을 설치한다."고 규정하고 있다. 보육시설의 경우 장애아 3명마다 보육교사를 배치(3명 중 1명은 특수학교 유치원 교사 자격증 소지)하여야 한다.

4. 특수아동의 진단 및 평가

1) 특수아동의 진단

진단(diagnosis)은 정상적인 발달이 이루어지는지 또는 특수교육대상자가 되는지를 판정하기 위하여 체계적이고 구체적인 검사를 실시하는 것을 의미한다. 진단검사를 통해 유아가 장애나 특수교육대상자가 되는지에 대한 적격성을 결정하게 된다.

영유아의 급격한 발달에 있어 발달이 정상적으로 진행되는지에 대해 살펴볼 필요가 있다. 만약 영유아의 발달이 정상적이지 못하다면 진단평가는 영유아에게 중요한 역할을 한다. 진단평가를 통해 장애아동을 조기 발견하고 아동의 장애유형과 발달 특성에 따른 적절한 조기교육이 이루어지면 장애아동의 정상적 발달의 촉진과 함께 2차 장애 예방을 할 수 있다(이소현 역, 1995). 또한 적절한 조기중재 서비스는 발달과정과 함께 이어지는 발달상의 문제를 극복할 수 있는 요인이 된다.

요즘은 장애진단 과정에 있어서 생태학적인 측면을 강조하고 있는데, 이것은 장애진단 시 아동의 환경 내 교사나 양육자 등 다양한 출처로부터 정보를 수집해야 함을 강조하는 것이다. 또한 가족은 다양한 발달 영역에 있어서 현행 수준에 대하여 중요하고 가치 있는 정보를 제공해 주기 때문에 장애진단 팀에 반드시 포함되어야 한다(Division for Early Childhood, 2014).

「특수교육법」 제14조에서는 진단절차를 "보호자 또는 각급 학교의 장은 장애를 가지고 있거나 장애를 가지고 있다고 의심되는 영유아 및 학생을 발견한 때에는 교육장 또는 교육감에게 진단·평가를 의뢰하여야 한다. 다만 각급 학교의 장이 진단·평가를 의뢰하는 경우에는 보호자의 사전 동의를 받아야 한다." 그리고 "교육장 또는 교육감은 제3항에 따라 진단·평가를 의뢰받은 경우 즉시 특수교육지원센터에 회부하여 진단·평가를 실시하고, 그 진단·평가의 결과를 해당 영유아 및 학생의 보호자에게 통보하여야 한다."라고 규정하고 있다.

특수교육대상자로 판정된 학생들을 위해서는 각 학생의 특성과 교육적 요구를 파악하여 그에 맞는 교육 프로그램을 구성하고, 이를 실시하기 위한 교육적 사정과 평가가 체계적으로 실시되어야 한다. 특수교육에 있어서 이러한 진단과 평가는 크게 2가지로 나누어 이해하는 것이 필요하다(김진호, 김려원, 2018). 진단과 평가는 서로 다른 의미를 가지고 있으면서도 유아특수교육 프로그램의 적용에 있어서 서로 연계된 과정이며 필수적인 구성요소인 것이다(이소현, 2020).

2) 특수아동의 평가

Taylor(2008)는 취학 전 유아를 평가할 때 고려되어야 하는 지침을 제시하였다. 첫째, 취학 전의 유아기 동안 일어나는 빠른 발달적 변화들은 매우 중요한 연속적 점검과 재평가를 하도록 만든다. 둘째, 유아들에게 중요한 영향을 미치는 환경적 변인들을 찾아

내고 가정환경을 평가하는 것은 필수적이다. 셋째, 어떠한 결정도 여러 가지 검사의 정보와 점수에 근거해야 하고, 단일 검사에 기초해서는 절대 안 된다. 넷째, 검사는 유아가 배치되는 교육 프로그램의 철학과 목적에 일치해야 한다. 다섯째, 모든 진단평가에서 유아 개인의 문화적·언어적 다양성에 민감해야 한다.

[표 1-2] 미국 장애인교육법(IDEA, 2004)에서 제시하는 진단 및 평가의 정의

용어	정의
진단 (assessment)	진단이란 이 법에 따라 유아의 적격성이 인정되는 기간 중에 유아의 독특한 강점 및 요구와 그러한 요구를 충족시키기 위한 적절한 조기개입 서비스를 파악하기 위하여 자격 있는 적절한 사람에 의해서 사용되는 진행적인 절차를 의미한다. 이때 첫 번째 진단은 유아의 첫 번째 IFSP 회의 전에 실시되는 아동 진단 및 가족 진단을 의미한다.
평가 (evaluation)	평가란 이 법에서 제시하는 장애를 지닌 신생아 및 영아의 정의에 따라 아동의 첫 번째 및 지속적인 적격성을 결정하기 위하여 자격 있는 적절한 사람에 의해서 사용되는 절차를 의미한다. 이때 첫 번째 평가는 이 법에 따라 처음으로 적격성을 결정하는 것을 의미한다.

출처: Individuals with Disabilities Education Act Sec.303.321(2004).

미국 유아교육협회(NAEYC)에 따르면, 유아의 진단에 대한 발달적으로 적절한 사정과 성취 기준은 다음과 같다(Copple & Bredekamp, 2009).

① 발달적 사정은 계속적·전략적·목적적인 것이어야 한다.
② 주요 학습과 발달의 목적을 위한 진전을 반영해야 한다.
③ 수업을 안내하기 위한 교수-학습의 개선을 위한 기초로 사용되어야 한다.
④ 유아의 연령과 경험에 적절해야 한다.
⑤ 유아의 학습 스타일과 속도의 차이를 인정하고 학습자들의 다양성을 고려해야 한다.
⑥ 유아가 다른 사람의 보조를 받아서 할 수 있는 것과 독립적으로 할 수 있는 것이 무엇인지 제시한다.
⑦ 교사의 투입뿐만 아니라 유아와 그 부모도 포함시켜야 한다.

⑧ 특정한 목적을 위해 만들어져야 하고, 신뢰롭고 타당한 결과를 추출하기 위해 사용되어야 한다.

⑨ 관찰과 상호작용을 포함하여 여러 단계의 사정 절차에 근거해야 한다.

⑩ 만일 선별검사의 결과에서 특수교육 서비스를 요구할 수 있는 발달지체나 학습지체가 나타나면 사정을 사후 관리해야 하고 가족을 포함시켜야 한다.

이와 같은 기준들을 통하여 영유아를 위한 최고의 실제가 될 수 있도록 영유아의 평가를 보다 조심스럽게 계획·실행해야 할 것이다.

특수아동의 진단 및 평가를 위한 선별 및 진단평가는 「장애인 등에 대한 특수교육법」 제14조 1항에 따라 [표 1-3]과 같다.

[표 1-3] 특수아동의 진단 및 평가를 위한 선별 및 진단평가

구 분		영 역
장애 조기발견을 위한 선별검사		• 사회성숙도검사 • 적응행동검사 • 영유아발달검사
진단 평가 영역	시각장애, 청각장애, 지체장애	• 기초학습기능검사 • 시력검사 • 시기능검사 및 촉기능검사(시각장애 한함) • 청력검사(청각장애 한함)
	지적장애	• 지능검사 • 사회성숙도검사 • 적응행동검사 • 기초학습검사 • 운동능력검사
	정서·행동장애, 자폐성장애	• 적응행동검사 • 성격진단검사 • 행동발달평가 • 학습 준비도 검사

구 분		영 역
	의사소통장애	• 구문검사 • 음운검사 • 언어발달검사
	학습장애	• 지능검사 • 기초학습기능검사 • 기초학습기능검사 • 시지각 발달검사 • 학습준비도검사 • 시각운동통합발달검사

출처: 정인숙 외(2008b). 장애 영유아 선별 및 진단, 평가 지침서 개발Ⅱ. 국립특수교육원. p.10 재인용.

진단 및 평가를 타당하고 효과적으로 실행하기 위해서 고려하여야 할 유의점을 몇 가지 제시하면 다음과 같다(이소현, 2020).

첫째, 진단 및 평가도구와 절차는 평가목적에 적절하여야 하고, 평가방법은 최대한 타당하여야 하며, 평가결과는 목적에 맞게 유용하고 적절하게 사용되어야 한다.

둘째, 진단 및 평가는 유아를 진단하고 분류하기 위한 목적도 있지만 궁극적으로 유아의 교육과 필요한 지원을 제공하기 위하여 실시한다는 것을 기억해야 한다.

셋째, 진단 및 평가에 있어서 검사결과뿐만 아니라 검사과정도 중요하게 고려하여야 한다. 교육현장에서 진단 및 평가는 일반적으로 검사 결과를 중요시하는 결과 중심 사정(product－based assessment)이므로 매우 의미가 있다. 과정 중심 사정을 통해 유아가 과제를 수행하는 과정에서 보이는 수행 행동이나 독특한 능력을 파악할 수 있으며, 이러한 정보는 교육활동을 구성하는 데 매우 중요하게 사용될 수 있기 때문이다.

넷째, 진단 및 평가를 실시할 때 부모, 교사, 전문가가 협력한다면 더욱 타당한 평가를 실시할 수 있다. 진단 및 평가과정에서 유아를 잘 알고 있는 부모나 교사가 적극적으로 참여한다면 유아에 대해 실제적이면서도 구체적인 정보를 얻을 수 있으며, 이러한 정보는 유아의 진단 및 평가뿐만 아니라 적절한 교육 프로그램을 구성하고 실행하는 데 유용하게 활용될 수 있다.

다섯째, 진단 및 평가검사를 실시하는 목적과 각 검사도구의 유형과 특성을 잘 고려하여 적절하고 타당한 진단 및 평가를 실시하는 것이 필요하다. 특수교육대상자를 판별하고 진단하기 위해서는 표준화 검사를 주로 많이 사용하는데, 그 이유는 유아의 점수가 다른 유아들과 비교하여 어느 정도에 해당되는지를 파악하여 특수교육대상자 여부를 타당하게 결정할 수 있기 때문이다. 이와 같이 진단 및 평가검사를 실시할 때는 목적에 맞는 타당한 검사도구와 검사방법을 선택하는 것이 중요하다.

3) 특수아동대상자

특수아동교육은 교육 대상자를 특수교육에서 의미하는 장애로 인한 장애유아, 발달상의 지체를 보이는 발달지체 유아, 장애위험을 지니고 있는 장애위험 유아로 분류하고 있다.

(1) 장애유아

「장애인복지법」 기준과 「장애인 등에 대한 특수교육법」 기준을 살펴보면 [표 1－4], [표 1－5]와 같다.

[표 1-4] 「장애인복지법」의 장애 분류

「장애인복지법 시행령」(2022)	
지체장애 뇌병변장애 시각장애 청각장애 언어장애 지적장애 자폐성장애	정신장애 신장장애 심장장애 호흡기장애 간장애 안면장애 장루·요루장애 뇌전증장애

[표1-5] 「장애인 등에 대한 특수교육법」의 장애아동 분류

「장애인 등에 대한 특수교육법 시행령」(2022)
1. 시각장애를 지닌 특수교육대상자 시각계의 손상이 심하여 시각기능을 전혀 이용하지 못하거나 보조공학기기의 지원을 받아야 시각적 과제를 수행할 수 있는 사람으로서 시각에 의한 학습이 곤란하여 특정의 광학기구·학습매체 등을 통하여 학습하거나 촉각 또는 청각을 학습의 주요 수단으로 사용하는 사람
2. 청각장애를 지닌 특수교육대상자 청력 손실이 심하여 보청기를 착용해도 청각을 통한 의사소통이 불가능 또는 곤란한 상태이거나, 청력이 남아 있어도 보청기를 착용해야 청각을 통한 의사소통이 가능하여 청각에 의한 교육적 성취가 어려운 사람
3. 지적장애를 지닌 특수교육대상자 지적기능과 적응행동상의 어려움이 함께 존재하여 교육적 성취에 어려움이 있는 사람
4. 지체장애를 지닌 특수교육대상자 기능·형태상 장애를 가지고 있거나 몸통을 지탱하거나 팔다리의 움직임 등에 어려움을 겪는 신체적 조건이나 상태로 인해 교육적 성취에 어려움이 있는 사람
5. 정서·행동장애를 지닌 특수교육대상자 장기간에 걸쳐 다음 각 목의 어느 하나에 해당하여, 특별한 교육적 조치가 필요한 사람 가. 지적·감각적·건강상의 이유로 설명할 수 없는 학습상의 어려움을 지닌 사람 나. 또래나 교사와의 대인관계에 어려움이 있어 학습에 어려움을 겪는 사람 다. 일반적인 상황에서 부적절한 행동이나 감정을 나타내어 학습에 어려움이 있는 사람 라. 전반적인 불행감이나 우울증을 나타내어 학습에 어려움이 있는 사람 마. 학습이나 개인 문제에 관련된 신체적인 통증이나 공포를 나타내어 학습에 어려움이 있는 사람
6. 자폐성장애를 지닌 특수교육대상자 사회적 상호작용과 의사소통에 결함이 있고, 제한적이고 반복적인 관심과 활동을 보임으로써 교육적 성취 및 일상생활 적응에 도움이 필요한 사람
7. 의사소통장애를 지닌 특수교육대상자 다음 각 목의 어느 하나에 해당하여 특별한 교육적 조치가 필요한 사람 가. 언어의 수용 및 표현 능력이 인지능력에 비하여 현저하게 부족한 사람 나. 조음능력이 현저히 부족하여 의사소통이 어려운 사람

다. 말 유창성이 현저히 부족하여 의사소통이 어려운 사람
라. 기능적 음성장애가 있어 의사소통이 어려운 사람

8. 학습장애를 지닌 특수교육대상자
개인의 내적 요인으로 인하여 듣기, 말하기, 주의집중, 지각, 기억, 문제해결 등의 학습기능이나 읽기, 쓰기, 수학 등 학업 성취 영역에서 현저하게 어려움이 있는 사람

9. 건강장애를 지닌 특수교육대상자
만성질환으로 인하여 3개월 이상의 장기입원 또는 통원치료 등 계속적인 의료적 지원이 필요하여 학교생활 및 학업 수행에 어려움이 있는 사람

10. 발달지체를 보이는 특수교육대상자
신체, 인지, 의사소통, 사회·정서, 적응행동 중 하나 이상의 발달이 또래에 비하여 현저하게 지체되어 특별한 교육적 조치가 필요한 영아 및 9세 미만의 아동

11. 두 가지 이상 중복된 장애를 지닌 특수교육대상자

이와 같이 「장애인복지법」에서는 장애를 15가지로 구분하고, 장애정도에 따라 심한 장애인과 장애의 정도가 심하지 않은 장애로 구별한다(장애인복지법, 2022).

(2) 발달지체 유아

「장애인 등에 대한 특수교육법 시행령」에서는 발달지체를 보이는 특수교육대상자를 "신체, 인지, 의사소통, 사회·정서, 적응행동 중 하나 이상의 발달이 같은 연령에 비하여 현저하게 지체되어 특별한 교육적인 조치가 필요한 영아 및 9세 미만의 아동"으로 규정하고 있다. 영아기 시기에는 발달 속도가 빠르지만 개개인의 속도가 다르기에 일시적인 지체로 보이거나 지체로 나타날 수 있다. 발달지체가 아니라 장애로 규정하는 것은 유아의 성장에 부정적인 영향을 줄 수 있다. 발달지체라는 용어를 사용함으로써 영유아 교육현장에서 발달지체 유아에게 좀 더 폭넓은 교육적 지원을 주어야 할 것이다.

(3) 장애위험 유아

일반적으로 위험요인은 확고한 위험, 생물학적 위험, 환경적 위험으로 나누어진다(Shackelford, 2006). 「장애인 등에 대한 특수교육법」에서는 "장애를 가지고 있거나 장애를 가지고 있다고 의심되는 영유아 및 학생을 발견할 때에는 진단·평가를 의뢰하여야 한다."고 명시하고 있다.

[표 1-6]에서는 3가지 장애위험 요인에 대해 제시하였다.

[표 1-6] 3가지 장애위험 요인

확고한 장애위험	생물학적 장애위험	환경적 장애위험
• 원인이 알려진 선천적인 유전적 장애 • 신경학적 비정상 • 출생시 1,000g 이하 극도의 저체중	• 난산, 기계에 의한 출산 • 질병 및 외상 • 약물 노출 • 임산부의 만성적 질병 • 신생아 중환자실 입원 경력 • 저체중아(1,000~2,500g) • 발달을 방해하는 요소	• 고등학교를 졸업하지 않은 10대의 출산 • 가정 내의 학대 및 폭력 그리고 방치 경험 • 대리모 또는 보호 양육 • 양육 기능을 수행하지 못하는 부모 • 이민 또는 노숙 가정 • 부모의 약물중독 • 의료적 혜택 부족

출처: 유수옥(2017). 특수유아교육. 창지사.

5. 특수교육 교원자격기준 및 특수학교 교사양성

1) 특수교육 교원자격기준

2012년 8월 5일 이후 제정된 「장애아동복지지원법」에 따르면, 장애아전문 어린이집이나 장애통합 어린이집의 경우 장애아동 3명당 특수교사 또는 장애영유아를 위한 보육교사 1인을 배치해야 한다. 또한 장애영유아 9명당 치료사를 배치할 수 있으며 교사

2명 중 1명 이상은 「초·중등교육법」 제21조 2항에 따른 특수학교 유치원 교사 자격증을 소지한 교사여야 한다.

2012년 8월 4일 이전에는 8과목 16학점 이상이었지만 2012년 8월 5일 이후에는 8과목 24학점 이상 이수를 해야 하고, 대학에서 특수교육 또는 재활관련 학과를 전공하고 졸업한 자와 특수학교 실기자격을 취득한 자이거나 특수학교 정교사 자격을 취득한 자이어야 한다.

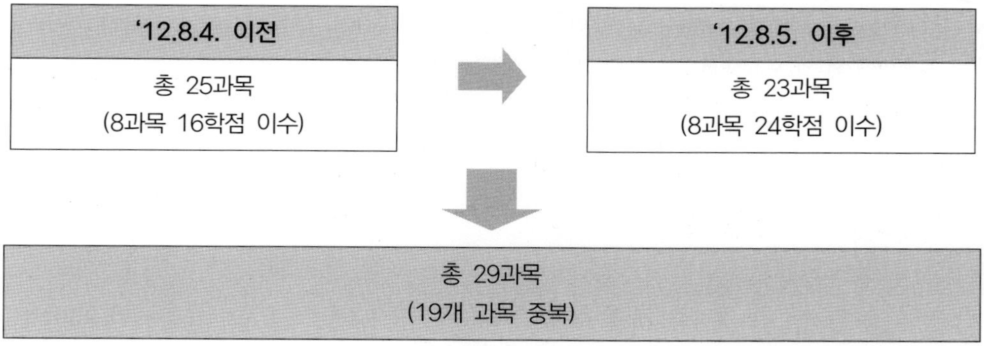

2) 특수학교 교사양성

① 유사 교과목 인정기준: 과목의 기본 교과목 명칭과 동일하지 아니한 교과목이더라도 다음의 유사 교과목에 해당하는 경우에는 그에 해당하는 기본 교과목을 이수한 것으로 본다.

② 교과목의 명칭이 제1호 및 제2호의 교과목 명칭과 동일하지 아니한 교과목이더라도 보건복지부장관이 인정하는 법인 또는 단체가 교과목 내용이 동일한지를 심사하여 제1호 및 제2호에 따른 교과목과 동일하다고 인정하는 경우에는 그 교과목을 제1호 및 제2호에 따른 교과목으로 본다.

③ 보건복지부장관은 특수교육 또는 재활관련 교과목 및 학점 충족 여부의 확인 등에 필요한 사항을 정하여 고시한다.

보건복지부가 제시한 기본 교과목 및 학점과 유사 교과목 인정기준은 [표 1-7], [표 1-8]과 같다.

[표 1-7] 기본 교과목 및 학점

• **기본 교과목**

특수교육학개론, (특수아) 통합교육, 개별화교육계획, 언어치료학개론, 장애영유아교수방법론, 특수아(장애아) 부모교육론, 특수아행동지도, 정신지체아교육, 청각장애아교육, 정서장애아교육, 학습장애아교육, 지체부자유아교육, 언어발달장애, 자폐장애교육, 특수아상담 및 가족지원, 특수교육 측정 및 평가, 시각장애아교육, 장애아동보육론, 감각장애아교육, 특수교구교재제작, 장애아보육실습, 장애아보육교사론, 발달지체영유아 조기개입

• **8과목(24학점) 이상**

[표 1-8] 유사 교과목 인정기준

기본 교과목	유사 교과목
특수교육학개론	재활 및 특수교육, 유아특수교육개론, 특수아동교육, 특수교육개론, 특수교육학, 유아특수교육학, 특수아동지도
(특수아) 통합교육	장애 영유아 통합교육, 통합교육, 특수아 통합 및 보육 세미나
개별화교육계획	개별화교육프로그램
언어치료학개론	언어지도 및 치료, 언어치료학, 언어치료 및 실습, 언어장애아교육
장애영유아교수방법론	장애 영유아 교수법, 장애아동보육론, 특수아동지도, 특수아동 프로그램 개발 및 평가, 특수교육공학
특수아(장애아) 부모교육론	부모교육 및 훈련, 부모교육과 가족치료, 특수아부모교육, 부모교육론
특수아동행동지도	아동관찰 및 행동연구, 행동수정, 학습이론과 행동수정, 장애아문제행동지도
정신지체아(지적장애) 교육	정신지체(지적장애) 교육, 정신지체(지적장애)아 교수방법 및 실습, 정신지체(지적장애)인 교육과 재활, 정신지체(지적장애)아 심리 및 교육, 특수아심리
청각장애아교육	언어청각장애아교육, 청각장애, 청각장애인 교육과 재활, 청각장애교육, 청각장애아 심리 및 교육

기본 교과목	유사 교과목
정서장애아교육	정서장애교육, 정서 및 행동장애아 교육, 정서학습장애아 교육, 정서 및 사회부적응아 교육, 정서·행동장애인 교육과 재활, 정서 및 행동장애아 심리 및 교육
학습장애아교육	정서학습장애아교육, 학습장애인 교육과 재활, 학습장애아 심리 및 교육, 경도장애아 교육
지체부자유아교육	지체아동교육, 지체부자유교육, 지체장애인 교육과 재활, 지체부자유아 심리 및 교육
언어발달장애	언어청각장애아교육, 언어지도 및 치료, 의사소통장애개론, 언어장애아 교육
자폐장애교육	자폐스펙트럼장애 교육
특수아상담 및 가족지원	재활상담, 장애가족상담, 특수아상담, 가족상담
특수교육 측정 및 평가	장애유아 진단평가, 장애진단 및 평가, 장애아 심리 및 검사, 장애 진단과 평가, 특수아(장애아) 진단 및 평가
시각장애아교육	시각장애인 교육과 재활
장애아동보육론	장애아 보육과정 운영
감각장애아교육	감각장애아동교육
특수교구교재제작	특수교구 및 교재 개발학
장애아보육실습	장애아전담보육 혹은 장애아통합교육시설 실습

출처: 마주리(2013). 장애아보육. 공동체.

Chapter

02

통합교육의 이해

배울 내용

1. 통합교육의 개념
2. 통합교육의 방향 및 효과
3. 통합학급의 환경구성
4. 문제행동과 긍정적 행동지원
5. 통합교육의 유형

학습 목표

1. 통합교육의 개념을 이해하고 효과를 알 수 있다.
2. 통합학급의 환경구성을 알고 적용한다.
3. 문제행동과 긍정적 행동지원을 알아보고 적용한다.
4. 통합교육의 유형에 대해 알 수 있다.

개요

통합교육은 장애의 정도와 종류, 연령, 교육 프로그램에 따라서 결과가 다르게 나타나는 효과에 대해 알고 비장애아동도 여러 가지의 혜택을 얻을 수 있으며 장애아동은 또래와의 교육활동으로 긍정적인 영향을 줄 수 있음을 안다. 이에 본 장에서는 통합교육의 효과와 환경구성, 긍정적 행동지원을 통한 통합교육의 긍정적인 영향에 대해 안다.

1. 통합교육의 개념

통합은 장애인의 삶의 질에 중요한 가치를 주며, 장애인에게 평등권을 보장하고, 장애를 극복하게 하며 비장애인으로 하여금 상호작용을 통하여 장애인에 대한 올바른 태도를 갖도록 한다. 이러한 통합을 활성화하는 데 가장 강력하게 영향을 주는 요인이 바로 통합교육이다.

장애 학생이 지역사회의 한 시민으로서 가치 있는 역할을 하며 살아가기 위해서는 학령기의 통합교육이 필수적이다. 사회의 다양한 구성원의 요구는 바로 그 다양한 구성원과 요구가 있는 곳에서 배워야 하기 때문이다. 통합교육은 정상화, 주류화, 최소제한환경의 기본원리를 바탕으로 장애 학생들도 비장애 학생들과 동등한 교육 기회를 누리며 더불어 살아갈 수 있도록 도와주는 데 목적을 두고 있다.

통합교육이라는 용어는 적용 맥락에 따라 다양한 의미를 내포하고 있다. 우리나라에서는 지금까지 주로 주류화(mainstreaming)의 개념으로서 통합교육이라는 용어를 사용해 왔으나 최근에는 포함(inclusion)의 개념이 반영된 통합교육으로 변화하고 있다. 그러므로 현재 교육적 동향은 통합교육에 힘을 실어 주고 있으며, 교육적 측면, 사회적 측면, 윤리적 측면에서 통합교육의 당위성이 수용되어 왔다.

통합교육은 시대정신, 학습자의 요구, 다양한 상황, 물리적·정신적 요소, 사회·경제적 및 정치적 요인, 교육철학 등 여러 변인들의 영향을 받기 때문에 통합교육의 의미와 실제는 다양한 특성을 보이고 있다(정대영, 2016). 이에 유아교사는 특수유아와 일반유아가 함께 하는 통합학급을 성공적으로 운영하기 위해 구체적이고 단계적인 준비를 시행해야 한다.

교육현장에서 통합교육을 실행함에 있어서 [표 2-1]과 같은 차이가 나타나기에, 성공적인 통합교육의 지원과 실행을 위해서는 구체적인 통합교육 프로그램의 질적인 측면에서 실천해야 할 것이다.

[표 2-1] **통합교육 개념 적립에 따른 철학과 구조의 차이**

번호	주류화 개념의 통합교육	포함 개념의 통합교육
1	일반학급에 '적합'하지 않은 학생도 있다.	모든 학생은 일반학급에서 교육받을 수 있다.
2	교수의 주도자는 교사다.	협력적인 팀이 주도적인 책임을 공유한다.
3	학생은 교사에게 배우고 교사는 문제를 해결한다.	학생과 교사는 서로에게 배우고 함께 문제를 해결한다.
4	유사한 능력을 지닌 학생들이 소집단으로 구성된다.	서로 다른 능력을 지닌 학생들이 소집단으로 구성된다.
5	교수는 중간 정도의 성취를 보이는 학생들을 중심으로 이루어진다.	교수는 학생의 모든 성취 수준에 맞도록 이루어진다.
6	학년 배치는 교육과정의 내용과 동일한 용어로 간주된다.	학년 배치와 개별적인 교육과정 내용은 개별 아동에 따라 독립적이다.
7	교수는 대체적으로 수동적이고, 경쟁적이고, 설명적이고, 교사 주도적으로 이루어진다.	교수는 학급 구성원들 간에 적극적이고 창의적이고 협력적인 형태로 이루어진다.
8	대부분의 교수적 지원은 학급 밖에서 이루어진다.	대부분의 교수적 지원은 학급 내에서 이루어진다.
9	일반학급에 '적합'하지 않은 학생은 학급이나 활동으로부터 배제된다.	활동은 참여 수준이 다르더라도 모든 학생을 포함시키도록 계획된다.
10	담임교사는 일반 학생에 대한 책임을 지고 특수교사는 장애 학생에 대한 책임을 진다.	담임교사, 특수교사, 치료사, 가족은 모든 학생을 교육하기 위한 공동 책임의식을 지닌다.
11	학생은 보편적인 기준에 의하여 평가된다.	학생은 개별적으로 적절한 기준에 의하여 평가된다.
12	학생의 성취는 보편적 기준을 충족시킴으로써 달성된다.	개별 학생의 필요가 충족될 때 교육 체계는 성공적인 것으로 고려된다. 학생의 성취는 개인 및 집단의 목표가 모두 충족될 때 달성된다.

출처: Giangreco, M. F., Cloniger, C. J., Dennis, R. E., & Edelman, S. W.(2002). Problem solving to facilitate inclusion. In J. S. Thousand, A. I. Nevin, & R. A., Villa (Eds.), Creativity and collaborative learning: A practical guide to empowering students and teachers (2nd ed.). Baltimore: Brookes.

장애유아 통합교육의 핵심 내용과 의미는 미국의 유아교육과 관련된 가장 큰 단체인 전미 유아교육협회(NAEYC)와 특수교육협회(CEC)의 조기교육분과(DEC)에서 발표한 공동성명서(NEC/NAEYC, 2009)를 통해서도 알 수 있다.

[표 2-2] 통합교육에 대한 다양한 용어와 정의

용어	정의	출처
통합교육	특수교육대상자의 정상적인 사회적응능력의 발달을 위하여 일반학교(특수교육기관이 아닌 학교)에서 특수교육대상자를 교육하거나, 특수교육기관의 재학생을 일반학교와 교육과정에 일시적으로 참여시켜 교육하는 것을 말한다.	특수교육진흥법 (1994)
	특수교육대상자가 일반학교에서 장애유형·장애정도에 따라 차별을 받지 아니하고 또래와 함께 개개인의 교육적 요구에 적합한 교육을 받는 것을 말한다.	장애인 등에 대한 특수교육법 (2007)
주류화 (Mainstreaming)	장애아동을 가능한 한 일반 아동의 생활 흐름에 포함시키는 것을 의미한다.	Trunbull & Tumbull(1990)
	장애아동을 하루 전체나 일정 시간 동안 학급 활동 전체나 부분적으로 일반학급에 배치하는 것을 의미한다.	Hallahan & Kauffman(2003)
역통합 (Reversed Mainstreaming)	장애아동을 위한 학급에 일반 아동을 배치하는 것을 말한다. 통합된 특수교육(integrated special education, Odom & Spetz, 1983)이라고도 한다.	Guralnick (1981)
유아기 통합 (Early Childhood Inclusion)	모든 영유아와 그 가족이 자신의 능력과 상관없이 가족, 지역사회, 사회의 온전한 구성원으로서 광범위한 활동과 맥락에 참여할 수 있도록 그 권리를 지원해 주는 가치, 정책이다. 실제로, 그 성과는 소속감과 구성원 자격, 긍정적인 사회적 관계와 우정, 자신의 잠재력에 따른 발달과 학습으로 나타난다. 통합교육 정의상의 주요 특징은 접근, 참여, 지원이다.	DEC/NAEYC (2009)

2. 통합교육의 방향 및 효과

1) 통합교육의 방향

이론적 측면이 아닌 실행적 측면에서 통합의 개념 정립과 방법에 대한 최근의 여러 연구의 결과들을 종합해 보면 2가지로 간추릴 수 있다(Hallahan & Kauffman, 2003).

첫째, 모든 장애아동에게 적절하다고 말할 수 있는 하나의 최상의 교육적 배치를 제시할 수는 없다는 것이다. 즉, 교육 프로그램의 효과연구에 있어서 모든 아동들에게 동일하게 적용되는 좋은 프로그램을 찾으려고 하는 것은 잘못된 연구접근이라는 것이다. 어떤 아동에게는 일반학급에 배치되어 교실에 비치된 교구자료와 교사의 지원을 받는 것이 최적의 교육 프로그램일 수도 있고 또 다른 아동에게는 특수학급에서 좀 더 세심하고 집중적인 프로그램으로 특수교육을 받는 것이 최적의 프로그램일 수 있기 때문이다.

둘째, 서로 다른 교육적 배치의 효과를 비교하는 연구들의 접근 자체가 잘못되었다는 것이다. "어느 곳에서 가르치는가 하는 문제는 무엇을 어떻게 가르치는가 하는 문제보다 덜 중요하다."라는 주장과 같이, 교육의 환경이 중요한 것이 아니라 교육의 내용인 교육과정과 적절한 교수방법이 중요하다는 것이다.

통합교육은 장애유아와 비장애유아에게 서로 많은 혜택을 줄 수 있게 한다. 장애유아들은 비슷한 연령의 비장애유아의 행동을 모방하고 그들과 서로 상호작용함으로써 사회성 발달이 이루어지고, 비장애유아는 장애유아와의 경험을 통해서 사회적 책임감을 갖게 된다(Friend & Bursuck, 1996).

2) 통합교육의 효과

통합교육의 효과는 장애의 정도와 종류, 연령, 교육 프로그램에 따라 결과가 다르게 나타날 것이다. 특히 장애유아 중에서도 경도의 장애유아들은 통합교육으로 인해 더 많은 효과를 얻게 된다. 경도의 지체유아들은 중등도 및 중도 지체아동들과 달리, 신체, 체중, 운동능력, 협응능력, 시력, 청력 등 신체적 발달 영역에서 정상의 범위에 속한다. 인지기능, 언어능력, 적응행동, 대인관계, 사회 성숙도 등에서 1~2년 정도의 발달적 지체를 보일 뿐, 유아기의 경도 지체아는 정상아와 적은 발달 차이를 갖고 있다

(김광웅, 1990).

강대옥 등(2016)은 통합교육의 효과를 장애유아, 비장애유아, 장애유아 부모, 비장애유아 부모, 교사와 지역사회로 나누어 [표 2-3]과 같이 분류하여 제시하였다.

[표 2-3] 통합교육의 효과

대상		효과
유아	장애유아	• 분리교육으로 인한 부정적인 명함(표찰의 부정적인 영향, 접촉 부족으로 인한 부정적인 태도 형성)을 방지한다. • 또래들을 통해서 새로운 적응 기술을 배우고 그러한 기술을 언제 어떻게 사용할 수 있는지 모방을 통해서 학습한다. • 상호작용을 할 수 있는 능력 있는 또래들을 통해서 새로운 사회적 기술과 의사소통기술을 학습한다. • 실제적인 생활 경험을 통해서 지역사회에서의 삶을 준비한다. • 전형적인 발달을 보이는 또래들과 우정을 형성할 기회가 된다.
	비장애 유아	• 장애인에 대한 좀 더 사실적이고 정확한 견해를 학습할 수 있는 기회가 된다. • 자신과 다른 사람들에 대한 긍정적인 태도가 발달한다. • 이타적인 행동을 학습하고 그러한 행동을 언제 어떻게 사용해야 하는지 학습한다. • 어려움에도 불구하고 성공적으로 성취하는 사람들에 대한 모델을 제공 받는다.
부모	장애유아 부모	• 전형적인 발달에 대해서 알 수 있다. • 사회로부터 소외감을 줄일 수 있다. • 전형적인 발달을 보이는 유아들의 가족들과의 관계 형성과 의미 있는 지원이 된다.
	비장애유아 부모	• 장애유아의 가족들과 관계를 형성하고 장애유아 가족들과 지역사회에 기여한다. • 자녀에게 개별적인 차이와 그러한 차이를 수용하는 것에 대해서 가르칠 기회가 된다.
기타	교사	• 장애아동 및 통합교육에 대한 인식을 개선한다. • 교육효과 확인을 통한 성취감이 증진된다. • 다양한 사례관리를 통한 전문성이 증진된다.
	지역사회	• 교육자원(인적, 물적)이 분리된 특수교육 프로그램에서만 제한되게 사용되는 것을 방지한다. • 장애유아가 분리교육이 아닌 일반교육에 배치된다면 교육적 지원을 보존할 수 있으며, 교육비용 절감의 경제적인 혜택이 있다.

출처: 강대옥 외(2016). 특수교육학개론(2판). 학지사. 재인용.

통합교육은 유아교육 현장에서 장애아동들이 한 사회의 구성원으로서 독립된 삶을 스스로 영위할 수 있도록 하는 데 많은 도움과 지원을 제공해줄 수 있는 중요한 요인이다. 통합교육은 장애아동과 비장애아동이 물리적·인적·사회적 환경에 대한 것을 서로 공유하는 것으로 그 의미를 들 수 있으며, 비장애아동과 함께하는 교육과정 속에서 장애아동의 발달적인 측면을 도출할 수 있도록 도와주는 것을 목표로 두고 있다(조윤정, 2019 재인용).

통합교육을 통해서 장애아동과 비장애아동은 여러 가지 혜택을 얻을 수 있으며, 장애아동은 또래와 함께 일반적인 교육활동에 함께 참여할 수 있기에 비장애아동들이 바라보는 부정적인 이미지를 줄일 수 있다. 또한 나이가 든 아동보다 장애유아의 경우 긍정적인 사회적 상호작용의 증가, 비장애유아 행동의 모방 학습, 사회적 친숙성 증진 등에 있어서 효과적이라고 밝혀진 것을 보면 통합교육은 유아기에 시작하는 것이 적정하다(김광웅, 1990).

또한 통합교육에 대한 지금까지의 연구 결과들을 보면 장애아동과 비장애아동뿐만 아니라 그들의 부모, 교사에게도 긍정적인 영향을 주고 있음을 알 수 있다.

3. 통합학급의 환경구성

장애영유아의 일반화, 문제행동 감소를 위해서는 환경적 요인이 매우 중요하다. 장애아를 위한 효과적인 교수환경을 제공하기 위해서는 물리적 및 심리·사회적 환경구성 등이 필요하다. 이는 장애아와 비장애아의 바람직한 행동을 조성하고 사회적 행동을 증가시키며 문제행동의 감소 및 긍정적 행동의 일반화와 유지를 하기 위함이다. 장애아동을 위한 물리적 교수환경은 장애아동을 교육하는 체계 내에서 교육과정을 운영하는 전반적 내용을 포함하고 있으며, 환경구성과 교수법은 장애아동 교육과정에서 매우 중요하다.

이에 따라 다양한 환경적 구성을 제공할 수 있다. 첫째, 물리적 환경을 제공하기 위해서는 학급의 구성 및 환경적 요인들을 충분히 제공해야 한다. 둘째, 심리·사회적 환경구성으로는 비장애아와 장애아가 함께 더불어 생활할 수 있는 또래관계(아동)를 제공하는 것이다. 즉, 처음에는 성인 교사가 적극적 역할을 하다가 점차 아동의 사회성 기술 향상을 위해서 또래들과 같이 놀이를 할 수 있도록 환경을 조성해 주는 것이다. 셋째, 비장애아와 장애아가 함께 더불어 교육받고 보육을 제공받아야 하는 공간이므로 전문화된 교사의 지원이 필요하다. 넷째, 비장애아와 장애아가 함께 적절한 기본교육 및 교육·보육뿐만 아니라 정서적·지적 지원을 받을 수 있는 교육기관 등이 필요하다.

일반학급이 장애아와 비장애아가 함께 생활할 때 교육적·지적 초점에 맞추어 발달과정을 무시하고 장애아의 보상 교육에만 초점을 맞춘 것이라면, 통합학급에서 정서적·지적·긍정적·환경 제공을 지원할 때 기본교육 및 보육과정뿐만 아니라 장애아 및 비장애아 모두의 발달과 학습에 긍정적 영향을 미치게 된다.

통합학급에서 비장애아동은 개방형의 퍼즐, 블록, 구조화된 교구들을 중심으로 놀이를 구성하며 창의적인 상상력을 자극해 나갔다. 장애아동은 비구조화된 놀이를 선호하였다. 흙, 물, 재활용 도구 등을 통해 놀이를 진행하거나 놀잇감을 적합하게 활용하지 못하는 경우가 나타나기도 하였다. 즉, 비장애아동은 블록을 맞추고, 나사와 구멍을 맞추어 조립을 하고, 형상화된 틀 안에 맞추어 나가거나 컵 받침 위에 컵 올리기, 인형에게 컵으로 물 먹이기, 인형 꾸미기 등의 조합적 놀이를 하는 모습을 보였다. 반면 장애아동은 비장애아동보다 놀이도구, 기구, 놀잇감 등을 그의 기능에 맞게 적절히 사용하지 못하고 만지작거리거나 두드리기, 흔들기, 바닥에 마구 때리기 등 어떤 조작적 행위 없이 놀이도구, 기구, 놀잇감 등을 만지는 활동 모습을 나타냈다. 이러한 통합학급에서 구성되는 물리적 환경 제공은 비장애아와 장애아의 놀이의 기회를 제공하고, 놀잇감과 놀이 환경이 학습과 발달과정, 놀이를 촉진시키고 격려해 나가며, 또래와의 상호작용이 긍정적으로 이루어질 수 있도록 한다.

한편, 통합학급에서 장애아동의 발달과정에 있어 문제적 행동을 감소시키기 위해 필요로 하는 기본사항은 다음과 같다.

첫째, 크거나 청각적 자극이 심한 소리보다는 조용한 소리를 선호하므로 조용하고 작은 목소리로 말을 들려주는 것이 좋다.

둘째, 크고 열린 공간을 피하는 것이 좋다. 즉 서로 다른 영역을 볼 수 있도록 구성하되 장애아동이 안정되게 지나다닐 수 있도록 수정된 열린 공간이 필요하다.

셋째, 방음을 고려해야 한다. 자신이 있는 공간의 소리 외에도 타 공간에서 들려오는 자극적 소리로 인하여 불안해하는 경우가 발생할 수 있다.

넷째, 교재－교구가 시각적으로 단순해야 한다.

다섯째, 안전한 실내·외 환경 조성이다. 장애아동은 사고에 대비한 안전 감지를 예측하지 못하는 경우가 많으므로 사고의 위험을 줄일 수 있는 환경 조성이 필요하다. 주변 환경에 대한 안정감을 느끼게 되면 다양한 주변 환경에 대한 탐색이 적극적으로 이루어지게 되며, 주변 탐구된 환경과의 상호작용이 좀 더 적극적으로 일어날 수 있다.

여섯째, 충분한 공간의 환경구성이다. 즉, 비장애아동에 비해 장애아동의 행동범위가 넓고 장애기구를 사용하게 되면 공간의 활동범위가 더 넓어야 하기 때문이다. 그러므로 장애아동과 비장애아동의 활동공간은 일반적 활동공간보다 더 충분한 공간으로 구성되어야 한다.

이러한 통합학급의 환경구성은 장애아동의 독립성과 자신감을 촉진시켜 주변의 환경에 적극적인 탐색을 이루어지게 하는 기능을 갖추게 한다.

[표 2－4]는 장애이해교육에 도움이 되는 환경구성의 예이다.

[표 2-4] 환경구성의 예

영역	교구의 예	
쌓기	• 점자 및 유도블록(일반 블록에 뽕뽕이 부착) • 촉감블록 및 점자 레고블록 • 경사로 블록 • 다양한 장애인 편의시설 사진	 출처: 미디어생활(2019.4.26).
역할	• 다양한 장애를 나타내는 인형(다운증후군, 휠체어, 보청기, 안경, 흰 지팡이, 안내견 등) • 회전식 스푼 및 포크, 빨대부착 컵, 끼워서 쓰는 컵, 양손잡이 컵 등 다양한 주방도구	 출처: 비마이너(2015.6.15.).
조형	• 다양한 종류의 가위(2인용 가위, 잡기 쉬운 가위 잡기 쉬운 긴 끈가위, 긴 날가위 등) • 모양 스탬프 및 롤러 • 손가락 붓	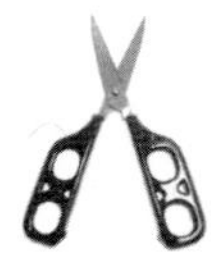
음률	• 터치 피아노 • 음악매트 및 진동 음악 의자 • 스피치 마이크 및 헤드폰	
과학	• 요술거울(반전거울, 오목거울, 블록거울 등) • 다양한 안경(두꺼운 안경, 곤충 눈 안경, 뱀눈 등) • 돋보기, 휠체어, 흰 지팡이 등 보조도구	 출처: 푸른교육사.
수·조작	• 촉각놀이도구(촉각 도미노, 촉각선 그리기 등) • 점자라벨러 및 점자용지 • 닷워치(점자출력 신호장치) • 3D 프린터로 인쇄한 퍼즐 및 교재	
언어	• 장애와 관련되거나 장애를 지닌 사람들이 나오는 동화책 • 점자 촉각그림책 • 사운드북, 음성펜 등 책 읽어주는 도구 • 독서대 및 확대 독서기 • 다양한 쓰기 보조도구(그립퍼) • 보완대체의사소통 도구(그림 또는 보조공학기기)	

장애아동과 비장애아동이 통합학급 내에서 생활하게 되면서 상징놀이 및 교육의 효과가 높게 나타나기도 하지만 장애아동의 표상 기술 결함으로 인하여 다음과 같이 중재전략 프로그램을 사용하게 되기도 한다.

첫째, 장애아동과 비장애아동의 자연스러운 통합 상황 제공이다. 장애아동 집단만의 놀이나 비장애아동 집단만의 독립된 놀이 환경이 아니라, 서로 자연스럽게 구성된 환경 제공이다. 비장애아동이 놀이를 끌어가게 되지만 장애아동의 모방행위를 통하여 더불어 긍정적 영향을 받게 된다.

둘째, 충분하고 적절한 놀이 공간 제공이다. 장애아동의 실내외 환경은 공간의 밀도, 공간의 크기, 교육 및 놀이 환경의 조직구성, 놀잇감의 배열, 놀이 환경 및 놀잇감의 접근 가능성을 고려하여 구성한다.

셋째, 교재–교구의 적절한 선정이다. 장애아동에게 있어 놀잇감은 놀이와 사회적 행동에 영향을 미치게 되므로, 적절한 놀잇감을 구성하고, 사회적 자극을 필요로 하는 놀잇감, 촉감 등 감각기관을 활용할 수 있는 놀잇감, 장애아동의 유형 및 능력에 따라 달리 사용할 수 있는 놀잇감이 제공되어야 한다.

넷째, 규칙적인 시간관리이다. 장애아동은 예측 가능하며, 일관성 있고 계획성이 있을 때 적절한 반응을 나타낸다.

다섯째, 단독놀이 혹은 집단놀이의 균형성이다. 단독놀이를 진행할 때는 교사의 직접개입보다는 간접개입으로 놀이를 방해하지 않도록 하며, 장애아동이 스스로 선택하여 진행할 수 있도록 한다. 또한, 집단놀이는 제한된 인원과 익숙한 또래와의 놀이 공간 구성이다. 친숙한 또래는 교육 및 놀이를 촉진시켜 나갈 수 있으나, 낯선 대상은 불안감을 조성하게 된다.

여섯째, 장애아동의 유형 및 능력정도이다. 장애아동의 유형에 따라 다양한 반응이 일어난다. 시각, 청각, 자폐, 지적, 지체, 뇌병변, 정서·행동, 의사소통 등의 발달장애에 따른 다양한 아동능력에 따라 놀이 지원이 이루어진다.

일곱째, 몰입도 지원하기이다. 장애아동에게 계획된 과제, 교육 중심의 목표에 맞춘 활동을 지원하기보다는 통합학급에서 비장애아동과 장애아동이 함께 완성된 놀이를 경험할 수 있도록 지원한다. 즉, 비장애아동과 장애아동이 함께하는 역할 놀이를 통해 한 부분을 맡아 수행하게 하거나 정교한 사물을 통해 사물놀이를 지원하는 방식이다.

4. 문제행동과 긍정적 행동지원

1) 문제행동의 정의

교사가 아동의 일상적 행동을 관찰할 때 현저하게 벗어나는 행동을 문제행동(problem behavior)이라고 할 수 있다. 장애아 자신에게 심리, 신체, 건강상에 위험을 주는 행동을 말하며, 타인의 심리, 신체, 건강에 위험을 주는 행동도 포함한다. 또한 학습활동, 놀이활동 등에서 집단생활을 방해하는 행동을 문제행동으로 규정할 수 있다.

학교, 유치원, 어린이집에서는 일반학급 혹은 통합학급 재원 중에 보이는 일반적 규정에서 벗어난 행동을 문제행동으로 정의할 수 있으나, '일반적 규정에서 벗어난 행동'의 객관적 근거를 제시하기는 어렵다. 문제행동에 대해 가치중립적인 개념의 정의를 찾아보기 힘들고 '일반적 규정에서 벗어난 행동'에 대해 표준화된 검사나 평가도구가 존재하지 않으므로, 문제행동의 심리, 사회, 신체, 건강상 위험한 상황이라고 판단이 될 때 '문제'라고 명시할 수 있다.

2) 문제행동의 필요성

문제행동은 연령과 성별 또는 학년, 장애의 유무와 상관없이 성장하고 있는 모든 아동에게서 나타난다. 그러므로 모든 교사는 학생의 문제행동을 통제하고 문제행동에 대처하기 위하여 많은 관찰과 노력을 하게 된다. 특히 장애아동은 비장애아동보다 여러 모습으로 문제행동을 보이는 경우가 많다. 장애아동이 일반학급에 통합될 때 교사는 아동의 문제행동이 학급운영을 방해할 것이라고 선입견을 가질 수 있고, 더 나아가 이러한 문제가 아동의 학업 성취를 방해하고 또래와의 사회적인 관계 형성에 부정적인 영향을 미칠 것이라고 생각할 수 있다. 그러기에 교사는 장애아동의 문제행동에 효과적으로 대처하는 방안을 찾고 실행하여야만 긍정적인 결과를 얻을 것이다. 이러한 문제행동에 대하여 교사는 장기적인 문제행동지원을 위한 목표를 설정하고 이를 성취하기 위해 다양한 교수방법을 적절한 교수전략과 함께 계획하고 실행하여야 한다.

유아들에게서 나타나는 행동문제는 발달과 적용에 미치는 영향 때문에 연구자들의 관심을 받아왔다. 유아들은 공격행동, 과잉행동, 수동적 행동, 집착행동, 부적절한 언어표현, 물건 파괴하기, 과제 불이행 등의 다양한 문제행동을 나타낸다(이수정, 2008). 이러한 유아기의 문제행동은 발달단계의 유형일 수도 있음에도 불구하고 과거에는 문제행동을 보일 때, 대부분 되는대로 아무렇게나, 병리적으로나 부적응으로 혹은 위험하거나 예상이 불가능한 것이나 골칫거리로 여겨 환경 및 그 환경에 속한 사람들의 영향을 간과한 채 문제행동의 교정에만 집중함으로써 중재효과의 유지 및 일반화에 한계를 갖는 경우가 많았으나, 최근에는 문제행동을 바라보는 관점이 바뀌었다. 즉 문제행동을 개인에게 유용한 것으로, 왜 그 문제행동을 자주 하는지를 보려고 한다(김미선, 2008). 이렇게 문제행동을 보이는 이들을 효과적으로 지원하기 위한 종합적 접근으로 주목을 받고 있는 중재가 바로 긍정적 행동지원(Positive Behavior Support, PBS)이다.

긍정적 행동지원은 교사 가족, 주변인들이 자연스러운 환경에서 생태학적 관점을 지향하는 다양한 평가와 지원절차를 사용하여 행동을 지원함으로써 전반적인 생활양식을 추구하는 것이며, 그 주요 특징은 긍정적 행동지원이 전반적인 생활양식의 변화와 삶의 질에 주목한다는 것이다. 긍정적 행동지원은 문제행동을 보이는 아동과 관련된 모든 사람들이 삶의 질이 개선된 것을 알 수 있고 즐길 수 있도록 생활의 변화를 돕는다. 또한, 긍정적 행동지원은 생애 전반에 걸친 지원으로, 실험적 상황에서의 단기간에 걸친 즉각적인 변화가 아니라 성장의 단계마다 아동이 거치는 문제행동의 변화에 민감하게 반응하면서 긍정적인 지원을 제공한다. 긍정적 행동지원은 자연스러운 상황에서 행동을 지원하고, 문제행동을 가진 아동과 많은 시간을 보내는 사람들을 적극적으로 참여하게 하며, '문제행동'의 변화에 앞서 '문제상황'을 먼저 변화시키고자 한다.

긍정적 지원의 특성은 다음과 같다(박지연, 2002).

- 중재를 제공하고 난 다음에 시간이 경과된 다음에도 중재의 효과가 여전히 유지되고 있는지를 관찰하며, 장기적으로 성장의 단계마다 아동기뿐 아니라 삶의 전 단계에 걸쳐서 지속적인 지원을 제공하는 것이다.
- 엄격한 실험상황이 아닌 자연스러운 현실 환경에서 문제아동과 시간을 가장 많이 보내는 사람들(부모, 형제, 지역사회 주민 등)이 문제를 가진 아동과 함께 적극적으로 참여한다.
- 인간의 행동은 주변 환경에 영향을 받는다. 그러므로 문제행동을 변화시키기 위해서는 먼저 주변 환경을 변화시켜야 한다. 그러므로 아동의 문제행동 자체에만 중점을 두는 것이 아니라 교육기관, 가정, 지역사회의 개선도 필요하다.
- 문제행동이 일어난 다음에 중재를 하는 전통적인 방법과는 달리 문제행동이 일어나지 않도록 사전에 환경을 변화시키고 문제행동을 사전에 예방할 수 있는 적절한 대체행동을 지도하는 데 중점을 둔다.
- 사회적으로 받아들일 수 없는 혐오자극, 타임아웃 등을 배제하는 사회적인 타당성을 강조한다.

긍정적 행동지원에서는 문제행동의 부재시기가 최적의 중재시기라고 규정하여 문제행동과 같은 기능을 가질 수 있는 적절한 대체행동을 지도한다. 이는 문제행동 등과 같이 부정적 행동을 사전에 미리 예방하는 데 도움이 된다. 그러므로 장애아동의 장애유형 및 정도, 가정환경, 교육환경 및 지원체계 등을 복합적으로 고려한 후 명확하고 지속적인 단계별 지원체계가 마련되어야 할 것이다. 유아의 문제행동이 나타났을 때 교사가 적절한 지도전략을 사용하지 못하면 학령기에 학습장애가 될 수 있는 동시에 자기 존중감의 저하로 인하여 발달 또는 사회성 발달 장애 등으로 발전하게 된다.

긍정적 행동지원 방법과 긍정적 행동지원을 실행하기 위한 실행절차를 살펴보면 다음과 같다(Bambara, 2008b).

[표 2-5] 긍정적 행동지원 방법

지원방법	내용
보편적 지원	• 모든 아동에게 제공되는 행동을 지원한다. • 기대행동을 정해 놓고 기대행동을 지도한다. • 기대행동을 충분히 연습하고 피드백을 받을 수 있는 기회를 제공한다. • 결과에 따라 강화한다. • 교육환경에 따라 환경의 변화를 이끌어 낸다. • 참여도를 높인다.
집단적 지원	• 계속적 문제행동을 보이는 집단을 위해 추가적 제공을 지원한다. • 기대행동을 습득하지 못했거나 적절하게 사용하지 못할 때 새로운 기술을 체계적이고 집중적으로 재교육한다.
개별적 지원	• 문제행동이 심한 장애아동을 대상으로 개별적으로 지원한다. • 기능평가를 통해 문제행동이 갖는 기능을 파악한다. • 행동지원계획을 수립하여 실시한다.

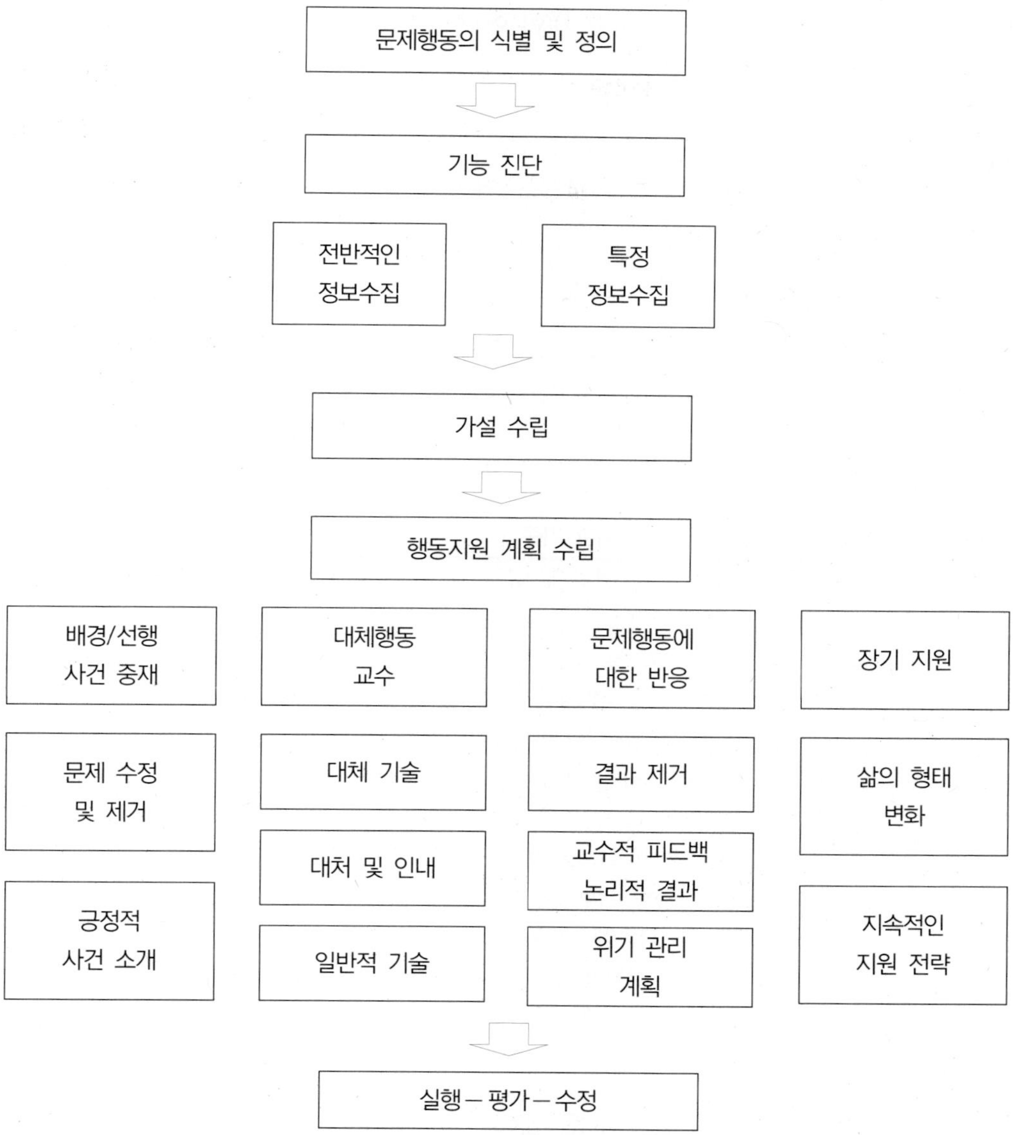

[그림 2-1] 긍정적 행동지원의 실행절차

긍정적 행동지원을 실행하기 위해서는 주어진 문제를 해결하기 위해 문제행동에 대한 개별화된 행동지원 계획이 필요한지를 결정해야 한다. 문제행동이 보인다고 해서 반드시 행동지원 계획을 필요로 하는 것이 아니기에 문제행동 여부에 따라 학급의 규칙이나 일반적인 행동지도로도 행동지도가 가능하다. 그러나 이런 보편적인 전략으로 불충분할 경우에는 보다 적극적인 행동지원 계획이 수립되고 실행되어야 할 것이다.

일반적으로 지속적인 문제행동을 보이는 아동의 경우에는 다양한 문제행동을 동시에 보여주고 있기 때문에 가정 우선적으로 대처해야 하는 문제행동을 선별하여 선행되어야 한다. 중재의 우선순위는 문제행동의 심각성과 다른 사람에게 해를 입히거나 학습에 부정적인 영향을 미치는지 또는 긍정적인 사회적 관계나 수용에 방해가 되는지 등의 요소에 따라 결정된다. [표 2-6]에서는 문제행동의 심각성을 결정할 때 사용될 수 있는 기준을 제시하였다(Janney & Snell, 2004).

[표 2-6] 중재의 우선순위를 결정하기 위한 기준

우선순위	행동유형	정의 및 예	우선순위 결정을 위한 기준
1순위	파괴행동 (destructive behavior)	건강이나 생명을 위협하는 행동으로 때리기, 물기, 눈 찌르기, 머리 부딪치기, 자해하기, 음식 거부하기 등을 포함한다.	• 자신이나 다른 사람에게 해를 입히거나 건강을 해치거나 생명을 위협하는가?
2순위	방해행동 (disturbing behavior)	학습을 방해하거나 일상적인 생활에서의 활동 참여를 방해하는 행동으로 외현적인 행동뿐만 아니라 말을 하지 않거나 울기 등 사회적으로 위축되거나 상호작용을 거부하는 행동을 포함한다. 상호작용이나 활동 참여를 방해하는 경우 상동행동도 포함된다(기능적 행동진단에 의해서 결정됨)	• 자신이나 다른 학생의 학습을 방해하는가? • 사회적 관계를 저해하거나 방해하는가? • 위험하거나 방해가 될 정도로 물건을 파괴하는가? • 효과적인 중재가 제공되지 않으면 파괴적인 행동으로 변할 가능성이 있는가?
3순위	경미한 방해행동 (distracting behavior)	성가시기는 하지만 실제로 해가 되지는 않는 행동으로 반향어, 틱, 상동행동 등이 포함된다.	• 사회적 수용도를 저하시키는가? • 아동의 인상에 부정적인 영향을 미치는가? • 물건에 손상을 입히는가? • 방치하면 방해행동으로 변할 가능성이 있는가?

문제행동은 일시적으로 나타났다가 사라지기도 하지만, 자신의 특정한 목적을 달성하고자 하는 목적으로 어떠한 기능을 하기도 한다. 유아기 외현화 행동패턴, 유아기 내재화 행동패턴, 아동기 부적응 행동, 가족 기능, 어머니(양육자)의 우울증 등 5개 변인이 아동의 문제행동을 가장 많이 유발시킨다(Nelson et al., 2007). 문제행동의 기능을 정확하게 파악하기 위해서는 문제행동의 원인을 정확하게 파악하기 위한 많은 노력과 시간이 필요하다. 문제행동의 기능은 상황에 따라 달라질 수 있기 때문에 문제행동의 기능이 하나가 아닐 수도 있음을 알고 있어야 한다. 아동기 문제행동 유발 위험요인을 보면 [표 2-7]과 같다.

[표 2-7] 아동기 문제행동 유발 위험요인

위험요인		사 례
아동 발달 관련	출생 전	어머니의 정신적 고통, 어머니의 의학적인 문제
	출생 시	조산, 비정상적인 출산
	출생 후	호흡곤란 등의 출산 후 의학적 문제 발생
	유아기 외현화 행동패턴	과잉행동, 충동행동, 고집이 셈, 성질 부리기, 공격행동, 파괴행동, 지나치게 대담한 행동
	유아기 내재화 행동패턴	소심함, 공포, 혼자 있고 싶어 함, 위축된 행동, 조심스러움, 수면장애
	아동기 부적응 행동	정신과 입원, 가출, 타인을 함부로 대함
	아동기 학대	성적 학대, 신체적 학대
	반사회적 행동, 정신질환 가족력	가정 내 폭력, 정신병, 정신과 입원, 약물남용, 범죄
	가족형태, SES	한부모가정, 학교 중퇴, 낮은 사회·경제적 지위
가족기능		부모의 낮은 양육 효능감, 어머니와 아버지 간 불화, 사회활동 부족
어머니(양육자) 우울증		슬픈 감정, 자기비하 등

출처: Nelson, J. R., Stage, S., Duppong-Hurley, K., Synhorst, L., & Epstein, M. H.(2007). Risk factors predictive of the problem behavior of children at risk for emotional and behavioral disorder. *Exceptional Children, 73*, 367-379.

3) 행동지도를 위한 응용행동분석

ABC(Antecedent－Behavior－Consequence)의 A는 Antecedent(선행사건)이며, 행동 전에 어떠한 사건이 있었는지를 의미한다. 한참 혹은 앞서 일어난 사건은 선행사건이 아닌 상황사건(setting event)이라 한다. B는 Behavior(행동)이며, 주로 바람직하지 못한 행동을 의미한다. C는 Consequence(결과)이며, 행동 후에 어떤 일이 발생했는지를 의미한다.

ABC 차트를 활용하면 문제행동을 보인 아동의 이해가 가능하다. 따라서 양육자뿐만 아니라 교사가 ABC 차트를 활용하면 보다 세심한 관찰을 통해 분석이 수월하다. 다음에 제시된 ABC 차트를 예로 설명하기로 한다.

[표 2-8] ABC 차트 예시

날짜 : 2022.00.00　　　　　　　　　　이 름 : (　　　　　　)

상황사건 (setting)	선행사건 (Antecedent)	행동 (Behavior)	후속결과 (Consequence)	기능 (function)
귀가 시간이 되어 엄마가 어린이집으로 와서 귀가하려는 중	선생님이 "00아, 엄마 오셨다. 집으로 가자"라고 말함	갑자기 울음을 보이며 "싫어! 나 지금 블록으로 동물원 만들고 있단 말이야!"라고 소리를 지름	선생님은 "그랬구나, 그럼 00이가 지금 블록으로 만들고 있는 동물원은 선생님이 피아노 위에 올려놓을 테니 내일 어린이집에 와서 동물원 만들자"라고 말함	좋아하는 블록놀이가 끝나고 없어지는 것이 아니라 내일 완성할 수 있다는 희망

지금 문제가 되는 행동(Behavior)은 "갑자기 울음을 보이며 '싫어! 나 지금 블록으로 동물원 만들고 있단 말이야!'라고 소리를 지름"이다. 그렇다면 이 행동을 하기 전에 어떤 사건이 있었는지를 확인해야 한다. 그게 바로 선행사건(Antecedent)인데, "선생님이 '○○아, 엄마 오셨다. 집으로 가자'라고 말함"이다. 또한 이 행동으로 어떤 결과(Consequence)를 가져왔는지를 확인해야 한다. "선생님이 '그랬구나, 그럼 ○○이가 지금 블록으로 만들고 있는 동물원은 선생님이 피아노 위에 올려놓을 테니 내일 어린이

집에 와서 동물원 만들자'라고 말함"이다.

아이는 블록놀이로 놀이를 완성하고 싶은데 집에 가게 되면 놀이의 완성을 못하기 때문에 울음을 보이며 싫다고 소리를 지르는 것인데, 이것이 행동의 기능(function)이다. ABC 차트를 작성하면서 ABC 이외에 아동이 얻어내고자 하는 것 등을 파악하고 추측해 볼 수 있다.

5. 통합교육의 유형

장애아동을 대상으로 하는 통합교육은 비장애아동과 장애아동이 함께 생활하고 배우며, 장애라는 편견 없이 상호 협조적이며 공동체 의식을 함양해 나가는 교육환경을 의미한다. 진정한 장애통합은 하루 일과 중 특정한 프로그램만, 혹은 특정한 시간만 계획하여 통합하는 것이 아니라, 활동 공간 안에서 하루 일과 활동에 관한 모든 시간과 활동을 비장애아동과 장애아동을 포함하여 실행하는 것이다. 비장애아동이 개인마다 차이가 있듯이 장애아동 또한 장애유형과 장애아동의 문제적 행동 사항, 기질 등으로 차이가 있으나 통합교육 안에서 다양한 능력과 교육 효과를 필요로 하는 아동과 함께 교육을 받는 것이다. 장애통합교육 안에서 가장 특징적이며 효과적으로 나타나는 것은 상호작용이다. 일상생활 안에서의 상호작용, 놀이과정 안에서의 상호작용, 학습과정 안에서의 상호작용을 실시하는 것이다. 장애통합은 장애아의 정상적인 사회 능력의 발달을 위하여 교육기관을 통하여 교육과정에 참여시키는 것을 말한다. 과거에는 심신의 손상으로 분리되어 교육이 이루어졌으나, 현재는 장애아동도 인간으로서의 존엄한 가치를 가지며 일상적 전 생활 영역 안에서 또래와 완전통합으로 교육 받을 권리를 가지게 되어 장애통합의 필요성이 대두되고 있다.

장애아동을 위한 통합교육은 단지 물리적 장애아동을 통합하는 것을 넘어서 교육과정 및 사회적 통합까지 고려해야 한다. 통합교육을 실시하였을 때 장애아동에게 사회적·정서적 긍정적 영향을 미치게 되며, 일상생활을 함께 하면서 다양한 또래와의 관계를 맺으며 선택할 수 있는 기회가 제공된다. 또한 일반아동(비장애아동) 프로그램의 정규과정 학습을 통해 풍부한 교수, 교재, 교구 등을 사용하며 비장애아동으로부터 적극적인 의사소통 및 상호작용의 행동패턴을 배울 수 있는 폭넓은 기회 등을 제공받게 된다.

이러한 풍부한 기회의 제공을 통하여 적절한 의사소통, 사회적 상호작용의 기술을 익힐 수 있고, 사회관계 능력을 배우게 된다. 비장애아동 또한 장애아동과 함께 통합교육을 실시하면서 또래 장애아 친구가 무엇이 필요한가를 인식하게 되고, 영유아 시절부터 편견 없이 장애아동을 대하는 태도의 바람직한 습득과정을 생활에서 익히게 되고, 유아를 더 잘 이해하게 되어 긍정적 태도를 기를 수 있게 된다.

1) 통합교육의 최소제한 환경 실행

통합교육을 실행하기 위해서는 최소제한 환경을 두고 실행해야 한다. 최소제한 환경의 실행 지침은 다음과 같다.

첫째, 장애아동에게 동일한 기준을 적용하기보다 개별적 요구 및 상황에 따라 결정해야 한다. 즉 장애유형, 장애아동의 개별적 능력에 맞는 개별화 교육을 의미한다.

둘째, 기본적으로 장애아동 모두에게 통합교육을 실시하되 실시 후 어려움이 누적되어 장애아 개인에게 개별적으로 제공되어야 할 때 분리교육을 실시한다.

셋째, 장애아동의 장애유형, 장애아동의 개별적 능력에 따라 다르게 나타나야 한다. 통합교육이 꼭 이루어져야 하는가보다 장애아동의 요구도에 따라 특수학교, 특수전담시설 등 다양한 방안을 모색하여 제공되어야 한다. 이는 특수학교, 혹은 특수전담시설뿐만 아니라 일반시설 안 통합학급, 일반시설 안에 분리된 전담학급 등을 의미한다.

넷째, 장애아동만 생활하고 교육받는 공간 및 시설이 아니라 비장애아동과 함께 생활하는 곳이므로 또래 비장애아동의 요구도도 고려되어야 한다. 장애아동의 인권존중뿐만 아니라 비장애아동의 인권존중 또한 가치의 기준이 되어 공정하게 함께 누려야 하므로, 자연스럽게 통합교육과정 안에서 배우게 되는 이해와 양보, 배려와 함께 더불어 살아가는 마음 등의 중요성도 교육해 나갈 필요성이 있다.

다섯째, 장애아동의 최소제한 환경을 배치할 때 적절한 시간을 활용해 최대의 통합효과를 높일 수 있도록 제공해야 한다. 통합환경이 적절하지 않더라도 통합환경 안에서 최소한의 경험을 제공할 수 있도록 하는 것이다.

2) 통합교육의 구분

통합교육의 가장 기본은 정상적인 생활 범위에 모든 생활 및 정상적인 방식으로 경험할 수 있는 모든 기회를 제공하는 것이다. 통합교육은 교육시간, 통합 활동 내용, 통합교육 장소 등에 따라 구분되는데, 통합교육을 받는 시간에 따라 완전통합과 부분통합 그리고 통합교육의 방식에 따라 역통합으로 나뉜다.

(1) 완전통합

완전통합(full inclusion)은 모든 장애아동을 일반 교육환경에 배치하는 것으로, 전체 하루 일과 중 장애아동과 비장애아동이 일반교실에서 동일한 환경을 비롯하여 일상생활 관련 모든 활동, 놀이 활동, 실외 체험 학습, 특별프로그램, 교수자료 등 교사에게 동일한 수업을 받는 개념이다.

완전통합과정을 살펴보면, 매일 정규적인 교육 및 일상생활의 통합과 일상생활의 규정된 시간표의 진행, 또래와의 같은 공간, 같은 시간, 동일한 프로그램의 선택의 기회 제공, 흥미와 욕구에 의한 집단적 활동, 장애아동과 비장애아동을 나누지 않고 연령별 수준에 맞는 교수적 협응 제공 등을 말할 수 있다. 그러나 장애아동을 위한 다양한 방안을 모색하여 통합교육을 진행하고 있지만 아직 교육현장의 현실적 여건이 고려되지 않고 있으며 완전통합의 체제 단일화가 정착하기까지 난관이 있을 수 있다. 하지만 통합교육은 비장애아동뿐만 아니라 장애아동의 개성과 능력 및 개인적인 자연적 차이에 대응하는 차별적 교육을 보장할 때 실질적 평등을 실현하게 되어 완전한 통합교육으로서의 체제로 전환이 이루어질 수 있다. 통합교육을 지향하고 있는 일반시설에서는 모든 아동이 일반화된 교육의 기회를 제공 받아야 하지만 기회의 균등이 아닌 개인차에 따른 교육을 통해 평등교육이 이루어져야 한다. 통합이라는 명목 아래 소수의 장애아동으로 인해 비장애아동의 희생을 감수하는 통합교육 체제가 아니라 모든 학생을 위한 통합교육의 완전통합 체제가 구축되어야 한다.

(2) 부분통합

부분통합(partial inclusion)은 전체 하루 일과 중 모든 활동을 함께 하는 것이 아니라 일정 시간, 특별한 프로그램, 특별한 활동에 동일한 교육환경을 배치하는 것이다. 장애아동의 개별화 교육 프로그램에 따라 특수 전담 교실에서 일반교실로 바꾸어가며 교육을 받는 것이다.

부분통합과정을 살펴보면, 준비도에 따라 선택된 아동을 대상으로 하며, 정규적인 특정 시간, 특정 요일, 특정 프로그램만을 통합하거나, 미리 계획된 활동으로 통합, 규정된 시간에서 조정을 필요로 하여 만든 시간표 조정을 한 통합, 짧은 시간 혹은 짧은 기간의 통합 등을 말하며, 일반 교육과정과 교육적·사회적 활동에 선택적으로 접근하는 것을 말한다.

(3) 역통합

일반적 통합이 일반교육시설 혹은 특수학급에서 장애아동이 함께 하는 것이라면, 역통합(reverse inclusion)은 특수학급에서 일반학급의 비장애아동들과 부분통합을 함께 하는 것으로서, 장애아동을 위해 소수의 일반유아(비장애유아)를 통합하는 것이다. 즉 장애

아동을 위한 교육환경 속에 비장애아동을 포함시키는 것이다.

현실적으로 역통합교육의 체제가 확고해지기 위해서는 국가 차원의 새로운 정책을 도입하여 물리적 지원 및 예산을 편성하고, 장애아동과 비장애아동 모두에게 바람직한 교육적 환경 및 지원을 제공해 나가는 것이다. 통합교육의 대안적 모형으로 역통합교육을 통해 교육적 지원방안을 모색해 나갈 필요성이 있다.

3) 협력교수

통합교육을 성공적으로 이루어내기 위해서는 장애아 전담교사 혹은 특수교사 및 일반학급의 교사의 협력적 상호관계가 매우 필요하다. 협력수업을 진행하기 위해서는 교수-학습 실현을 위한 협력방법으로 통합교사와 특수교사와의 역할 수행이 적절히 이루어져야 한다. 협력이란 통합교육 안에서 공통된 교육 목표를 위한 참여교사 및 부모 등의 직접적 상호작용 과정이다. 통합교육은 협력 없이는 실행이 불가능하므로, 교사들이 함께 팀을 이루어 학습 촉진을 위해 노력해야 한다.

협력교수를 위해서는 무엇보다 교사 간 자발적 참여, 교수활동에 대한 적절한 역할 분담, 책무성, 교수활동에 대한 결정에 있어서 공동의 책임, 자료의 공유 그리고 상호 신뢰와 존중이 필수적이다(공주대학교 특수교육연구소, 2018). 협력교수는 통합교실의 상황과 대상 아동의 수준, 교육내용과 방법에 따라 한 가지를 활용하거나 두 가지 이상을 적용할 수 있다. 다양한 협력교수의 유형은 [표 2-9]와 같으며, 유아교육기관의 일과에 따라 협력교수를 적용한 사례는 [표 2-10]과 같다.

[표 2-9] 다양한 협력교수의 유형

유형	설명	그림
그림자 교수	일반교육 교사가 주로 구체적인 내용을 가르치는 반면, 특수교육 교사는 학습이나 행동에 문제를 가진 학생 한두 명을 대상으로 옆에서 직접 지도한다.	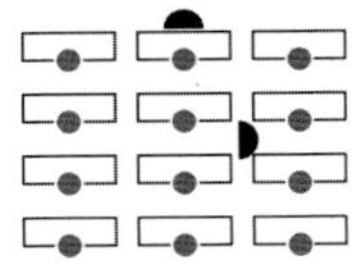
1인 교수 1인 보조	한 명의 교사가 강의를 주도하고 다른 한 명은 개별적 지원을 제공할 학생들 사이에서 순환한다.	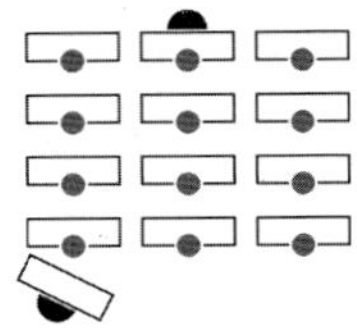
스테이션 교수	교육내용을 스테이션으로 나누고 학생도 소집단으로 구성하여 스테이션을 돌아가면서 수업을 하는 유형이다. 두 개의 스테이션을 두 명의 교사가 진행할 수 있고 독립적인 학습이 가능한 경우에는 세 번째 스테이션에서 학생 스스로가 과제를 수행하도록 구성할 수 있다.	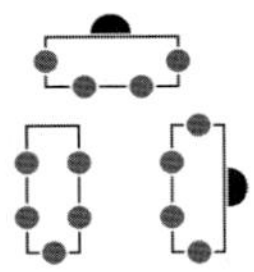
평행 교수	두 교사가 두 개의 동등한 집단을 각각 교수한다. 같은 내용을 같은 시간에 배우도록 하는 평행교수는 반복 연습형 학습이나 감독이 필요한 학습에서 사용하는데, 교육 분화를 촉진하고 학생 참여를 증가시키는 1차 목적을 위해 실시한다.	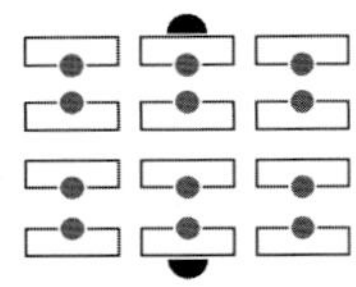
대안 교수	한 교사는 대부분의 학생과 함께 활동하고 다른 교사는 교정, 심화, 평가, 사전 교육 또는 다른 목적을 위해 소집단과 함께 작업하는 경우이다.	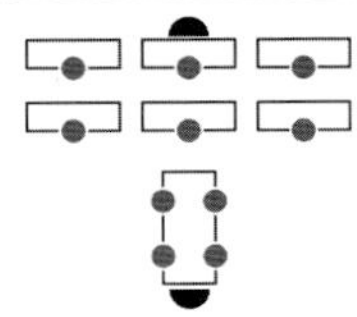
팀 교수	학급 전체를 한 학습 집단으로, 두 교사가 공동의 역할을 공유한다. 협력교사 간의 상호 팀워크가 좋아야 가능한 유형이다.	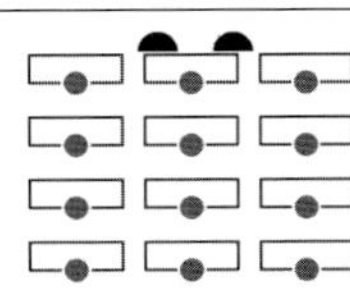

출처: 한선영(2020). 협력교수가 통합학급 학생의 사회적 지위와 학교생활만족도 및 일반교육 교사의 통합교육 효능감에 미치는 영향. 한국교원대학교 대학원 석사학위논문. p.11 재인용.

[표 2-10] **일과에 따른 협력교수 적용의 예**

<table>
<tr><th rowspan="3">시간</th><th rowspan="3">일과</th><th colspan="3">협력교수</th></tr>
<tr><th rowspan="2">유형</th><th colspan="2">역할 예시</th></tr>
<tr><th>일반교사</th><th>특수교사</th></tr>
<tr><td>08:50
~
09:00</td><td>등원</td><td>교수-지원</td><td>• 이 교사는 등원하는 유아를 맞이하면서 인사를 나눈다.</td><td>• 김 교사는 자신의 사물함을 찾는 데 어려움을 보이는 현주에게 사물함 문에 붙어 있는 현주의 사진을 가리키며 도움을 제공한다.</td></tr>
<tr><td>09:00
~
09:20</td><td>대/소집단 활동</td><td>팀티칭</td><td>• 이 교사는 전체 유아를 대상으로 다양한 가족에 대한 이야기 나누기를 진행한다.</td><td>• 김 교사는 이 교사가 이야기하는 내용과 관련된 다양한 가족사진이나 영상 자료를 컴퓨터와 연결된 프로젝션 TV로 보여준다.
• 김 교사는 이 교사가 가족명을 이야기할 때 화이트보드에 적어서 보여준다.</td></tr>
<tr><td>09:20
~
09:30</td><td>화장실 다녀오기</td><td>팀티칭</td><td colspan="2">• 전체 유아를 반으로 나누어 한 집단을 이 교사가 데리고 화장실 지도를 하는 동안 교실에 남은 다른 집단의 유아들과 김 교사는 지난 시간에 배웠던 노래를 부른다.
• 전체 유아를 한 줄로 세우고 이 교사와 김 교사가 각각 앞뒤에 서서 줄 서서 이동하기, 차례대로 용변 보기 등을 함께 지도한다.
• 김 교사는 화장실 밖에서 줄 서서 이동하기를 지도하고, 이 교사는 화장실 안에서 용변 후 손 씻기를 지도한다.</td></tr>
<tr><td>09:30~
09:40</td><td>간식</td><td>팀티칭</td><td colspan="2">• 전체 유아에게 자신이 마실 우유를 앞에 놓고 기다리기, 우유 입구 열어 마시기, 흘린 우유 닦기 등을 함께 지도한다.</td></tr>
<tr><td rowspan="2">09:40
~
10:40</td><td rowspan="2">자유선택 활동</td><td>팀티칭</td><td colspan="2">• 전체 유아에게 놀이 계획하고 시작하기와 또래와 함께 놀이하기 등을 함께 지도한다.</td></tr>
<tr><td>교수-지원</td><td>• 이 교사는 전체 유아의 놀이를 지도한다.</td><td>• 김 교사는 작은 사물을 잡는 데 어려움을 보이는 민수에게 수·조작 영역에서 친구에게 주사위를 건네주는 역할을 부여하여 '우리집 완성하기' 게임을 하는 친구들과 함께 놀이하면서 사물을 자주 잡도록 기회를 제공한다.</td></tr>
</table>

<table>
<tr><th rowspan="3">시간</th><th rowspan="3">일과</th><th colspan="3">협력교수</th></tr>
<tr><th rowspan="2">유형</th><th colspan="2">역할 예시</th></tr>
<tr><th>일반교사</th><th>특수교사</th></tr>
<tr><td rowspan="2"></td><td rowspan="2"></td><td></td><td></td><td>• 김 교사는 눈·손 협응에 어려움을 보이는 민수에게 쌓기놀이 영역에서 블록을 잡고 쌓는 또래의 시범을 보고 다시 시도해 보도록 격려하거나 또래의 지원을 받아 함께 쌓도록 지도한다.</td></tr>
<tr><td>스테이션 교수</td><td>• 이 교사는 미술 영역에서 우리집 모형 만들기 활동을 진행하며 모둠별로 자연물을 활용하여 함께 집 모형을 만들고 소개하도록 지도한다.</td><td>• 김 교사는 언어 영역에서 ‘가족 나무’ 만들기 활동을 진행하며 모둠별로 유아들이 가족 나무를 만들고 서로 소개하도록 지도한다.</td></tr>
<tr><td>10:40
~
11:00</td><td>정리정돈 및 평가</td><td>팀티칭</td><td colspan="2">• 전체 유아가 정리하도록 격려하고 자발적으로 정리하는 데 어려움을 보이는 현주에게는 현주에게 호감을 보이는 사회성이 좋은 윤호와 함께 정리하도록 유도하며 함께 지도한다.</td></tr>
<tr><td rowspan="3">11:00
~
12:00</td><td rowspan="3">실외놀이</td><td>팀티칭</td><td>• 이 교사는 김 교사와 유아들이 주워온 자연물을 수합하여 전체 유아를 대상으로 ‘자연물을 이용한 행복한 우리 가족 꾸미기’ 활동을 진행한다.</td><td>• 김 교사는 유아들과 함께 산책하며 ‘자연물을 이용한 행복한 우리 가족 꾸미기’ 활동 시 필요한 자연물을 줍는다.</td></tr>
<tr><td>평행 교수</td><td colspan="2">• 전체 유아를 두 집단으로 나누어 한 집단은 이 교사와 함께, 다른 한 집단은 김 교사와 함께 ‘자연물을 이용한 행복한 우리 가족 꾸미기’ 활동을 진행한다.</td></tr>
<tr><td>교수－지원</td><td>• 이 교사는 전체 유아가 안전하게 놀이하도록 지도한다.</td><td>• 김 교사는 걷기 어려워하는 민수가 좋아하는 친구 민지와 손을 잡고 천천히 바깥놀이터 주변을 걸으며 주변의 자연물을 줍거나 식물을 관찰하도록 지도한다.</td></tr>
<tr><td>12:00
~
13:00</td><td>점심 및 휴식</td><td>교수－지원</td><td>• 이 교사는 전체 유아의 식습관을 지도한다.</td><td>• 김 교사는 식사도구 사용이 어려운 민수에게 잡기 쉽게 수정된 숟가락을 사용하도록 돕는다.</td></tr>
</table>

시간	일과	협력교수		
		유형	역할 예시	
			일반교사	특수교사
13:00 ~ 13:20	대/소집단 활동	팀티칭	• 이 교사는 전체 유아를 대상으로 '옛날 이야기' 새노래를 소래하고 함께 부른다.	• 김 교사는 노래 음원을 들려주거나 유아들이 노래할 때 피아노로 반주한다.
13:20 ~ 13:30	평가 및 귀가	교수－지원	• 이 교사는 전체 유아들과 하루 일과를 평가하고 귀가 준비를 한다.	• 김 교사는 평가 활동 시 자신의 일과를 지낸 느낌이나 기분을 나타내는 데 어려움을 보이는 유아들(현주 포함)이 표정 카드를 제시하여 자신의 느낌을 나타내도록 돕는다. • 김 교사는 가방이나 옷의 지퍼를 올리는 데 어려움을 보이는 유아들(민수 포함)에게 지퍼 올리는 시범을 보이고 다시 한번 시도하도록 격려하는 등의 도움을 제공한다.

출처: 이소현 외(2017). 유치원 통합교육 가이드북(pp.84－85). 인천광역시 교육청.

Chapter

03

시각장애

배울 내용

1. 시각장애의 정의
2. 시각장애의 진단 및 원인
3. 시각장애의 특성
4. 시각장애의 교육적 접근
5. 시각장애의 지원방안

학습 목표

1. 시각장애의 정의와 진단 및 원인을 알 수 있다.
2. 시각장애의 특성을 이해할 수 있다.
3. 시각장애의 교육적 접근방법을 이해하고 적용한다.
4. 시각장애의 지원방안을 알아보고 적용한다.

개요

시각은 인간에게 정보의 대부분을 받아들이는 통로이며, 시각을 통해 사물의 위치 및 형태, 다른 사람의 감정을 파악하기도 한다. 시각의 손상은 사물의 인식을 어렵게 할 뿐 아니라, 운동기능에 이상이 없음에도 이동에 제한을 갖게 한다. 이에 본 장에서는 시각장애의 정의와 진단 및 원인을 알아보고, 시각장애의 특성과 교육적 접근방법 및 지원방안을 알아보고 적용할 수 있도록 한다.

1. 시각장애의 정의

인간은 시각을 통해 주위의 모든 사물과 사람의 얼굴, 표정을 인식한다. 사물의 존재와 형태를 인식하는 능력은 눈의 가장 본질적인 기능에 속한다. 인간은 다른 감각기관인 코, 입, 귀, 피부 등을 통해 생활에 필요한 정보를 받아들일 수 있지만, 눈을 통한 정보는 다른 감각들보다 우세한 수준에 있다.

이러한 시각은 사물을 선명하게 볼 수 있는 정도를 의미하는 시력과 정면의 한 점을 주시할 때 눈에 보이는 주변의 범위를 나타내는 시야로 구분한다.

1) 법적 정의

(1) 장애인복지법

우리나라는 「장애인복지법」에 의거, 장애인에 대한 법적 근거를 제시하고 있으며, 「장애인복지법」에 명시된 시각장애인의 장애 기준 및 정도는 다음과 같다.

[표 3-1] 시각장애인의 장애 기준 및 정도

3. 시각장애인

가. 나쁜 눈의 시력(공인된 시력표에 따라 측정된 교정시력을 말한다. 이하 같다)이 0.02 이하인 사람
나. 좋은 눈의 시력이 0.2 이하인 사람
다. 두 눈의 시야가 각각 주시점에서 10도 이하로 남은 사람
라. 두 눈의 시야 2분의 1 이상을 잃은 사람
마. 두 눈의 중심 시야에서 20도 이내에 겹보임이 있는 사람

㉮ 장애의 정도가 심한 시각장애인

1) 좋은 눈의 시력(공인된 시력표로 측정한 것을 말하며, 굴절이상이 있는 사람은 최대 교정시력을 기준으로 한다. 이하 같다)이 0.06 이하인 사람
2) 두 눈의 시야가 각각 모든 방향에서 5도 이하로 남은 사람

㉯ 장애의 정도가 심하지 않은 시각장애인

1) 좋은 눈의 시력이 0.2 이하인 사람
2) 두 눈의 시야가 각각 모든 방향에서 10도 이하로 남은 사람
3) 두 눈의 시야가 각각 정상 시야의 50퍼센트 이상 감소한 사람
4) 나쁜 눈의 시력이 0.02 이하인 사람
5) 두 눈의 중심 시야에서 20도 이내에 겹보임이 있는 사람

(2) 장애인 등에 대한 특수교육법

「장애인 등에 대한 특수교육법 시행령」 제10조에 의하면, 시각장애를 지닌 특수교육대상자는 "시각계의 손상이 심하여 시각 기능을 전혀 이용하지 못하거나, 보조공학기기의 지원을 받아야 시각적 과제를 수행할 수 있는 사람으로서, 시각에 의한 학습이 곤란하여 특정의 광학기구, 학습매체 등을 통하여 학습하거나 촉각 또는 청각을 학습의 주요 수단으로 사용하는 사람"이라고 정의한다.

2) 교육적 정의

법적 정의를 사용할 때 교사는 실제 생활과 교육상황에 적합하게 사용하는 시각 능력을 파악하기 쉽지 않다. 반면, 교육적 정의는 기능적 정의라고도 하며, 아동이 실제 생활과 교육에서 필요한 기능수행의 시각 활용에 중점을 둔다. 일반적으로 점자, 촉각, 청각 매체를 통해 교육해야 하는 경우를 맹으로 규정하고, 문자의 확대나 광학적 기구를 사용하여 교육이 가능한 아동은 약시로 규정하고 있다.

2. 시각장애의 진단 및 원인

1) 눈의 구조와 기능

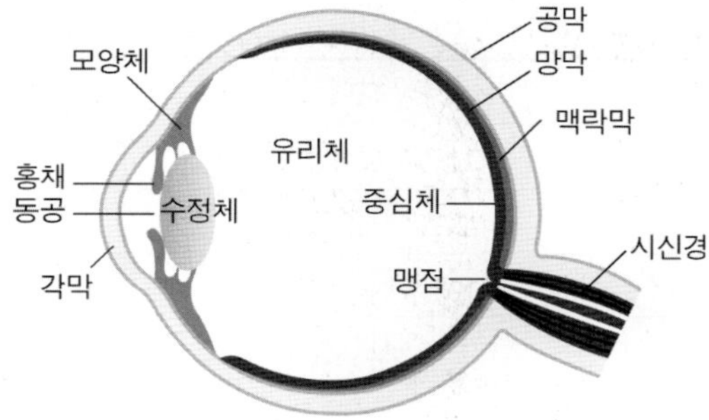

[그림 3-1] **눈알의 구조**

출처: 국립특수교육원(2016). 장애영유아 양육 길라잡이.

눈은 눈알과 눈 부속기관으로 이루어져 있다. 눈알은 3개의 얇은 막인 외막, 중막, 내막이 3개의 안 내용물인 수정체, 유리체, 방수를 싸고 있는 형태로 구성되어 있다.

- 각막: 눈에 들어오는 빛을 굴절시킨다.
- 홍채: 눈에 들어오는 빛의 양을 조절하며, 카메라의 조리개 역할을 한다.
- 방수: 안압을 일정하게 유지하여 각막의 형태를 광학적으로 유지한다.
- 수정체: 눈에 들어오는 빛을 굴절시키며, 두께 조절을 통해 가까이 혹은 멀리 있는 사물의 초점을 맞추게 한다.
- 망막: 눈에 들어오는 빛의 상이 맺히는 곳으로 카메라의 필름에 해당한다.
- 시신경: 망막에 맺힌 상이 이동하는 경로이다.
- 시각중추: 후두엽에 위치하여 시신경으로부터 들어온 정보를 통해 사물을 인지한다.

2) 시력의 발달

출생 직후 신생아 시력은 빛을 느끼는 정도지만, 성장하면서 시력도 발달하게 된다. 시력 발달과정은 [표 3-2]와 같다.

[표 3-2] 시력과 시력 발달

연령	시력	시력 발달 내용
출생 직후	광각	간헐적인 주시능력
생후 3개월	0.08	추체의 발달이 완성
생후 3~4개월		조절능력이 완성
생후 6개월	0.02	
생후 9개월	0.08	
생후 1년(만 1세)	0.4	
2세	0.5	
3세	0.7~0.8	
4세	0.8~0.9	
5~6세	1.0	양안시, 입체시 발달완성
10~12세	1.2~1.5	성인의 안축으로 성장

출처: 국립특수교육원(2016). 장애영유아 양육 길라잡이.

3) 시각장애의 진단

(1) 객관적 시력검사

객관적 시력검사는 유아나 어린 아동을 대상으로, 능동적으로 시표를 읽거나 손을 들어 의사를 표현하는 등의 방법에 어려움이 있는 대상자의 신체적 반응과 뇌파 등을 검사하여 시력 기능을 측정하는 방법이다. 객관적 검사는 전문성이 요구되는 부분이므로 반드시 안과의사가 실시한다.

(2) 주관적 시력검사

주관적 시력검사는 아동이 검사지의 지시에 따라서 청각, 운동 근육, 언어 등을 사용하는 형태의 검사방법으로, 일반적으로 의료전문가나 교사에 의해 수행할 수 있다. 주관적 시력검사의 방법에는 원거리 시력검사와 근거리 시력검사가 있다.

① 원거리 시력검사

우리나라에서 대표적으로 사용하는 원거리 시력표에는 한석천 시력표(3m 또는 5m), 진용한 시력표(4m), 청산 시력표 등이 있다. 원거리 시력표는 시력정도에 따라 검사 거리를 조절할 수 있도록 고안되어 광범위한 시력 측정이 가능하다는 장점이 있다.

② 근거리 시력검사

대표적인 근거리 시력검사에는 란돌트고리, 스넬렌문자, 숫자 등이 사용되며, 학령기 아동에게 적합한 글자 크기와 저시력 기구를 처방할 때 유용한 정보를 제공한다.

③ 영유아 건강검진 문진표

[표 3-3] 영유아 건강검진 문진표

4~12 개월	1	아이가 눈을 잘 맞춥니까?	예	아니오
	2	눈동자의 위치가 이상합니까? (안쪽으로 몰리거나 초점 없이 밖으로 향합니까?)	예	아니오
	3	검은 눈동자(동공)가 혼탁합니까?	예	아니오
	4	가족 중에 눈과 관련된 유전 질환을 가진 사람이 있습니까?	예	아니오
18~24 개월	1	눈을 잘 맞추지 못하거나 눈동자가 흔들립니까?	예	아니오
	2	검은 눈동자(동공)가 혼탁합니까?	예	아니오
	3	정면(앞에 있는 사물)을 볼 때 늘 얼굴을 돌려 옆으로 쳐다보거나 고개를 기울이고 보는 편입니까?	예	아니오
	4	책, TV, 물건 등에 너무 가까이 다가가서 보거나 찡그리고 봅니까?	예	아니오

30~36 개월	1	눈동자의 위치가 이상합니까?	예 아니오
	2	정면(앞에 있는 사물)을 볼 때 늘 얼굴을 돌려 옆으로 쳐다보거나 고개를 기울이고 보는 편입니까?	예 아니오
	3	책, TV, 물건 등에 너무 가까이 다가가서 보거나 찡그리고 봅니까?	예 아니오
	4	아이의 한쪽 눈을 가리고 보게 했을 때 두 눈의 시력이 서로 다르다고 느껴집니까?	예 아니오
42~48 개월	1	눈을 잘 맞추지 못하거나 눈동자가 흔들립니까?	예 아니오
	2	정면(앞에 있는 사물)을 볼 때 늘 얼굴을 돌려 옆으로 쳐다보거나 고개를 기울이고 보는 편입니까?	예 아니오
	3	책, TV, 물건 등에 너무 가까이 다가가서 보거나 찡그리고 봅니까?	예 아니오
	4	아이의 한쪽 눈을 가리고 보게 했을 때 두 눈의 시력이 서로 다르다고 느낍니까?	예 아니오

출처: 국민건강보험공단 영유아건강검진 문진표 일부

4) 시각장애의 원인

시각장애의 원인은 크게 굴절이상, 구조적 손상, 시각 피질의 손상의 세 개의 범주로 나누어 볼 수 있다. 눈의 각 부위에 생기는 안질환은 시력, 시야, 대비감도, 순응, 눈부심 등의 시 기능에 영향을 미치게 된다. 교사는 주요 안질환이 학습활동에 미치는 문제와 특수교육 지원 사항에 대해 이해하는 것이 필요하다.

(1) 선천성 백내장

백내장으로 수정체의 혼탁이 오면, 안개 속에서 사물을 바라보는 것과 같이 뿌옇고 흐릿하게 보인다. 백내장의 유형과 진행정도 및 수정체의 혼탁의 위치와 정도에 따라 시력저하 정도도 다양하게 나타난다. 일반적으로 선천성 백내장은 정지성 질환으로, 시력이 유지되는 편이다. 백내장 유아를 위한 교육적 고려사항은 다음과 같다.

- 책을 읽을 때는 독서대를 사용할 수 있도록 한다.
- 백내장의 위치와 크기, 시력, 정도에 따라 다르므로 백내장이 수정체 주변에 있는

경우에는 고도 조명이 필요하고, 중심부 혼탁이 있는 경우에는 낮은 조명을 해 주어야 한다.

- 안경 착용으로 중심 시력은 증가하지만 주변 시력은 감소하여 안전한 보행에 영향을 미친다. 따라서 철저한 안전 보행 교육이 요구된다.
- 눈부심을 느낄 경우 태양광이 직접 비치지 않도록 자리를 배치해주고, 착색렌즈나 모자를 착용하는 것이 도움이 된다.

(2) 선천성 녹내장

녹내장은 방수가 안구 밖으로 배출되지 않아 안압이 상승하여 시신경이 눌리거나 혈액순환의 문제가 발생하여 시신경 손상이 일어나는 질환을 말한다. 녹내장이 계속 진행되어 시신경 손상이 중심부까지 진행될 경우 심각한 시야장애 외에 시력 감소를 동반하게 된다. 녹내장 유아의 교육적 고려사항은 다음과 같다.

- 약물이나 수술 등으로 시신경이 더 이상 손상되지 않도록 관리가 중요하며, 이를 위해 안압을 낮추는 약물과 안약을 정해진 시간에 투약하고 있는지 확인이 필요하다.
- 녹내장의 진행으로 시야가 좁아지면 독서할 때 읽는 줄을 자주 잃어버리게 되므로 타이포스코프 혹은 라인 읽기 가이드 등을 사용한다.
- 시야가 좁은 경우 보행에 어려움이 생기므로 안전한 보행 지도를 해야 한다.
- 피로와 스트레스는 안압이 증가할 수 있으므로 편안한 환경을 제공한다.
- 녹내장은 진행성 질환으로 지속적 시야 손상과 시력 저하가 일어날 수 있어 교육적 지원요구가 변할 수 있다. 정기적인 시야 평가와 학습매체의 평가가 필요하다.
- 밝은 곳에서 어두운 곳으로 이동할 때 조명 변화에 적응하는 시간을 주어야 한다.
- 안압으로 인해 안 피로를 보이면 즉시 휴식을 취할 수 있도록 지원한다.
- 중심부 시야까지의 손상으로 심한 시력 저하가 발생하면 확대 자료나 확대기기를 사용하도록 한다.

(3) 망막색소변성

망막색소변성은 망막의 손상으로 시야장애가 발생하는 진행성 질환이다. 망막 중심부까지 손상되면 시야의 손상 및 시력과 색 지각이 급격히 감소한다. 망막색소변성 유아의 교육적 고려사항은 다음과 같다.

- 시야 확장을 위해 확대 독서기와 저시력 기구를 활용한다.
- 밝은 곳에서 어두운 곳으로의 이동은 잘 이루어지지 않으므로 어두운 곳에 갈 때나 밤에는 야맹증이 있다는 것을 이해하고 지도한다.
- 망막색소변성증은 진행성 질환으로 지속적인 시야 손상과 시력 저하로 교육적 지원요구가 달라질 수 있으므로 정기적인 시각 평가와 학습매체의 평가가 필요하다.
- 읽기 활동 시 글줄을 잃어버리면 타이포스코프 및 라인 읽기 가이드 등을 사용한다.
- 주변부 시야 손상이 지속되면 사물 전체가 보이지 않을 수 있다. 눈과 사물의 거리를 조절하여 전체 모양을 볼 수 있도록 한다.
- 과격한 신체 운동을 자제하는 것이 망막 박리를 예방할 수 있다.

(4) 황반변성

황반은 원뿔세포로 이루어져 있으며, 망막 중심부를 황반이라고 한다. 황반변성은 중심부 암점에 따른 중심 시야 손상이 일어나는 것이다. 황반이 손상되면 시력이 급격히 저하되고 밝은 곳에서 물체와 색을 인식하는 능력도 감소하게 된다. 황반변성 유아를 위한 교육적 조치는 다음과 같다.

- 황반변성은 진행성 질환으로 교육적 지원요구가 변할 수 있다. 정기적인 평가 및 학습매체의 평가를 실시하는 것이 필요하다.
- 확대 독서기와 같은 확대 기기의 사용이 도움이 된다.
- 색 지각과 대비감도 저하될 수 있으므로 고대비 자료 제공과 대비 조절 기능이 있는 확대 독서기를 사용하도록 한다.
- 어두운 곳에서 밝은 곳으로 이동 시 조명 변화에 적응할 시간을 준다.

- 눈부심을 느낄 경우 착색렌즈 및 창을 등지고 앉을 수 있도록 배치하는 것이 도움이 된다.

(5) 각막혼탁

각막혼탁은 특정 부위에 발생할 수 있어 혼탁 부위를 파악하는 것이 필요하다. 각막 주변에 발생한 혼탁은 시력에 큰 영향을 미치지는 않지만, 각막 중심부에 발생한 심한 혼탁은 심각한 시력 저하를 가져올 수 있다. 각막 혼탁이 있는 유아의 교육적 조치는 다음과 같다.

- 각막의 혼탁은 시력과 대비 감소에 많은 영향을 미치게 된다. 조명 선호와 눈부심 등의 시각 평가 실시가 필요하다.
- 시력 저하로 일반 자료를 보기 힘든 경우에는 확대자료와 확대경 등의 기기를 사용하도록 한다.
- 낮은 대비의 자료를 보기 힘들어하면 고대비 자료를 제공해 준다.
- 조명 등이 유아의 눈 앞쪽보다 뒤쪽에 위치하도록 자리를 배치해 준다.

(6) 굴절이상

시각장애의 경우 원시보다는 근시나 난시 문제가 더 많은 편이다. 특수교사는 진행성 안질환을 가지고 있는 유아의 경우 정기적인 안과 및 안경점에서 시력 변동 여부를 확인하도록 안내할 필요가 있다. 어린 시기에 굴절이상을 방치하게 되면 선명한 상을 보는 경험이 부족해져 시각 기능이 발달하지 않아 약시를 초래할 수 있다. 따라서 조기에 적합한 안경을 통해 교정해 주는 것이 매우 중요하다.

① 근시

근시는 수청체의 굴절력이 커서 물체의 상이 앞쪽에 맺혀 흐리게 보인다. 근시가 있는 경우 가까운 물체는 볼 수 있지만 먼 거리의 물체는 보기 어렵다. 이를 해결할 수 있는 방법으로는 오목 렌즈를 착용하는 것이다.

② 원시

원시는 노화로 안구의 전후 길이가 짧아져 물체의 상이 망막의 뒤쪽에 맺혀 흐리게 보이는 것을 말한다. 원시는 근거리 과제에 어려움을 보이며, 볼록렌즈로 교정이 필요하다.

③ 난시

난시는 눈의 굴절이 안구의 모든 면에서 같지 못해 물체의 상이 한 점이 아닌 여러 점에 맺혀 물체가 여러 개로 보이는 것이다. 안경 착용을 통해 일부 교정이 가능하며, 근거리 과제를 오래하면 눈의 피로가 있으므로 주기적인 휴식을 허용하는 것이 필요하다.

(7) 주요 부위별 발생하는 질환 및 특징

[표 3-4] 부위별 발생하는 질환 및 특징

부위	주요 질환	보이는 형태	주요 특징 및 조치
각막	각막궤양	거의 보이지 않음	• 각막 이식을 통해 시력 회복 가능
홍체	홍체없음증	눈부심이 심함	• 적절한 조도, 모자, 선글라스 필요
수정체	백내장	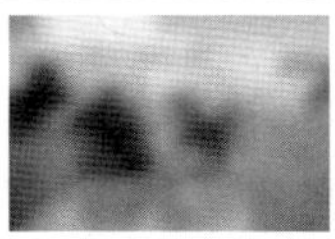	• 자외선 노출 주의 • 번쩍이는 환경요소 제거 • 인공수정체 이식 수술 필요
	안구진탕	안구가 흔들림	• 보고자 하는 사물에 초점 맞추기(고시) 훈련 필요
망막	녹내장		• 안압 유지 위해 안약 활용 • 스트레스를 주지 않아야 함
	망막색소 변성		• 진행성 • 지속적인 시력 관찰 필요
	당뇨망막 변증	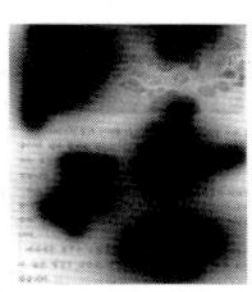	• 인슐린 주사 활용 • 적절한 운동 필요 • 맹이 되었을 경우, 점자를 제외한 청각 자료 제공

부위	주요 질환	보이는 형태	주요 특징 및 조치
	황반변성		• 가장자리 시야로 사물을 보는(중심외보기) 훈련 필요 • 색깔 구별에 어려움이 있음 • 확대경이나 망원경 제공
시각경로	반맹	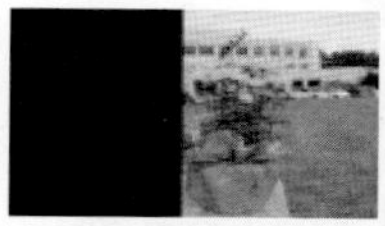	• 시각 경로 일부가 손상을 받았을 경우 발생 • 적절한 시기능 훈련 제공

출처: 국립특수교육원(2016). 장애 영유아 양육 길라잡이.

3. 시각장애의 특성

1) 운동적 특성

일반적으로 시각적 자극을 통한 신체적 움직임으로 운동기능이 발달한다. 시각장애가 유아기 운동적 특성에 결정적 영향을 주지 않지만, 시각적 자극이 제공되지 않으면 움직임에 대한 동기가 유발되지 않게 되고, 모방을 통한 신체 움직임이 나타나지 못하게 된다. 이로 인해 다양한 신체기능을 습득하고 익히는 기회를 가지지 못하는 경우가 많다.

시각장애 유아가 서서 걷기 시작하면 바른 걸음걸이 자세와 이동에 대한 자신감 발달을 위해 대체 보행기구나 유아용 흰 지팡이를 사용한 보행 지도의 시작이 필요하다. 시각장애 유아의 신체·운동 발달 지원을 위한 방법은 다음과 같다.

- 안전한 신체활동을 위한 환경조성이 필요하다. 신체활동 중에 책상이나 가구 등의 모서리에 부딪쳐 통증을 느끼거나 다치면 신체활동과 이동에 대한 동기가 감소하게 된다. 안전사고 예방을 위해 뾰족한 모서리나 기둥에 안전보호대를 부착하는 것이 좋고, 벽면에 스티커 등을 붙여 이동에 도움을 주거나 문마다 다른 표시를 하여 공간을 구분해 줄 수도 있다.

[그림 3-2] 안전한 환경조성의 예

출처: 국립특수교육원(2016). 장애 영유아 양육 길라잡이.

- 유아가 잔존 감각을 사용하여 조작하고 흥미를 유발할 수 있도록 다감각 교구나 장난감 등을 제공해 주어 소근육 발달을 촉진한다.
- 시각장애 유아가 사용하는 장난감이나 물건은 일관된 자리에 보관한다. 물건을 찾아 사용하고 제자리에 정리하는 과정을 통해 자연스럽게 이동 능력을 향상하게 된다.
- 유아가 주변에서 물건이나 물체를 찾는 방법을 지도한다. 책상이나 바닥에 떨어진 장난감을 손을 이용해 부채꼴 방향으로 움직이며 찾아보는 탐색법을 사용할 수 있게 한다.
- 세수할 때 수도꼭지 조작하기, 음료수 먹을 때 뚜껑 열어보기 등 일상생활에서 경험할 수 있는 신체 발달과 자립생활의 기능을 촉진한다.
- 좋아하는 소리나 공과 놀이 등을 통해 주변 환경을 적극적으로 탐색할 수 있게 한다.

2) 인지적 특성

유아기의 인지발달은 주변 환경 및 물체를 탐색하고 상호작용하는 과정을 통해 형성된다. 시각 손상은 지각과 개념의 형성 및 언어발달에도 영향을 미친다. 오감을 통해 경험한 정보를 통합하는 기능이 제대로 이루어지지 않으므로 시각장애 유아는 개념 습득에 시간이 더 걸리게 된다. 따라서 시각장애 유아가 잔존 감각을 사용하여 주변 환경과 물체를 탐색할 수 있도록 다양한 노력이 요구된다.

시각장애 유아의 인지발달 지원을 위한 방법은 다음과 같다.

- 청각과 촉각, 후각 등의 여러 감각을 통한 자극을 제공할 수 있는 정보와 놀잇감을 제공해 준다.
- 감각을 통한 충분한 탐색의 시간을 주며 상황에 적합한 상호작용으로 이야기를 나눈다.
- 시각장애 유아는 혼자 물체를 탐색하고 특징을 알기 어렵다. 이에 손 위 손 안내법이나 손 아래 손 안내법, 공동 탐색 등으로 탐색을 지원한다.
- 시각장애 유아는 보이지 않는 상황이나 물체 등을 탐색하며 두려움을 보이고 거부하기도 한다. 이에 유아가 좋아하는 질감의 놀잇감에서 탐색을 시작한다.
- 놀잇감이나 물건은 항상 일정한 자리에 놓고, 유아가 가져오고 다시 제자리에 정리하는 활동을 하며 영속성을 지도할 수 있다.

3) 언어적 특성

교사와 부모는 시각장애 유아의 또래 관계 형성을 위해 일반유아의 경험과 관련한 어휘를 함께 지도하는 것이 필요하다. 언어를 배우고 이해하려는 강한 동기로 언어 습득에는 어려움을 갖지 않으나 비언어적 의사소통인 몸짓과 태도, 얼굴표정의 방식에서는 약간의 차이를 보인다. 직접 경험해 보지 못한 안개와 하늘, 구름과 같은 단어 등은 잘 알고 있기는 하나 미사여구가 포함되어 있는 경우가 많다.

시각장애 유아의 효과적인 언어지도 방법은 다음과 같다.

- 시각장애 유아가 교사나 부모의 얼굴을 마주하도록 유아와 눈높이를 맞추고 이야기를 나눈다.
- 시각장애 유아가 교사나 부모의 목소리가 나는 쪽으로 몸과 고개를 돌리게 하려면 처음에 한쪽 어깨를 접촉하며 부른다.

- 시각장애 유아가 보내는 비상징적 의사소통에 즉각 반응해 준다.
- 일상생활에서 자주 사용하는 이해하기 쉬운 언어와 짧은 문장부터 반복하여 말하는 것이 효과적이다.
- 시각장애 유아가 사용하는 문장과 관련된 물건이나 놀잇감을 제시하면 어휘와 문장을 이해하는 데 도움을 줄 수 있다.
- 언어에 대한 정확한 이해를 위해 어휘와 관련한 행동이나 경험을 하도록 관련 어휘를 사용한다.
- 한 가지 단어를 익히면 해당 단어와 연계할 수 있는 단어까지 확장하여 지도한다.

4) 정서 및 사회적 특성

부모나 또래와의 관계는 시각장애 유아의 정서 및 사회성 발달에 중요하다. 가정에서의 좋은 관계 유지와 적극적인 상호작용은 교육기관에서의 또래 관계 형성의 기초가 된다. 시각적 관찰과 모방을 통해 습득하게 되는 사회성 기술의 습득이 시각장애로 인해 지체되는 경우가 많이 발생한다. 상동행동을 보이거나 낯선 환경에 대해 과민한 두려움을 표현하기도 하고 부모와 떨어져 있을 때 혹은 새로운 상황을 접할 때 거부하는 경우가 가끔 나타난다.

시각장애 유아의 정서 및 사회성 발달을 위한 지도 방법은 다음과 같다.

- 구어 소통 시에는 동작과 표정 등을 함께 사용하며, 표정과 동작은 손으로 만져볼 수 있게 한다.
- 교사와 부모가 함께하는 공동 촉감 관심 활동은 기초 사회성 발달에 효과적이다.
- 놀잇감 등을 다른 사람과 공유하는 경험을 제공한다. 물건을 함께 사용하거나 번갈아 사용할 때 강화물을 제공하며 격려한다.
- 기본적인 사회적 기술인 인사 나누기와 차례 지키기 등을 지도하고 적절한 사회적 기술을 사용할 때 칭찬하고 격려해 준다.

- 교사는 시각장애 유아에게 적합한 놀이 참여를 위해 적절한 교재－교구 사용을 위한 수정이 필요한지 점검한다.
- 놀이나 활동에서 시각장애 유아와 함께 생활할 수 있도록 상호작용을 실시한다.
- 시각장애 유아가 또래와 함께 놀이할 수 있도록 안전한 놀이 장소를 제공한다.

4. 시각장애의 교육적 접근

시각장애 유아는 개인별 능력과 교육적 요구에 적합한 맞춤형 개별지도가 필요하다. 시각 능력이 상실되어 있거나 제한되어 있기 때문에 감각 개념을 발달시키고 기본적인 방향정위와 이동훈련이 필요하며, 장애 특성에 적합한 다양한 치료지원서비스도 요구된다. 시각장애 유아에게 필요한 교육적 요구는 다음과 같다.

- 시각장애 유아가 적절한 교육을 받지 못하면 사회적·정서적·학문적 발달에 심각한 영향을 줄 수 있는 인지 및 언어발달에 어려움을 보이게 된다.
- 시각장애 유아는 시각 외의 다른 감각을 통해 교육을 받을 수 있다.

  예) 점자, 촉각 및 청각교육 자료나 보조기구 활용

  글자 기차를 만들어 끝말잇기 게임을 진행할 경우, 시각장애 유아를 위하여 모루를 이용하여 글자를 입체적으로 표현하거나 자석 글자를 이용하여 시각장애 유아가 직접 만져 글자를 읽어 끝말잇기를 할 수 있도록 한다. 또한 그림 자료인 경우, 시각장애인용 동물도감과 같이 올록볼록한 점으로 그림을 입체감 있게 표현하거나 3D프린터를 이용한 촉각 자료를 사용하여 시각장애 유아가 그림을 느낄 수 있도록 한다.
- 시각장애 유아의 개인별 능력과 교육적 요구에 적합한 개별지도가 필요하다.

  예) 저시력 유아는 생활과 학습에 필요한 잔존시력을 활용하는 데 초점을 두어 보조공학기기나 큰 활자책, 확대 그림책 등의 시각매체를 이용한다. 색칠하기 활동을 할 경우 일반 유아들보다 색칠해야 하는 테두리를 더 진하고 두껍게 그려준다.
- 시각장애 유아는 시각 능력의 제한이나 결손으로 인해 우연히 일어나는 학습에 제

한되어 있다.

- 시각장애 유아의 개념발달과 사회적·정서적·언어적 일상생활 등의 주요 내용의 교육이 필요하다.

1) 교육원칙

시각장애 유아의 교육목표 달성을 위해 교육적 필요를 해결하기 위한 교육원칙이 요구된다. 여기에는 장애 영향의 최소화를 위한 장애 발견 및 교육 연계시스템 마련, 잔존시각과 보상감각 활용 등의 개인차를 고려한 개별화 교육 프로그램 등이 있다. 이와 관련한 시각장애 유아의 교육원칙은 다음과 같다.

- 시각장애의 영향을 최소화하기 위해 시각장애 발견 즉시 교육이 실시되어야 한다.
- 잔존시력을 최대한 활용하도록 해주고 시각 외의 다른 감각을 활용하여 시각장애로 인한 손실을 최소화해 주어야 한다.
- 시각장애 유아의 개인별 시각 능력과 지적 능력 등을 고려한 개별화된 교육이 요구된다.
- 시각의 제한으로 직접 경험하지 못하는 것에 대해 구체적으로 접해볼 수 있는 경험 중심 프로그램을 실시하는 것이 필요하다.
- 장애 특성화 교육과정의 마련과 시각장애를 고려한 교육이 병행되어야 한다.

2) 교육방법

(1) 일상생활 훈련

일상생활에 필요한 지식과 기술을 익혀 사회에서 안전하고 독립적인 생활을 할 수 있도록 돕는 영역이다.

① 식사하기

식사 전에 오늘의 식단과 그릇의 위치 알려주기 및 유아의 손을 잡고 테이블을 탐색한 후 식사를 경험할 수 있도록 한다.

② 옷 입기

옷의 앞뒤 구별을 위한 마크 확인하기, 신발이나 장갑의 좌우를 구별하기, 자주 입는 옷에 매듭이나 점자 혹은 꼬리표 등으로 표시하기 등의 방법을 사용한다.

③ 건강 및 안전한 생활

식사 후 양치 시 적절한 치약 짜기와 수도의 냉수와 온수 구별하기, 화장실 표시 구분하기 등을 익히도록 지도한다.

④ 위험상황 대처

시각장애 유아는 시각의 상실로 많은 사회적 위험에 노출되어 있다. 특히 화재 등의 재난사고는 일반인보다 신체에 미치는 위험성이 매우 높다. 따라서 안전사고의 이해와 더불어 위험 상황에 대처하는 법을 익히는 것은 매우 중요하다. 안전사고 대처 방안으로 주택 혹은 교육기관의 설비를 안전하게 관리해야 한다. 사고의 위험이 있는 곳은 수시로 점검을 실시하고 안전사고 방지를 위한 설비나 장치를 마련해야 한다.

(2) 점자지도

시각을 사용하는 글자를 손으로 만져서 사용할 수 있는 점체계로 바꿔 놓은 맹인용 문자가 점자이다. 유아 시기에 접하는 점자는 앞으로 많은 정보와 지식을 습득하는 데 많은 영향을 줄 수 있게 된다. 시각장애 유아의 점자지도는 호기심과 동기 유발이 우선되어야 한다. 교사는 이를 위해 유아가 점자가 재미있다는 것을 느낄 수 있도록 꾸준히 교수방법을 연구하는 것이 필요하다. 점자지도 단계는 정해진 것이 아니므로 유아의 장애정도와 수준에 맞춰 지도를 실시하는 것이 우선되어야 한다.

점자는 세로 3점, 가로 2점으로 구성되며, 6개의 점을 조합하여 63개의 점형을 만든다. 6개의 점에는 고유번호가 정해져 있다. 읽기점인 볼록점을 기준으로 왼쪽 맨위의 점은 1점이고, 밑에는 2점, 그 다음 점은 3점이다. 오른쪽 맨 위의 점은 4점이고, 아래 있는 점은 5점과 6점이다.

[표 3-5] 점자일람표

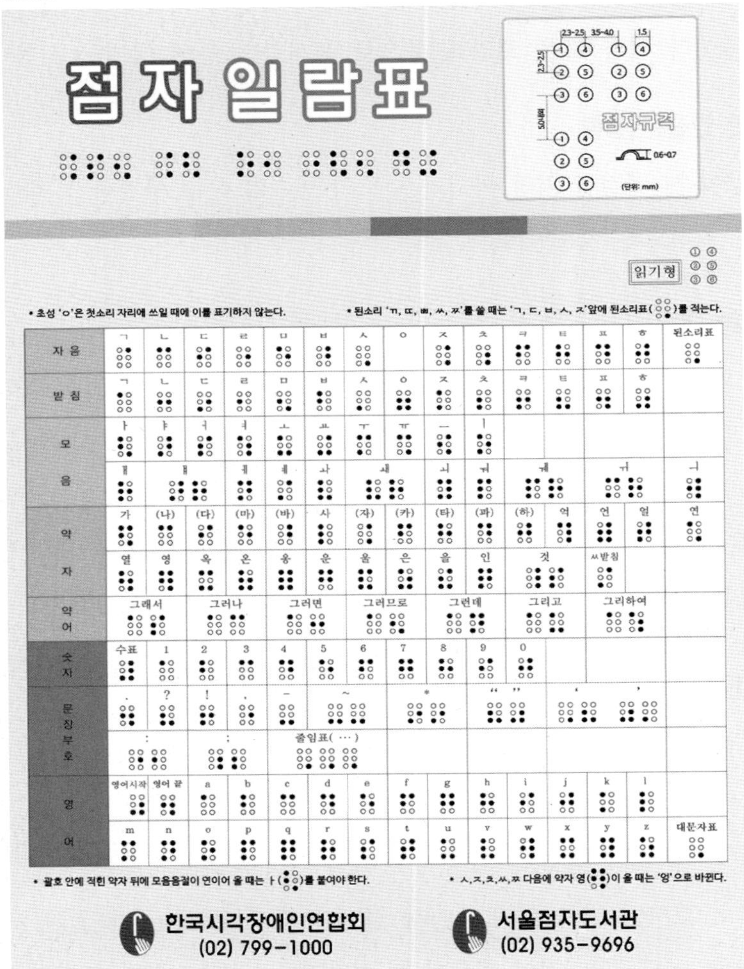

출처: 한국시각장애인연합회. 점자일람표.

- 점의 위치 알기: 6개 점의 구성을 파악하게 하며, 6개 점의 위치, 방향, 순서를 확인하면서 점의 위치를 알게 한다.
- 점자에 관심 가지기: 시각장애 유아에게 점자로 표기된 자신의 이름을 읽고 쓰게 하여 점자에 대한 흥미와 관심을 높이고 언어와 문자와 관계성을 인식시켜 주는 것이 필요하다.

(3) 보행훈련

유아에게 처음 지도하는 기초 기술로, 보행에 대한 호기심과 동기 유발을 위해 유아가 관심을 갖는 장소에서 시작하는 것이 좋다. 지도는 유아가 걷기 시작하면서 가능하며, 훈련을 시작할 때에는 아동과의 라포와 신뢰감을 형성하는 것이 중요하다. 유아가 주변 환경에 호기심을 가지고 이동하도록 동기 부여를 실시한다. 보행훈련은 보행 기술의 완전한 숙달이 아니라 기술을 경험하고 모방하는 수준에서 훈련이 이루어지도록 하고, 교정보다는 이동의 필요성과 의미를 알려줌으로써 거부감을 줄여주도록 한다. 안전하고 효율적인 방법으로 보행 기술을 습득하여 시각장애 유아가 독립적으로 생활할 수 있도록 돕는다.

5. 시각장애의 지원방안

1) 보조공학적 지원

시각장애 유아의 교수를 위해서는 자료 및 보조공학기구를 적절히 선택하고 수정하는 것이 중요하다. 유아의 수준과 교육적 필요성, 연령, 장단기 교수목표 등을 고려하여 적절한 보조공학기구를 제공하도록 하며, 청각, 촉각 등의 감각을 통한 자료를 사용할 수 있도록 제공해야 한다.

[표 3-6] 시각장애인 보조공학기구

연번	품명	비고
1	확대경	단시간 동안 가까운 곳에 있는 사물을 확대하여 보는 기구
2	망원경	단시간 동안 멀리 있는 사물을 확대하여 보는 기구
3	확대독서기	장시간 동안 가까운 곳에 있는 사물을 확대하여 보는 기구
4	점자정보단말기	전자점자를 읽고 쓸 수 있는 기구

출처: 국립특수교육원(2016). 장애 영유아 양육 길라잡이.

2) 통합교육적 지원

시각장애아동은 과거에는 특수학교에서 교육을 많이 받았으나, 최근 통합교육에 대한 관심이 증가하면서 일반학급으로 통합되는 경향이 늘고 있다. 긍정적이고 수용적인 통합학급 분위기 조성을 위해 장애이해교육을 실시해야 한다. 물리적 환경을 조절할 때에는 조명과 자리 배치에 관심을 기울여야 한다. 조명은 아동의 특성과 과제에 따라 다양하게 조절되어야 한다. 교사와 전문가들이 시각장애아동의 입장에서 교실과 학교의 실내공간을 점검하며, 편의성과 장애물 등을 확인하면 도움이 된다.

- 교수방법은 꼭 필요한 경우에만 수정하며, 교육목표는 동일하게 적용한다.
- 특수교사와 협의하여 확대복사물 및 점자, 녹음된 교재 등을 준비한다.
- 책을 읽을 때 충분한 시간을 제공해 준다.
- 저시력 학생을 위해 가능한 한 대비 효과가 큰 자료를 활용한다.

Chapter

04

청각장애

배울 내용

1. 청각장애의 정의
2. 청각장애의 진단 및 원인
3. 청각장애의 특성
4. 청각장애의 교육적 접근
5. 청각장애의 지원방안

학습 목표

1. 청각장애의 정의와 진단 및 원인을 알 수 있다.
2. 청각장애의 특성을 이해할 수 있다.
3. 청각장애의 교육적 접근방법을 이해하고 적용한다.
4. 청각장애의 지원방안을 알아보고 적용한다.

개요

청각장애는 청각계의 손상으로 발생하는 기능장애를 총칭하며, 의학적, 교육적, 문화적 관점으로 정의한다. 「장애인 등에 대한 특수교육법」에서는 아동의 특수교육대상자로서의 교육적 목적을 의미하고, 「장애인복지법」에서는 전 연령 공통으로 청각장애인의 복지적 목적을 의미하고 있다. 본 장에서는 청각장애의 정의와 진단 및 원인, 청각장애의 특성과 교육적 접근방안 등을 위한 이해와 적용을 위한 자료를 제시한다.

1. 청각장애의 정의

청각장애란 소리를 지각하는 귀의 한 부분이라도 문제가 생겨 소리를 듣지 못하거나 곤란을 겪는 상태를 말한다. 청각장애는 청력 손실의 정도에 따라 정의하는 의학적인 관점과 청력 손실이 언어발달, 교육 성취, 학업 수행에 미치는 영향 정도에 따라 정의하는 교육적 관점, 구어와 다른 수어를 사용하는 소수 집단을 이루는 사람들을 의미하는 문화적 관점에 따라 다르게 정의할 수 있다.

1) 의학적 정의

의학적 관점에서 청각장애는 청력 손실의 정도에 따라 정의한다. 귀 질환, 청력 손상, 청력 불능의 정도에 따른 의학적 정의는 다음과 같다.

(1) 귀 질환

정상 상태에서 병적으로 일탈된 이상 상태

(2) 청력 손상

귀 질환으로 인해 보청기 등으로 교정 처치를 해도 잔존 청각 기능 등이 회복이 불가능한 상태

(3) 청력 불능

청각 손상이 원인이 되어 일상생활이나 사회생활이 불가능한 상태

(4) 청각장애

청각적 기능장애를 가진 개인이 사회생활을 영위할 때, 직면하는 사회로부터의 분리로 사회적 자립, 직업적 자립이 제한된 상태

2) 교육적 정의

청각장애가 교육적 수행에 미치는 영향에 따라 「장애인 등에 대한 특수교육법」 제15조에 의해 「장애인 등에 대한 특수교육법 시행령」 제10조에서는 "청력 손실이 심하여 보청기를 사용해도 청각을 통한 의사소통이 불가능 또는 곤란한 상태이거나 청력이 남아 있어도 보청기를 사용해야 청각을 통한 의사소통이 가능하여 청각에 의한 교육적 성취가 어려운 사람"이라고 제시하고 있다.

의사소통의 가능성 여부를 강조하는 「장애인복지법 시행령」 제2조 별표1에서는 청각장애를 "두 귀의 청력 손실이 각각 60dB 이상인 사람, 한 귀의 청력 손실이 80dB 이상, 다른 한 귀의 청력 손실이 40dB 이상인 사람, 두 귀에 들리는 보통 말소리의 명료도가 50% 이하인 사람, 평형기능에 상당한 장애가 있는 사람"으로 제시하고 있다.

3) 문화적 정의

청각장애를 바라보는 관점으로 의학적·교육적 관점 외에 문화적 관점이 있다. 문화적 관점의 청각장애는 구어와 다른 수어를 사용하는 소수 집단을 이루는 사람을 말한다. 예를 들어, 영어를 모르는 한국인이 다른 나라에 가서 영어를 사용하지 못한다고 청각장애가 있다고 하지 않는 것처럼, 수어를 사용하는 청각장애인이 구어를 사용하지 못한다고 하더라도 장애인으로 보지 않는 관점이라고 할 수 있다. 구어를 사용하지 못하기 때문에 언어에 장애를 가지고 있다는 의학적·교육적 관점과는 다르게, 문화적 관점은 청각장애인이 수어를 사용하므로 언어에 장애가 있다고 보지 않는 것을 말한다.

2. 청각장애의 진단 및 원인

1) 청각장애의 진단

청각장애 진단과 평가는 주관적 평가와 객관적 평가의 2가지 방법이 있다. 청각장애 아동이 적극적으로 반응해서 진단하는 주관적 평가에는 순음청력검사와 어음청력검사가 있으며, 여러 전기적 신호 자극에 나타난 결과로 진단하는 객관적 평가에는 이음향방사검사와 이미턴스검사, 청성뇌간유발반응검사 등이 있다.

(1) 순음청력검사

순음청력검사는 '삐~'와 같은 신호음인 순음을 들려주고 각 주파수마다 음의 강도를 조절하며 측정하는 검사이다.

(2) 어음청력검사

어음청력검사는 일상생활에서 사용되는 단어 중 모든 단어의 강도가 동일하게 발생되는 동일음압단어(예: 시간, 편지, 달걀, 신발 등)를 들려주는 방법으로 측정하는 검사이다.

(3) 이음향방검사

이음향방검사는 귀에 소리를 들려주었을 때, 내이에 있는 와우에서 발생하는 소리를 측정하는 검사방법이다.

(4) 이미턴스검사

중이는 고막, 이소골, 이관으로 구성되어 있으며, 이미턴스검사는 중이의 상태나 기능을 평가하는 검사이다.

(5) 청성뇌간유발반응검사

청성뇌간유발반응검사는 소리를 들려주었을 때, 청신경과 뇌간에서 발생하는 전지적 신호를 기록하는 검사이다.

(6) 신생아 청력선별검사

청각장애의 조기발견과 중재는 아동의 언어와 인지 발달에 중요한 영향을 미치기 때문에 신생아 청력선별검사를 받아야 할 필요가 있다. 신생아 청력선별검사는 의무검사가 아니므로 부모가 특별히 원하는 경우에만 실시하게 된다.

2) 청각장애의 원인

청각장애의 절반 이상은 태아기에 발생한다. 이와 관련한 청력 손실의 원인으로는 유전적 요인과 환경적 요인이 각 1/3로 나타나고, 1/3은 원인이 알려지지 않았다. 청각장애의 원인과 관련한 용어는 유전적 난청과 선천성 난청이 혼용되고 있으며, 유전자에 의해 규정된 것은 유전적이라고 하고, 출생 전 원인이 있는 경우를 선천성이라고 한다.

(1) 유전적 원인

유전적 원인은 부모 양쪽, 혹은 한쪽으로부터 유전되는 질병을 의미하며, 청각장애 부모나 건청 부모의 어느 쪽이든 유전될 수 있다. 하지만 확실한 유전적 원인으로 인한 청각장애 유형은 200가지 이상인 것으로 나타났다. 아동기 청각장애의 60% 이상은 유전적 원인에 의한 것으로, 선천적 농의 50% 이상이 유전성 원인에 의한 것임을 알 수 있다.

① 모자 혈액형 불일치

모자 혈액형 불일치(임산부와 태아의 RH혈액형)의 경우 모체의 혈액에서 항체가 형성되어 태아의 혈액을 파괴하고 청각장애가 된다. 이러한 경우는 다수(70% 이상)가 중복장애를 갖게 되는 것으로 밝혀졌다.

② 이경화증

청년층에서 가장 흔하게 볼 수 있는 진행성 청각장애로 이명 증상이 동반되는 이경화증이 있다. 이는 중이의 등골이 증식되고, 난원창에 비정상적으로 붙어 있어 점진적으로 청력이 손상되는 유전성 질환이다.

③ 선천성 외이 기형

선천성 외이 기형은 귀의 발생 과정 중에 이상이 생겨 선천성 기형을 갖게 된 상태를 넓은 의미로 통칭한다. 발생 원인은 유전적인 경우도 있으나, 대개는 분명한 원인을 알지 못하는 경우가 많다.

나머지 유전적 장애로 농과 관련된 증후군은 70가지가 넘으며, 가장 흔한 유전적 장애를 요약하여 [표 4－1]에 제시하였다.

[표 4-1] 청력 손실과 관련된 유전적 증후군

증후군	청력 손실 유형	특징
알포트증후군 (Alport syndrome)	감각신경성, 진행성	신우신장염, 사구체신염, 안장애, 양측성 청각장애
펜트레드증후군 (Pendred syndrome)	전음성, 감각신경성, 혼합성	갑상선비대증, 갑상선대사장애
트리처콜린스증후군 (Trecher Collins syndrome)	전음성 혹은 혼합성	안면기형, 귓바퀴기형, 외이도와 중이감염
반 델 호이브증후군 (Van der Hoeve syndrome)	전음성, 감각신경성, 진행성	청색공막, 골성형부전증, 이경화증

증후군	청력 손실 유형	특징
와덴버그 증후군 (Wardenburg syndrome)	감각신경성, 지속성	홍채색 다름, 안면이상, 흰색 앞머리, 코르티기관의 부재
바르데–비들증후군 (Barder–Biedl syndrome)	감각신경성, 진행성	색소성망막염, 지적장애, 비만, 가외의 손가락 혹은 발가락
어셔증후군 (Usher syndrome)	감각신경성, 진행성	현기증, 후각 손실, 지적장애, 간질을 포함한 중추신경계 영향, 색소성 망막염, 50%의 경우 정신이상을 보임
다운 증후군 (Down syndrome)	전음성, 때때로 감각신경성	소이, 좁은 외이도, 중이염의 높은 발생률
염색체13, 염색체18 (Trisomy 13, Trisomy18)	감각신경성	중추신경계 변형
구개열	전음성	구순열

출처: 이필상 외(2020). 청각장애 아동교육의 이해(2판). 학지사. 재인용.

(2) 환경적 원인

임신기간 동안 산모가 가질 수 있는 질병 혹은 감염과 관련해 나타나는 비유전성으로, 출생 전, 출생 후에 청력이 손실되는 환경적 원인이 있다.

① 풍진

산모가 풍진바이러스에 감염되어 태아에게 감염되는 것이다. 산모가 임신 3개월 이내 감염되면 청력 손실이 82%, 심장질환이 39%, 정신지체가 34%, 시각장애 19% 등의 중복장애 발생률이 높아진다. 하지만, 백신접종을 통한 예방이 가능해 실제 발생 사례는 많지 않다.

② 바이러스 감염

바이러스(cytomegalovirus; CMV) 감염으로 청각장애를 포함한 여러 장애가 발생할 수 있다. 산모의 자궁에서의 감염 혹은 태반, 모유를 통해서도 태아에게 영향을 줄 수 있고 농의 주된 환경적 원인으로 작용할 수 있다. 아직 백신 개발이 되지 않았고 이와 관련한 청력 손실도 진행성으로 나타나기 때문에 즉시 발견이 어렵다. 이로 인한 발병률은 최근 증가하고 있다.

③ 중이염

누구나 한 번쯤 경험하는 흔한 질환인 중이염은 소아에게 가장 흔하게 발병하는 난청의 원인이다. 급성 중이염은 약 30dB 정도의 가벼운 고음장애형 전음성 장애로, 치유와 함께 회복된다. 만성 중이염은 중이강 내의 염증이 만성화되어 내전음기관의 정상적인 기능을 방해하여 난청을 일으키며, 청력 손실은 60~70dB을 넘지 않는다. 삼출성 중이염은 증상 없이 고막 안에 액체가 고여 난청을 초래하게 된다. 청력 손실의 정도는 약 30~50dB를 넘기도 하나, 치료를 통해 치유가 가능하다. 알레르기성 중이염은 최근 자주 발생하며, 중이염으로 이관이 부어 음기압을 일으켜 청력 손실을 일으킨다. 그 외에도 뇌막염, 소음, 외상, 약물중독, 메니에르병, 출생 시 산소 부족, 심인성 난청 등의 환경적 요인이 있다.

3) 청각장애의 분류

청각장애의 분류 기준은 청력 손실 시기, 청력 손실 정도, 청각 손실 부위를 기준으로 구분되고 있다.

(1) 청력 손실 시기에 따른 분류

청력 손실 시기에 따른 분류는 청력 손실이 언제 발생하게 되었는지를 기준으로 한다. 말과 언어가 발달하기 전에 청력 손실을 갖게 된 경우를 언어 습득 전 청각장애라고 하며, 말과 언어의 발달이 이루어진 후에 청력 손실을 갖게 된 경우를 언어 습득 후 청각장애라고 한다. 청력 손실 시기에 따라 아동이 현재 가지고 있는 언어적인 능력이 다를 수 있으므로 교육할 때 중요하게 여기는 분류 방법이다.

(2) 청력 손실 정도에 따른 분류

청력 손실 정도에 따른 분류는 경도, 중등도, 중고도, 고도, 최고도 혹은 농(deaf)으로 분류되며, 생리학점 관점에서 중요하게 사용되는 분류이다. 전통적인 ISO(1964)의 분류 기준은 다음과 같다.

- 0~25(dB): 정상
  - 의사소통에 아무런 영향을 미치지 않는 수준
- 26~40(dB): 경도
  - 조용한 환경이라도 적거나 원거리에서 들려오는 말소리는 듣기 어려움
- 41~55(dB): 중등도
  - 일상 대화 말소리는 듣기 어렵고, 아주 가까운 거리에서는 들을 수 있음
- 56~70(dB): 중고도
  - 크고 명백한 말소리도 가끔 듣기 어려우며 집단 상황에서는 어려움
- 71~90(dB): 고도
  - 큰 말소리도 들리지 않아서 많은 단어가 인지되지 않음
- 91(dB) 이상: 최고도
  - 대화 말소리는 들을 수 없으나 일부 큰 환경음을 들을 수도 있음

(3) 청력 손실 부위에 따른 분류

청각기관의 손상 부위에 따라 전음성, 감음신경성, 혼합성과 중추청각처리장애로 분류한다.

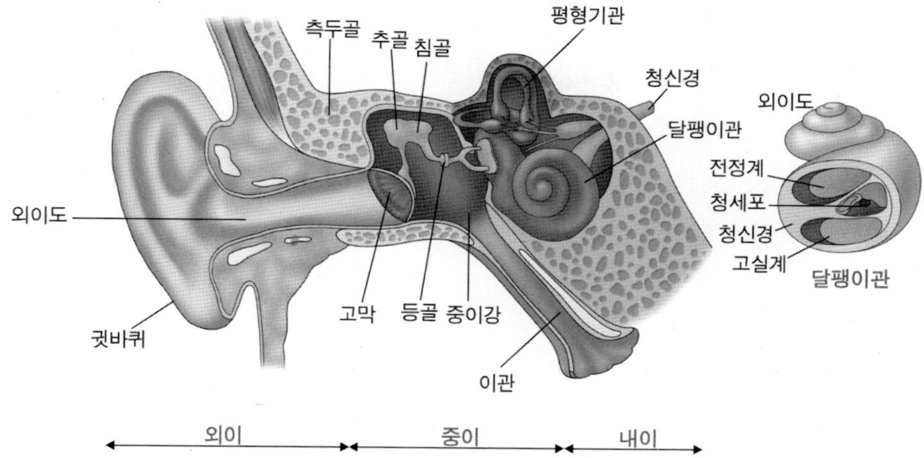

[그림 4-1] 귀의 구조 및 소리 청취 경로

출처: 국립특수교육원(2016). 장애영유아 양육 길라잡이.

① 전음성 청각장애

전음성 청각장애는 외이나 중이의 손상으로 인하여 내이로 소리의 물리적 에너지가 전달되지 못해 발생하는 청력 손실을 말한다. 대부분의 전음성 청각장애는 중이염 등에 의해 일시적으로 생기는 경우가 많고 일반적으로 청력 손실도가 낮으며 수술이나 기타 의료적 기법으로 교정이 가능하다.

② 감음신경성 청각장애

감음신경성 청각장애는 외이와 중이는 정상이나, 내이에 청신경장애가 있는 경우를 말한다. 풍진, 뇌염, 홍역과 수두 등의 바이러스 질환이나 RH 부적합 또는 유전이 요인이다. 장시간 이어폰 사용을 하며 음량을 높게 하는 등으로 인한 난청 증상을 보이는 사례가 증가하고 있다. 감음신경성 청각장애는 수술과 의학적 치료로 회복이 어렵지만, 청신경이 기능을 하는 경우에는 인공와우 이식수술과 이후 언어치료 및 청능 훈련으로 언어 습득과 구사를 기대할 수 있다.

③ 혼합성 청각장애

혼합성 청각장애는 전음성 청각장애와 감음신경성 청각장애가 혼합되어 나타난 경우를 말한다. 중이와 내이의 손상을 입히게 되는 외상과 내이까지 진행되는 중이염, 달팽이관 구조까지 진전되는 이경화증 등으로 발생할 수 있다. 의학적 치료를 마치고 난 후, 보청기 착용을 하여야 한다.

④ 중추청각처리장애

중추청각처리장애는 말초 청각에는 무리가 없으나, 청신경－뇌간－대뇌피질의 전달경로에 문제가 있어 말소리를 처리하지 못하는 경우를 말한다. 청각처리장애에 대한 정의는 명확하지 않지만, 소리의 위치 판단과 말소리 변별, 배경소리와 소리 경계 모호로 인해 말 이해의 어려움을 갖는다.

예를 들면, 중추청각처리장애를 지니면 쉽게 산만해지고 빠른 말과 소음 등이 있는 환경에서 말을 이해하기 어려워하며, 시각적 단서에 주로 의존해 말하는 사람을 지나치게 주시하는 것처럼 보이기도 한다. 이러한 특징은 학습장애, 주의력 결핍 과잉행동장애, 자폐성장애 등에서도 관찰되기도 한다.

3. 청각장애의 특성

1) 언어발달

청각은 언어를 습득하고 수행하는 데 중요한 역할을 한다. 사람들은 말하고, 읽고, 쓰고 하는 등의 행위에 듣기라는 선행과제를 가진다. 청각은 언어의 습득과 수행에 있어 중요하며, 소리를 듣지 못하거나 소리의 차이를 이해하지 못할 경우, 말하고 읽고 쓰기에 어려움을 갖게 될 것이다.

청각기관의 손상으로 인해 청각적으로 경험하는 환경음, 말소리 등에 대한 자극이 왜곡되면, 발달에 영향을 미쳐 언어발달 지체가 발생하게 된다. 그러므로 언어발달과 의사소통이 원활히 이루어지지 않아 사회적 의사소통에 어려움을 겪을 수 있는 청각장애 아동이 다른 사람들과 원활한 상호작용을 할 수 있도록 의사소통의 발달이 요구된다.

청력 손상 정도에 따라 의사소통의 능력은 달라질 수 있으며, 어휘나 문장 구조의 습득에도 어려움을 겪게 된다. 이로 인해 학습 능력, 국어능력은 또래 아동에 비해 부족하게 된다. 청력검사 후 진단을 받았다면 언어치료실, 청각장애 특수학교 등에서 언어 재활 및 교육을 시작할 수 있다. 청각장애 아동의 언어발달을 위해 최대한 이른 시기에 남아 있는 청력을 활용해 더 많이 들을 수 있도록 도와주어야 한다.

2) 청력 손실과 의사소통

가청아동은 말을 들으며 말과 언어를 자연스럽게 습득하지만, 청각장애 아동은 이러한 과정에 어려움을 겪는다. 청력의 손실 정도와 의사소통 능력 간의 관계는 [표 4-2]와 같다.

[표 4-2] 청력 손실 정도와 의사소통 능력 간의 관계

청력수준	청각장애 정도	의사소통에 미치는 영향
15dB 이하	정상	의사소통에 아무런 영향이 없다.
16~25dB	정상~경도	조용한 환경에서는 말을 알아듣는 데 어려움이 없으나, 시끄러운 곳에서 작은 말소리를 잘 못 알아듣는다.
26~40dB	경도	조용한 환경에서 알고 있는 주제에 대해 일반적인 어휘 수준으로 이야기할 때에는 의사소통에서 어려움을 겪지 않는다. 조용한 곳이라도 희미하거나 먼 소리는 듣기 어렵다. 교실에서의 토론을 따라가기 쉽지 않다.
41~55dB	중등도	대화하는 말은 가까운 거리에서만 들을 수 있다. 학급 토론과 같은 집단 활동에서는 의사소통에서 어려움을 겪는다.

청력수준	청각장애 정도	의사소통에 미치는 영향
56~70dB	중등도~고도	대화할 때 크고 분명한 말소리만 들을 수 있으며, 여러 명이 있을 때는 훨씬 어려움이 크다. 말할 때 다른 사람이 알아듣기 어렵다.
71~90dB	중도	큰 소리로 말하지 않으면 대화하는 말을 알아듣지 못하고, 알아들을 때도 잘못 알아듣는 단어가 많다. 환경음은 감지하지만 항상 그런 것은 아니다. 말할 때 다른 사람이 알아듣기 어렵다.
91dB 이상	최중도	아주 큰 소리는 들을 수 있지만 대화하는 말은 전혀 듣지 못한다. 시각이 주요 의사소통 수단이 된다. 말을 할 수 있다고 해도 알아듣기가 어렵다.

출처: 이소현, 박은혜(2007). 특수아동교육(3판). 학지사. 재인용.

4. 청각장애의 교육적 접근

1) 청각장애 언어지도

청각장애 아동 언어지도의 대표적인 방법으로는 구어/청각적 접근법과 종합적 의사소통법, 이중 언어/이중문화접근법과 수어 등이 있다. 청각장애 언어지도와 관련해 가장 효과적인 언어지도 방법은 전문가와 부모의 상의를 통해 청각장애 아동의 청력수준 및 언어지도 방법을 파악하여, 개별적으로 적합한 지원을 해 주는 것이다.

(1) 구어/청각적 접근법

구어/청각적 접근법은 남아 있는 청력을 최대로 계발하기 위해 청능 훈련과 말하기 기술 활용을 강조한다.

(2) 종합적 의사소통

종합적 의사소통은 청각장애 아동이 활용 가능한 모든 의사소통 양식인 구어와 수어, 독화와 필담의 모든 양식을 활용하게 하는 방법이다.

(3) 이중 언어/이중문화접근

이중 언어·이중문화접근법은 모국어로 수어를 습득하고, 구어, 읽기, 쓰기 기술은 외국어로 학습하게 하는 방법이다.

(4) 수어

수어는 손의 움직임, 얼굴 표정, 몸짓 등과 같은 비수지 신호를 사용하여 표현하는 시각언어를 말한다. 최근 「한국수화언어법」의 개정으로 청각장애인의 언어로서 수어의 중요성이 강조되고 있다.

2) 청각 보조기기

(1) 보청기

보청기는 귀에 착용하는 음향기기로, 소리를 크게 들을 수 있다. 눈이 나빠 멀리 있는 것이 잘 보이지 않을 때 안경을 착용하는 것처럼, 소리가 잘 들리지 않으면 보청기를 사용하게 된다.

① 보청기의 종류

보청기는 모양과 크기에 따라 고막형, 귓속형, 귀걸이형 등 여러 종류가 있다. 신호를 전달하는 방법에 따라 아날로그와 디지털보청기가 있지만, 현재는 대부분 디지털보청기를 사용하고 있다.

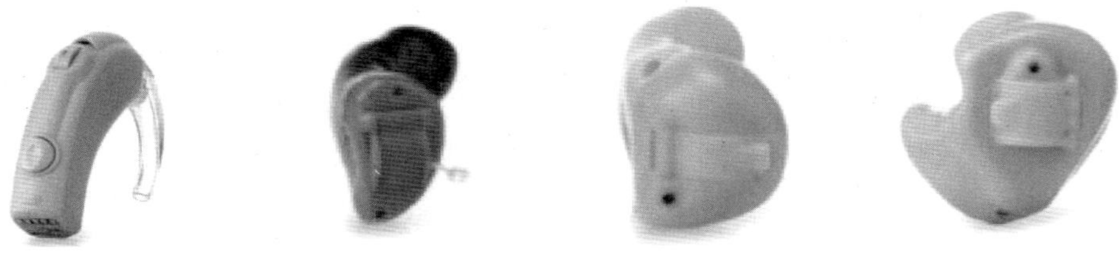

귀걸이형 고막형 귓속형 외이도형

[그림 4-2] **보청기의 종류**

출처: 굿모닝보청기.

② 보청기 선택 시 유의사항

청력 손실의 정도에 따라 보청기를 선택해야 한다. 청각장애 유아는 청력검사를 정확하게 검사하기 어려워 아이에게 맞는 보청기를 조절하기가 쉽지 않고, 보청기 사용이 불편하여 자꾸 빼거나 하는 등의 행동이 나타날 수 있다. 이에 소리에 대한 유아의 반응을 살펴, 보청기 조절을 요청하고, 교사나 보호자의 세심한 관심이 요구된다.

(2) 인공와우

인공와우는 달팽이관의 기능을 대신해 주는 기기이다. 달팽이관으로 소리가 들어오면, 소리 에너지를 전기신호로 바꿔 청신경을 통해 뇌로 전달한다. 달팽이관이 여러 가지 원인으로 제 기능을 하지 못하면 소리를 잘 듣지 못하게 된다. 이럴 때 인공와우는 기능을 대신할 수 있도록 도움을 주는 역할을 한다. 인공와우는 외부 장치와 내부 장치로 구성되며, 외부 장치로는 마이크로폰, 어음 처리기, 송신기 및 안테나로 이루어진다. 내부 장치는 수술을 통해 귀 뒤쪽 뼈에 이식하며, 수신기와 전극으로 되어 있다. 인공와우는 전문적인 기기이므로 의사나 청각사의 견해에 따라 제품을 선택하는 것이 중요하다.

5. 청각장애의 지원방안

1) 청각장애 가족지원

「장애인 등에 대한 특수교육법」(2007) 제28조에는 특수교육서비스의 하나로 가족지원을 제공하도록 명시되어 있다. 최근 특수교육에서는 아동과 전문가들의 관계에 따라서 계획하고 실행하는 교육이 아닌 가족참여의 중요성을 강조하고 있다.

청각장애 아동의 약 90%는 건청인 부모에서 태어난다. 이와 같은 결과는 농아동이 농의 생활보다는 청인의 세계에 더 많이 노출되어 있음을 의미한다. 그러나 청각장애는 출산 전에 예견할 수 없는 장애로, 자녀의 청각장애를 늦게 인지하게 된다.

청각장애 진단을 받고 나면, Levinson이 정의한 충격의 단계와 불신의 단계, 적응의 마지막 단계를 밟게 된다. 이 과정과 정도는 가정에 따라 차이를 보이지만, 장애아동의 출산으로 가정은 긴장과 위기가 초래한다. 청각장애 가족에게 나타날 수 있는 문제는 다음과 같이 요약된다.

첫째, 심리적인 충격으로 자책감과 두려움을 갖는다. 출산 전까지는 전혀 알 수 없고, 아동이 성장하면서 장애를 알게 되어 많은 어려움을 겪는다. 장애의 정도에 따라 혹은 정보의 부족으로 부모들이 느끼는 불안감과 두려움, 스트레스는 더 크다.

둘째, 어머니에 대한 높은 의존도, 치료 교육비 등에 대한 양육부담감을 갖는다. 자녀를 양육하는 데 비장애아동에 비해 어머니에 대한 의존도가 높아 많은 시간과 노력, 에너지를 요구한다. 또한 보장구의 구입과 치료 교육비도 큰 부담감으로 작용한다.

셋째, 의사소통의 어려움은 심리적 압박감을 가중시킨다. 장애의 정도가 심할수록 기본적인 욕구를 표현하지 못하고, 부모와 가족은 자녀의 요구와 표현을 이해하지 못해 어려움을 겪게 된다. 의사소통이 원활하게 이루어지지 않으면 상호작용을 저해하는 요인이 되며, 아이와의 관계 형성이 자연스럽게 이루어지기 어렵게 된다.

넷째, 가족구성원 간의 어려움이 초래된다. 부모는 많은 시간을 장애아동을 돌보는 데 사용하게 되면서 다른 자녀와 부부 간의 요구를 충분히 수용하지 못하는 사례가 발생한다.

가족은 장애아동의 교육 프로그램에 대한 의사 결정자인 동시에 가장 든든한 지원자이어야 한다. 가족의 참여는 가장 효과적이고 경제적인 하나의 체계이다. 특히 장애아동 교육 프로그램의 계획과 수립, 시행에 있어 가족의 참여는 필수적인 요소에 포함된다. 장애아동의 가족지원 방안 모색을 위해 다음과 같이 제안한다.

첫째, 교사인 전문가는 가족과 동반자적인 관계를 구축한다.

둘째, 가족구성원을 대상으로 하는 가족교육 프로그램의 확대가 필요하다.

셋째, 특수교사와 관련 서비스 등의 전문가 교육 및 연수의 다양성이 요구된다.

넷째, 장애가족에 대한 다양한 지원 확대와 실제적인 도움을 제공한다.

다섯째, 장애아동과 가족에 대한 사회적 인식 개선을 위한 노력이 지속되어야 한다.

여섯째, 행정적·재정적 지원의 확대와 장애아동 및 가족의 다양한 요구를 충족시키기 위한 방안의 모색이 필요하다.

2) 청각장애의 통합교육

1996년 발표된 '장애아 보육의 활성화 방안'에 따라 영유아 특수아 보육을 위한 지원이 확대되었다. 통합교육은 다양한 교육적 요구를 가진 장애아동과 비장애아동이 물리적·교수적·사회적 통합활동에서 의미 있는 상호작용을 통해 올바른 사회생활을 영위하기 위한 것이다.

청각장애 유아 통합교육의 장점은 또래 관계에 있어 다양성과 사회성 향상 등을 들 수 있으며, 단점은 원활하지 못한 의사소통으로 인한 고립과 낮은 자존감, 상호작용의 어려움 등이다. 따라서 청각장애 유아의 교육환경 배치는 복합적인 요인이 고려되어야 한다.

(1) 성공적인 통합교육을 위한 요건

청각장애 유아의 성공적 통합교육을 위해서는 물리적 배치와 의사소통, 사회성 측면의 지원이 함께 이루어져야 한다. 이러한 지원을 위해 교사, 유아, 가정의 노력이 필요하다.

① 교실환경 구성

일반적으로 교실은 상당한 소음에 노출되어 있으며, 이러한 소음으로 인해 청각장애 유아들은 의사소통에 어려움을 겪을 수 있다.

- 교사 및 또래 아동의 목소리를 크게 해 주는 것이 좋다. 이를 위한 방안으로 주변의 소음을 최대한 줄이고, 말소리의 개선을 도와주는 FM 보청기를 활용하여 청취환경을 개선해 주는 방법이 있다.
- 청각장애 유아의 자리는 상호작용을 통한 관계가 활발하게 일어날 수 있는 U자형 배치를 고려하고, 수업의 흐름을 놓치지 않도록 도우미를 배치하는 것도 효과적이다.
- 교사와 다른 유아들은 얼굴을 청각장애 유아 앞으로 향하고, 조금 더 가까이에서 말을 하도록 한다.

② 의사소통지원

청각장애 유아의 성공적인 통합교육을 위해 효과적인 의사소통의 촉진이 필요하다. 교실의 청취환경 개선과 원활한 의사소통을 위해 청각장애 유아의 언어 사용법과 능력을 파악하는 것이 중요하다. 청각장애 유아와 또래, 교사 사이의 효과적인 의사소통을 위한 방안은 다음과 같다.

- 청각장애 유아가 가장 잘 듣고 볼 수 있는 자리로 배려한다. 청각장애 유아와 상호작용 시에는 등을 돌리지 않고, 마주 보며 의사소통을 실시한다.
- 빛을 정면에서 마주 보지 않도록 유의한다. 교사가 빛이 들어오는 창문 쪽에서 말을 하면, 청각장애 유아는 교사의 입 모양을 볼 수 없게 되고 무슨 말을 하는지 이해하기 어렵게 된다.

- 수업의 내용을 명료하고 적절한 속도로 말한다. 입술 모양, 몸짓은 일반적인 태도를 유지한다.
- 토론, 토의가 있을 때 스스로 참여할 수 있도록 격려한다. 다른 유아의 발표가 있을 때, 말하는 사람의 입 모양을 볼 수 있도록 자리를 이동하는 것을 허용한다.
- 청각장애 유아가 발음을 정확히 했을 때 격려하고 지지해 준다. 새로운 언어에 도전할 수 있는 수용적인 분위기의 조성이 어려운 발음도 도전할 수 있는 용기가 될 수 있다.
- 편안하고 자연스러운 언어 환경을 제공한다. 청각장애 유아가 자신의 의견을 다양한 방법으로 표현할 수 있도록 격려해 주는 것이 필요하다.
- 시각적 자료인 하루 일과표와 그림자료로 활동 시간을 안내해 주는 방법을 적극 활용한다.

③ 교사의 지원

교사는 청각장애 유아의 특성을 고려하며, 학습이나 활동에서 소외되지 않도록 학급의 환경구성에 있어 다양한 시각 정보를 제공해야 한다. 가르치는 개념에 대해 명확하게 설명하고 시각적인 예를 많이 사용하며, 용어의 사용을 일관되게 하는 것이 좋다.

- 또래들과 청각장애 유아가 이야기할 때 자연스럽게 이야기하고 몸짓, 표정도 자연스럽게 하되 얼굴을 마주 보고 이야기한다.
- 보청기와 인공와우를 항상 착용하도록 독려하며, 자료를 나누어 줄 때는 말하지 않는다. 자료와 입을 동시에 볼 수 없기 때문이다.
- 비디오나 동영상 자료를 볼 때는 자막이 있는 것을 선택한다.
- 완전한 문장으로 말한다. 전체의 문장을 알아듣지 못하더라도 한두 개의 단어만 말해주기보다는 전체 문장을 반복해 주는 것이 내용과 의미를 파악하기가 더 쉬워진다.
- 교사가 말하는 내용을 이해하기 가장 좋은 자리를 청각장애 유아와 상의하여 결정한다.

(2) 여러 가지 교육환경

청각장애 유아로 진단을 받으면 무상으로 교육을 받게 되며, 특수학교, 일반학교의 특수학급 또는 통합학급이나 순회교육을 부모가 선택할 수 있다.

① 특수학교

청각장애로 진단받은 아동이 입학 가능하며, 청각장애에 대한 전문적인 교육이 이루어지는 곳이다.

② 일반학교의 통합학급

청각장애 진단을 받았지만, 비장애아동과 동일한 환경에서 함께 교육을 받는 것을 말한다.

③ 일반학교의 특수학급

청각장애로 등록된 아동이 통합학급에서 교육을 받다가 일정 시간은 특수학급에서 교육을 받는 것을 의미한다.

④ 순회교육

교육기관에 나오기 어려울 정도로 신체 거동이 불편할 경우 가정방문을 통해 주 2~3회 교육을 받는 것을 말한다.

Chapter

05

지체장애

배울 내용

1. 지체장애의 정의
2. 지체장애의 진단 및 원인
3. 지체장애의 특성
4. 지체장애의 교육적 접근
5. 지체장애의 지원방안

학습 목표

1. 지체장애의 정의와 진단 및 원인을 알 수 있다.
2. 지체장애의 특성을 이해할 수 있다.
3. 지체장애의 교육적 접근방법을 이해하고 적용한다.
4. 지체장애의 지원방안을 알아보고 적용한다.

개요

지체장애는 질병이나 외상 등으로 몸통과 사지의 영구적인 운동기능장애를 갖게 되는 것을 의미한다. 현재 우리나라의 지체장애 학생을 위한 교육은 통합학급, 특수학급, 순회교육 등의 형태를 중심으로 이루어지고 있으며, 이러한 전반적인 내용을 포괄적으로 이해하고 적절한 교육적 접근을 하는 것이 중요하다. 이를 위해 본 장에서는 지체장애의 정의와 진단 및 원인, 지체장애의 특성과 교육적 접근방안 등을 위한 이해와 적용을 위한 자료를 제시한다.

1. 지체장애의 정의

지체장애란 질병이나 외상 등으로 몸통과 사지의 영구적인 운동기능장애를 갖게 되는 것을 의미한다. 지체는 체간과 사지를 의미하는데 체간은 척추를 중심으로 한 상반신으로 머리, 목, 몸통 부분을 가리키며, 척추는 목, 등, 허리의 세 부분으로 이루어져 머리를 지지하면서 운동을 발휘하는 것이다. 사지는 상지와 하지를 가리키는 것으로 일상생활 및 작업 활동과 관련이 있는 상지와 서기, 걷기 등과 같은 지지 및 이동 기능과 관련이 있는 하지로 구분된다.

1) 의학적 정의

지체장애는 "명백한 기질적 병리상태에서 기인된 기질적 장애가 있는 경우로 자세유지, 쓰기, 걷기가 불가능하거나 어려운 자 그리고 유사한 장애를 가진 자로 6개월 이상 안내가 필요한 자"라고 정의하고 있다.

(1) 신경장애

신경장애는 운동 기능을 통제하는 신체 움직임이나 자세를 자유롭게 유지하지 못하는 증상으로, 신생아기나 유아기에 신체의 여러 기능에서 나타난다.

(2) 근·골격장애

근육이나 골격의 결함 또는 질환으로 발생한 지체장애로, 다리, 팔, 관절 또는 척추에서 발생하여 걷고, 서고, 앉거나 손을 사용하기 곤란하거나 불가능한 것을 말한다. 근·골격장애의 일반적인 유형은 근이영양증으로, 근 조직의 퇴화에 기인하는 유전성 질환이다. 근이영양증은 걷기를 시작할 때 인지되며, 아동기를 통해서 진행되고 사춘기 초기에 휠체어를 사용하게 된다. 유전성 질환으로 점진적인 근육 위축이 특징이다.

(3) 외상성 손상

아동들에게는 외상성 손상으로 지체장애가 될 수 있는데, 이는 출생 후에 신체에 가해진 충격을 의미하는 것으로 아동학대와 사고로 인하여 발생할 수 있다.

(4) 선천성 기형

선천성 기형 아동은 어떤 신체 부위나 기관의 결함 또는 기형을 가지고 태어나는 것으로, 유전적 결함이나 태아 발달기에 바이러스, 박테리아, 방사선 또는 화학물질이 부모의 염색체를 손상시키거나 태아의 정상적인 발달을 침해하는 기형을 말한다.

2) 법적 정의

(1) 장애인복지법

지체장애는 '신체적 장애'라고 하며 주요 외부 신체 기능의 장애, 내부기관의 장애 등을 말하는데 기준은 다음과 같다.

- 한 팔, 한 다리 또는 몸통의 기능에 영속적인 장애가 있는 사람
- 한 손의 엄지손가락을 지골(손가락 뼈)관절 이상의 부위에서 잃은 사람 또는 한 손의 둘째손가락을 포함한 두 개 이상의 손가락을 모두 제1지골 관절 이상의 부위에서 잃은 사람
- 한 다리를 리스프랑(lisfranc: 발 등뼈와 발목을 이어주는)관절 이상의 부위에서 잃은 사람
- 두 발의 발가락을 모두 잃은 사람
- 한 손의 엄지손가락 기능을 잃은 사람 또는 한 손의 둘째손가락을 포함한 손가락 두 개 이상의 기능을 잃은 사람
- 지체에 위 각 목의 어느 하나에 해당하는 장애 정도 이상의 장애가 있다고 인정되는 사람

(2) 장애인 등에 대한 특수교육법

「특수교육진흥법」 제10조 1항에서는 '지체부자유'라는 용어를 사용하여 지체장애를 정의하였으나 2007년 4월 30일 「장애인 등에 대한 특수교육법」 제15조에 의하여 지체부자유라는 용어가 지체장애로 용어가 변경되었으며, 그 내용은 다음과 같다.

> **지체장애를 지닌 특수교육대상자**
>
> 기능형태상 장애를 가지고 몸통을 지탱하거나 팔다리의 움직임 등에 어려움을 겪는 신체적 조건이나 상태로 인해 교육적 성취에 어려움이 있는 사람

3) 교육적 정의

한국특수교육학회에서는 원인에 관계없이 지체 기능에 대한 부자유가 있어서 그대로 두면 자활이 곤란한 사람으로 정의하고 있다. 한편, 국립특수교육원에서는 "골격·근육·신경계통의 질환, 손상, 기능 및 발달 이상으로 신체의 이동과 움직임 등에 상당한 제한이 있는 장애다. 지체장애는 일련의 운동 손상에 기인하는데 지체장애인 중에는 가벼운 보행 관리만을 가질 수도 있고, 말하기·먹기·걷기와 같은 운동 기능과 관련된 모든 영역에서 곤란을 갖는 중증장애일 수도 있다"고 설명하고 있다. 또한 대한특수교육학회에서는 지체장애란 "지체기능에 부자유가 있고 그대로는 활동이 곤란한 상태"라고 정의하고 있다.

지체장애란 개념은 주관적이고 심리적인 요인을 포함하는 개념으로, 상당한 고도 변형이나 기능장애, 본인이 부자유를 느끼거나 심리적인 열등감을 갖는다면 지체장애인으로 취급될 수 있다.

2. 지체장애의 진단 및 원인

1) 지체장애의 진단

지체장애 진단평가의 목적은 장애의 유무와 정도에 대해 판별하고 교육계획을 수립하여 대상 학생의 강점과 약점을 파악하기 위함이다. 따라서 지체장애인의 교육서비스에 적합한 개인의 선별, 적절한 교육 환경의 결정과 배치, 개인과 집단을 위한 프로그램 입안, 프로그램의 효과 측정 및 연구적 활용, 개인의 진보 정도를 점검하기 위한 성취도 확인에 목적이 있다.

지체장애 진단은 개개인 사례에 따라 의학적·사회적·심리적·직업적인 측면에서 각 분야의 전문가와 치료사, 의사, 교사, 부모 등 각 전문 분야에서 주의 깊은 진단을 통한 다양한 고찰이 이루어져야 한다.

국립특수교육원에서는 지체장애를 지닌 특수대상자 선별기준으로 일상생활이나 학습 장면에 필요한 운동기능에 제한이 있는 경우와 사지, 머리, 몸통 등의 분명한 형태 이상 및 운동기능 이상으로 구분하고 있으며, 만일 (1)항목에서 2문항 이상에 해당되거나 (2)항목에서 1문항 이상에 해당하는 아동은 진단검사가 필요한 아동이라고 정의하고 있다.

(1) 일상생활이나 학습 장면에 필요한 운동기능에 제한이 있는 경우

- 이동 수단으로 주로 휠체어, 목발, 워커 등 보행 보조기구를 사용한다.
- 팔, 다리, 몸통, 머리 부위에 보조기를 장기간 착용한다.
- 필기가 아주 늦거나 곤란할 정도이고 식사도구를 이용하기 어려울 정도로 상지 기능이 저하되어 있다.
- 뼈, 관절, 근육 등의 문제로 인하여 수업시간에 의자에 앉은 자세를 유지하기 어렵다.

- 분명한 외형상의 장애가 없지만 잘 넘어지거나 뼈가 쉽게 부러진다.
- 척추나 몸통이 전후 또는 좌우로 심하게 기울어져 자세 조절이 어렵다.
- 입을 잘 다물지 못하거나 침을 많이 흘려 옷이나 책등이 젖어 있는 경우가 많다.
- 혼자서 계단을 오르내리기가 곤란하다.
- 발바닥의 안쪽이나 바깥쪽 끝, 또는 발끝으로 걷는다.
- 구강구조나 기능의 문제로 인해 음식물을 씹고 삼키는 데 어려움이 있다.

(2) 사지, 머리, 몸통 등의 분명한 형태 이상 및 운동기능 이상

- 선천적 또는 후천적으로(예: 사고나 질병으로 인한 절단) 팔, 다리, 머리 부위가 전체 혹은 부분적으로 없거나 심한 변형이 있다.
- 뇌성마비, 외상성 뇌손상, 척수장애, 이분척추(신경과 결손)와 같은 신경과 근육에 영향을 주는 중추신경계 이상이 있다.
- 진행성 근이영양증, 근위축증, 중증근무력증 등과 같은 근육질환이 있다.
- 왜소증으로 키가 심하게 작거나 하지의 길이가 다르고 또는 척수에 변형이나 기형이 있다(예: 척추 측만증 등).
- 팔과 다리, 머리 부위에 골절이 심한 화상으로 인한 기형적 변형이나 운동 기능에 장애가 있다.
- 뼈나 관절에 만성적인 염증으로 인하여 평소 심한 통증과 함께 운동기능에 장애가 있다(예: 골단염, 골수염, 관절염 등).

또한 한국특수교육학회(2008)에서 제시하는 선별도구는 체크리스트, 뇌성마비 반사검사, 대근육 운동 기능평가, 정상관절 운동범위검사, 기타 측정도구로 구분되며 사용하는 선별도구의 종류는 [표 5-1]과 같다.

[표 5-1] **지체장애 선별도구**

영역	도구
체크리스트	• ADL평가도구 • MBI(Modified Barthel Index) • PULSES Profile • S－G검사(Standing Gait)
뇌성마비 반사검사	• 설근반사(Rooting Reflex), 흡철반사(Sucking Reflex), 구토반사(Gag Reflex), 굴곡회피반사, 신전밀기반사, 대칭성 긴장성 경반사, 비대칭성 긴장성 경반사, 목정위반사, 양서류 반응, 모로반사, 보호신전(펴짐)반사 등
대근육운동 기능평가	• 대근육 운동기능 평가(Gross Motor Functional Measure: GMFM) • 대근육 운동발달검사)Test of Gross Motor Development: TGMD) • 오세레츠키(Oseretsky)운동능력검사
정상관절 운동범위검사	• 견갑골, 주관절, 목관절, 수근관절, 고관절, 슬관절, 족관절의 능동 및 수동 관절 가동범위를 관절운동측정기(Goniometer) 또는 경사측정기(Inclinometer)로 측정
기타 측정도구	• 도수근력검사(Manual Muscle Testing: MMT) • 애쉬워드 경직척도(Modified Ashworth Scale: MAS)

출처: 권요한 외(2015), 특수교육학개론(2판). 학지사.

2) 지체장애의 원인

지체장애의 원인은 다양하지만 일반적으로 선천적 원인과 후천적 원인으로 구별한다. 선천적 원인은 출생 이전의 유전적 결함이나 출생 전후의 바이러스 감염 등으로 인한 유전, 염색체 이상, 대사 장애, 임신 중 흡연 및 음주, 약물복용, 방사선 조사, 매독, 풍진과 같은 감염, 난산, 조산, 혈액형 부조화, 고령 임신 등으로 다양하며 원인을 찾기가 어려운 경우가 많다. 또한 후천적 원인으로는 출생 이후에 질병이나 사고로 인한 신체적 결함이나 각종 질환에 의한 신경계 손상, 교통사고로 인한 재해, 산업재해 등 외상에 의한 경우이거나 당뇨병, 관절염, 혈액순환장애 등 만성질환에 의해 생성된 것을 말한다.

지체장애를 초래하는 유형들을 정리하면 [표 5－2]와 같다.

[표 5-2] 지체장애를 초래하는 요인

구분	신경계	근 골격계	선천적 요인	손상, 질병	기타
뇌성마비	○		○	○	
관절염		○			
화상		○		○	
절단		○		○	
간질	○				○
이분척추	○		○		
근이영양증		○			
척추손상	○			○	
외상성 뇌손상	○			○	

출처: 김영욱 외(2009). 특수교육학(4판). 교육과학사.

지체장애 원인은 발생 시기에 따라 출생 전 원인, 출생 시 원인, 출생 후 원인으로 분류할 수 있다.

(1) 출생 전 원인

출생 전 원인은 임신에서 출산까지의 과정에서 발생하는 것으로 유전적 요인과 임신 중 요인으로 구분한다.

유전적 요인은 부모가 태어날 아이에게 장애 인자를 주는 경우로 뇌성마비나 근이영양증, 혈우병 등을 들 수 있다.

외부적 요인은 임신 중 산모의 흡연, 알코올 중독, 마약과 같은 약물중독이 태아에게 해를 끼치는 신체적 결함을 발생시킬 수 있으며, 산모의 추락도 한 원인으로 태아에게 손상의 위험이 될 수 있다.

(2) 출생 시 원인

출생 시 원인은 진통의 시작에서 첫 호흡까지의 과정에서 부적당한 겸자 사용, 분만 사고에 따른 뇌출혈과 뇌손상, 기사 출산에 의한 산소 결핍이나 출산 시의 외상, 전치 태반박리, 뇌염, 뇌막염, 핵 황달 등의 원인이 있을 수 있다. 또한 아이가 부적절한 위치에 있는 상태에서 분만을 위한 위치 변화를 시도하는 것도 신체 손상을 일으킬 수 있는 요인이라고 하겠다.

(3) 출생 후 원인

출생 후 원인은 교통사고 및 감염 등이 주요 원인이다. 교통사고가 났을 때 척추나 뇌손상이 발생할 수 있으며, 감염은 출생 후 지체장애의 주요 원인이며, 중추신경이 바이러스에 감염되었을 때에는 영구적인 손상의 원인이 될 수 있다.

지체장애는 이와 같이 다양하게 발생할 수 있으며, 주요 원인과 증상은 [표 5-3]과 같다.

[표 5-3] 지체장애의 주요 원인과 증상

출생 전	유전적 요인	• 가족성 불수의 운동증 • 가족성 진전증 • 가족성 역성대마비 • 가계성 경직성 사지마비
	임신 중 요인	• 모체의 자궁내 감염, 태아의 톡소플라스마증 • 모체의 풍진, 기타 감염, 모체 빈혈, 저혈압, 태아의 무산소증, 일산화탄소 중독, 태아의 뇌출혈, 모체 중독증, 대사장애, X선 조사, 모체의 영양실조, 임신 3개월 이내의 출혈 • RH 혈액형 불일치 등

출생 시	무산소증	• 기계적 호흡기 폐쇄, 난산으로 목조임, 폐 확장 부전, 마약중독, 전치태반 박리, 모체의 산소 결핍, 모체의 저혈압, 골반 이상 분만, 머리 배출 지연, 약물중독 등
	외상 및 출혈	• 부적절한 겸자 사용, 뇌의 후굴, 자연 분만에 따른 제왕절개, 태아의 위치 부전 등
	소인성	• 미열, 핵황달, 태아의 출혈성 질환 등
출생 후	뇌손상	• 뇌경막하 혈종, 두개골절, 뇌의 타박상, 좌상, 외상, 뇌막염, 뇌염, 중독증(비소, SM, 콜탈), 뇌혈관 사고, 무산소증, 경기, 뇌의 발육 결함 등

출처: 전헌선(2004), 뇌성마비아의 언어치료교육. 대구대학교 출판부. 재구성.

3. 지체장애의 특성

1) 신체적 특성

지체장애 아동은 유연성, 근력, 순발력, 민첩성, 평행성, 지구력과 같은 운동기능이나 호흡기능이 매우 열악한 신체적 문제를 가지고 있다.

지체장애 아동의 운동 장애 정도는 신경학적·신경근육학적인 손상뿐만 아니라 한 개인의 일생에 기대와 상황, 환경적 어려움과 신체적 손상으로 인한 제한성 간의 상호작용에 따라 달라진다. 지체장애 아동 중 대표적인 유형으로 가장 많은 수를 차지하는 뇌성마비 장애아동은 일반적으로 자세, 평형 유지, 이동능력, 근육 협응 등의 형성이 부족하거나 손상을 가진 운동장애를 포함한다. 이들은 소근육 운동 협응에 문제가 있으며 걷는 데 많은 어려움이 있어 휠체어를 타는 경우가 많다. 뇌성마비 아동은 운동장애를 일차적으로 갖고 있어 비장애아동이 행하는 여러 가지 경험이나 탐색활동이 결핍 또는 왜곡될 수 있다. 뇌성마비 아동의 운동발달은 실제 나이에 비해 운동연령이 뒤떨어져 비장애아동보다 50% 이상 지연되거나 비장애아동에게서 볼 수 없는 비정상적인 운동 형태와 자세 이상을 나타낸다. 근긴장도 또한 현저하게 떨어지거나 너무 항진되는 등 없어져야 할 원시반사가 지속되거나 비정상적인 자세반사들이 나타나, 정상 운동발달에 필요한 여러 가지 자세반사가 나타나지 않거나 불충분하게 발달한다(정재권, 오명화, 2007).

2) 인지적 특성

지체장애 아동은 장애 유형과 정도가 다양하여 그들의 인지능력이나 학업성취를 하나로 정리하기에는 어려움이 있다. 신체적 능력만 결함이 있는 지체장애 아동의 경우는 비장애아동과 인지능력에서 차이가 없고, 비장애인과 마찬가지로 다양한 인지능력을 가지지만, 중복장애를 가지고 있으면 정보를 받아들이고 처리하는 데 어려움을 갖는다. 지체장애 아동은 인지 및 지각능력의 결함을 보임으로써 또래보다 학업성취가 늦어질 가능성은 있지만, 신체의 부자유로 인한 어려움을 겪고 있을 뿐이지 무엇인가를 할 수 없거나 원치 않을 것이라는 생각은 금물이다. 그들에게 가능한 한 독립적으로 수행하도록 기회를 주고, 그들이 필요로 하는 경우에만 도움을 주어야 하며, 본인의 의사에 준하여 도움을 주어야 한다.

그러나 뇌손상이 있는 지체장애 아동은 지적 장애를 동반하는 경우가 많으며 또래에 비해 인지적 능력이 현저하게 낮다. 뇌손상으로 인한 지체장애를 제외한 대부분의 지체장애 아동들은 지적능력에 문제가 없고 높은 학업성취를 보이는 아동도 많이 있다. 그러나 지체장애 아동들은 운동능력 수행의 어려움으로 학습 및 수행에서 어려움을 가질 수 있다.

지체장애 아동들의 학습 및 수행에 영향을 미칠 수 있는 기능적인 영향에는 비전형적인 움직임 및 운동능력, 감각손실, 의사소통장애, 피로 및 인내력 부족, 건강 요인, 경험 부족, 인지장애 및 정보처리 문제가 포함된다.

뇌성마비 아동의 60%가 지적장애 범주에 속한다고 하지만, 심한 뇌성마비라 해도 정상 또는 그 이상의 지적 능력을 갖고 있는 경우도 있다. 따라서 운동 및 언어장애가 있는 뇌성마비의 경우 표준화된 지능검사를 통해 얻어낸 결과인 지능지수를 아동의 실제 지능지수나 학업능력으로 해석하는 데에는 신중을 기할 필요가 있다.

3) 언어적 특성

지체장애 아동은 언어적 문제가 전혀 없는 아동부터 말을 할 수 없는 경우까지 매우 다양하게 나타난다.

지체장애 아동 중 뇌성마비를 지닌 아동들은 약 60%가 의사소통장애를 가진 것으로 알려져 있으며, 말 산출은 여러 근육집단의 협력과 섬세한 통제를 포함하므로 뇌성마비 아동들에게 말장애는 일반적인 문제이다.

뇌성마비 아동들은 구강 주변 근육 조절과 협응 문제로 혀를 조절하기 힘들어 침을 흘리거나 말을 잘 하지 못하고 아주 천천히 말할 수 있다. 이러한 언어장애는 발음기관의 마비 현상에 의한 언어장애, 발음기관의 운동조절 부족에 의한 발음장애 및 리듬장애, 그 외 감각손상이나 언어발달 지체에 따른 언어의 미숙 등으로 나타난다고 할 수 있다(김희규 외, 2010).

지체장애 아동의 의사소통을 확대시키고 보완해 주는 도구로서 보완대체 의사소통이 활용된다. 보완도구는 간단한 그림에서부터 첨단 디지털 유형으로 음성출력이 되는 도구까지 다양하다. 최근에는 스마트 기기에서 사용할 수 있는 다양한 의사소통 보조기기가 출시되어 지체장애 아동의 편리성이 증대되고 있다.

4) 심리 · 사회적 특성

지체장애 아동은 삶의 초기부터 환경과의 부적절한 상호작용, 사회의 편견과 일반인의 부정적인 시각으로 인해 부적응을 경험하게 되고 신체장애로 인해서 환경탐색에 제한을 받음으로써 좌절을 경험할 수 있다(강종구 외, 2010). 지체장애 아동은 신체적으로 타인에게 많이 의존하게 되므로 학습된 무기력 현상을 보이기도 하며 우울, 공격성, 위축 등의 행동을 보이기도 한다. 그리고 지체장애 아동은 자신의 신체상에 대한 부정적인 이미지와 열등감, 과보호 반응, 경험 부족 등을 보이기도 한다. 또한 진단과 치료, 수술 등으로 인해 일관성 있는 조기교육의 기회를 충분히 갖지 못할 경우 교육경험의 박탈을 초래할 수도 있다. 학령기 동안 지속되는 진료와 치료 등의 경험은 지체장애 아동의 성격 형성에도 많은 영향을 미칠 것이다.

지체장애 아동은 본인의 이상 자세, 신체 움직임의 제한 등으로 인해 부정적인 자아개념이 형성될 수 있다. 심한 피로감이나 건강상의 문제로 예민한 성격을 가질 수도 있다. 또한 지체장애인의 49%, 뇌병변장애인의 46%는 학령기에 또래 학생으로부터 차별받은 경험이 있는 것으로 보고되고 있다(보건복지부, 2020). 질환에 대한 불안감, 신체 손상에 대한 두려움으로 인해 퇴행행동이 나타나기도 하고, 사회관계에 소극적인 태도를 보이기도 한다. 그러나 장애 자체에 대한 본인의 수용태도와 부모, 형제자매, 교사, 또래집단 등 주변의 반응에 따라 긍정적으로 변화될 수 있다.

4. 지체장애의 교육적 접근

지체장애 아동은 장애정도와 유형이 다양하여 신체적 장애뿐만 아니라 인지능력의 장애와 기타 감각적인 장애도 수반하는 중복장애를 가지는 경우가 많다.

지체장애 아동을 교육할 때에는 신체적·인지적·사회적인 면 등에서 아동의 능력을 정확히 알아보고 그에 따라 사회생활에 적응할 수 있는 방법을 모색하는 것이 중요하다.

1) 지체장애 교육과정의 법적 근거

우리나라의 교육과정은 법적으로 국가가 교육과정의 기준과 내용에 관한 기본적인 사항을 제시하고, 지역의 실정 및 교육시설·설비 등 교육여건과 환경을 충분히 반영한 교육과정을 편성·운영하는 체제로 구성되어 있다. 특수교육과정의 법적 근거는 「유아교육법」 제13조 1항, 2항, 초·중등교육 제23조 1항, 2항, 「장애인 등에 대한 특수교육법」 제20조 1항, 2항에 제시되어 있다.

특히 2019년 7월 미래사회의 핵심역량을 반영한 인간상을 목표로 밝힌 '2019 개정 누리과정'이 제정되었다. 유아특수교육의 교육대상자를 위한 국가수준의 교육과정에는 표준보육과정과 누리과정이 있다. 어린이집에 다니는 만 0~2세의 보육과정은 표준보육과정이며, 어린이집과 유치원에 다니는 만 3~5세의 유아는 누리과정을 기준으로 이들의 특별한 요구에 적합하게 수정과 조정을 거쳐 지도하게 된다.

2) 지체장애 아동의 교육적 접근방법

(1) 신체적 문제

신체적 문제들은 예견되거나 발견되는 순간부터 조치를 취하는 것이 중요하다. 조치에 관련된 많은 영역 중 몇 가지만 나열하면 다음과 같다.

① 자세와 앉기에 지체장애를 가진 아동의 앉기는 어려운 과제이다. 손을 사용하거나 눈-손 협응이 쉬우며 균형 유지에 어려움이 적을 때 책상다리, 옆으로 앉기, 의자에 앉기 등의 자세를 통해 불안하지 않아야 한다. 보장구를 통하여 자세를 개선시키기 위해서는 바람직한 자세와 움직임이 발달할 수 있도록 도와주어야 하며, 바람직하지 않은 자세나 움직임은 억제해 주어야 한다.

② 지체장애 아동은 되도록 혼자서 이동할 수 있어야 한다. 재활 담당 의사나 치료사들은 스스로 이동할 수 있는 방법을 지도해야 하며, 혼자서 걸을 수 없는 아동

에게는 구르기, 기기, 클러치 사용법, 보행기 사용법을 가르쳐야 한다. 지체장애 아동은 휠체어, 목발, 부목, 서기 위한 탁자와 같은 기술적인 기구들의 도움이 필요하다.

③ 지체장애 아동이 학교에서 직면하는 어려움이 없도록 건축물의 출입과 이용이 편리하도록 장애물을 개선하여야 한다. 경사로 설치나 화장실, 놀이터, 수도 등을 설치와 잡을 수 있는 봉이나 지지레일을 설치해야 한다.

④ 지체장애 아동은 그들의 장애 특성으로 특수 보장구의 도움이 많이 필요하다. 그것을 잘 사용할 수 있도록 교사, 치료사, 부모 등이 함께 노력해야 한다. 이러한 특수 보장구의 사용방법을 익히는 것은 신체 기능의 재활과 심리적 재활에도 도움이 된다.

(2) 공학적 중재

지체장애 아동은 휠체어, 목발, 부목, 그리고 서기 위한 탁자와 같은 기술적인 기구들의 도움이 필요하다. 휠체어를 사용하는 아동은 위치를 정하거나 이동하는 데 도움이 필요하므로, 교사는 이러한 기술을 배워 지체장애 아동에게 휠체어로 이동할 때 일어날 수 있는 일들에 대하여 가르쳐 줘야 한다. 또한 휠체어를 교실에 배치할 때에는 주의가 필요하다.

① 제대로 명확한 발음을 하는 데 어려움을 느끼는 아동은 말을 하는 데 장치의 대용물이 필요하다. 알아듣게 이야기할 수 없거나 손으로 물건을 다룰 수 없는 아동은 보조기기를 통해 충분한 도움을 받을 수 있다.

② 음식을 먹고 옷을 입고 이를 닦는 일을 도와주는 특별히 고안된 장치들은 일상생활에 널리 도움을 준다.

(3) 교육적 중재

지체장애 아동은 대부분 특수학교나 특수학급에 배치되어 있다. 이는 그들의 학습능력 때문이 아니라 많은 학교에 물리적 구조물의 변경, 기술 장비나 그들을 돌보고 교육할 교사가 갖추어져 있지 않기 때문이다. 그러나 최근 몇 년간 지체장애에 대한 사회 전체 경향이 의학적 진보와 기술 향상 그리고 태도 변화 덕분에 많은 변화를 가져오고 있다.

① 오늘날 특수학급에 배치된 대부분의 지체장애 아동은 지각력, 인지력, 언어 등에서 더 많은 문제를 가지고 있지만 일반아동과 같은 욕구와 요구를 가지고 있다. 신체적 장애만이 특수학급의 배치 이유가 되는 것은 아니다. 신체장애가 있는 아동은 장치(휠체어 등의 기구)에 적절히 적응하기까지 특별한 도움이 필요하다. 그러나 지체장애 아동들은 또래와 같은 교육과정의 경험을 하는 것이 유리할 수 있으며, 어떤 아동은 특별한 도움이 주어진다면 정규학급에 통합이 가능하다.

② 지체장애 아동에 대한 특별한 교육과정은 없지만, 정규교육과정에서 추가적으로 자립기능, 보행훈련, 여가선용 기능과 정확한 발음훈련, 직업 전 기능의 강조 등이 필요하다. 비록 이들은 특별한 의사소통 기구를 사용하는 등의 교수방법에 대한 적응이 요구되지만 또래들이 학습하는 것을 학습할 수 있을 것이다.

(4) 여가활동의 지도

지체장애 아동은 신체의 움직임과 이동의 불편함으로 인해 여가활동에 제한이 있는 경우가 많다. 실제로 많은 지체장애 아동은 가정에서 특별한 활동을 하지 않고 시간을 보내는 경우가 많다.

① 제대로 된 여가의 활용은 삶을 좀 더 윤택하게 하는 것은 물론 지체장애 아동에게 삶에 대한 자신감을 심어 줄 수도 있기 때문에, 그들에게 여가를 어떻게 활용해야 하는지 가르쳐 주는 것은 지체장애 아동의 교육에 있어 중요하다.

② 여가활동을 통해 지체장애 아동의 삶이 더욱 풍요롭고 윤택해지기 위해서는 타인이 선정한 여가활동에 수동적으로 참여하기보다는 본인이 원하고 좋아하는 활동을 선택해서 활동하는 것이 중요하다는 것을 알려 주어야 한다.

(5) 통합교육에 대한 교사의 태도

지체장애 아동의 통합교육에서 수용은 가장 기본적인 요구사항으로, 지체장애 아동에게 부모, 교사, 학급 또래나 주변 사람들이 어떻게 반응하는가는 장애 자체만큼이나 중요하다.

① 모든 지체장애 아동은 그들의 장애나 건강 상태에 상관없이 자기 존중감을 가지고 가정, 학교, 지역사회의 활동에 참여할 필요가 있다. 그러기 위해서는 교사는 지체장애 아동과 만성적 건강장애 아동들을 장애를 가진 경우로 보기보다는 오히려 가치 있고 전인적인 사람으로 수용하고 효과적으로 대처해야 한다.

② 지체장애 아동에게 가능한 한 많이 독립적인 행동을 하도록 격려해야 한다. 그러나 그들은 특정한 시간이나 장소에서는 다른 사람의 도움과 의존의 필요성을 느낀다. 그러므로 교사는 이들의 효과적으로 장애에 대처하고 현실적인 목표를 설정하도록 하며, 도움이 필요할 때 도움을 제공해야 한다.

③ 교실은 장애아동을 통합하고, 지체장애 아동의 이해와 수용을 격려하고 장애에 대해 토론할 수 있는 유용한 장소가 되어야 한다. 교사는 비장애아동에게 시뮬레이션이나 역할활동 등을 통해서 장애를 체험할 수 있도록 한다.

(6) 교사가 유의할 사항

지체장애 아동에게 환경과 시설을 사용하기 편리하게 배려하는 것은 중요하다. 이러한 배려는 지체장애 아동이 학교에서 더욱 더 안전하고 독립적으로 참여하도록 하기 때문이다. 환경 개조의 가장 대표적이고 보편적인 유형이지만 비용이 거의 들지 않는 몇 가지 예를 들면 다음과 같다.

- 휠체어를 탄 학생이 사용할 수 있도록 정수기 근처에 종이컵을 제공하는 용기를 설치하기
- 지체장애 아동을 위하여 학교 건물 내에 쉽게 접근할 수 있는 공간으로 교실을 옮기거나 활동을 할 수 있게 하기
- 적은 힘으로 쓰기가 가능한 부드러운 펜을 제공하기
- 정교한 운동조절이 제한된 학생이 한 번에 하나의 컴퓨터 키를 누르는 것이 가능하도록 머리에 장착 가능한 포인터 스틱과 보조 키보드를 제공하기
- 휠체어를 사용하거나 키가 작은 학생을 위하여 높이 조정이 가능한 책상과 탁자 제공하기
- 손에 닿지 않은 높이에 설치된 버튼이나 엘리베이터 조작판을 사용할 수 있도록 보조 막대기 제공하기
- 말로 반응하는 것 대신에 문자로 반응하는 것이 가능하도록 또는 그 반대의 반응이 가능하도록 반응 형태를 수정하기(김진호 외 공역, 2002).

5. 지체장애의 지원방안

1) 치료지원

치료지원은 물리치료, 작업치료, 언어치료, 심리치료 등을 통해 장애로 인한 결함을 보충해 주는 활동이다. 장애학생 교육의 효율성과 전문가 간 협력의 중요성을 생각할 때, 교육을 제공받는 환경에 치료사가 배치되거나 파견되어 체계적이면서 협력적인 지원을 제공할 수 있는 학교 기반 치료지원 형태를 치료지원 제공방법으로 고려해 볼 필요가 있다(표윤희, 2017).

(1) 치료지원의 종류

① 물리치료

물리치료는 관절 운동법위 유지 및 운동의 수의절 조절, 협응과 균형, 보행, 보장구 활용 등의 목적으로 운동, 초음파, 전기, 마사지, 열, 냉, 물, 빛 등 물리적인 방법을 통해 실시한다. 물리치료의 대표적 방법으로 보이타 치료와 보바스 치료가 있으며, 이 중 보바스 치료는 치료목적에 따라 작업치료에서도 다루어질 수 있다(김혜리 외, 2021).

② 작업치료

작업이란 생활 속의 일상적인 활동을 의미하기 때문에 작업치료는 입기, 먹기, 쓰기, 만들기 등 일상생활 활동과 관련된 손, 팔, 얼굴 등의 소근육 중심 치료라고 할 수 있다. 이와 같은 치료활동은 흥미와 동기 유발로 다양한 반복학습을 하며 단순한 작업에서 복잡한 작업으로 이동하는 것이 효과적이다.

③ 언어치료

언어치료는 표현언어, 수용언어나 대화와 관련된 전반적인 문제를 평가하고 해결하는 등 의사소통과 관련된 어려움을 다루는 치료이다. 이러한 치료는 언어의 사용에 초점을 맞추는 것은 물론 다양한 의사소통 의도에 맞게 의사소통할 수 있는 능력을 습득하는 것을 중요시하는데, 가장 중요한 것은 아동이 필요로 하는 언어영역을 일상생활 속의 기능적 언어를 중심으로 가르칠 필요가 있다는 것이다(김영태, 2014).

④ 약물치료

뇌성마비 아동의 30% 정도는 경련을 동반하기에 가장 기본적인 항경련제를 통해 뇌성마비 아동의 90%가 발작이 줄어들거나 없어지는 효과는 있으나, 여러 부작용을 고려하여 약물치료 초기 단계에는 부작용이 적으면서도 효과적인 소량의 약을 복용하되 점차 복용량을 늘리고, 약물 흡수력, 신진대사 등에서 개인차에 따라 아동에게 맞는 적정량을 판단하기 위한 주기적인 혈액검사를 병행해야 한다.

⑤ 수술

약으로 치료가 통제되지 않으면 치료하는 방법으로 미주신경자극치료, 후근 절제술, 근육 또는 건 연장술, 건 이전술, 근육 유리술, 근육 이완술, 감염 접골술, 위바닥주름술 등의 수술방법 등이 있다. 이상과 같은 다양한 수술의 효과를 극대화하기 위해서는 수술 전과 후에 운동을 비롯한 물리치료, 작업치료 등 재활치료를 병행하여 꾸준히 실시해야 한다.

⑥ 기타

지체장애 학생은 기도폐쇄(질식)의 위험이 있을 경우 하임리히요법(Heimlich maneuver, 복부밀어내기)을 사용하며, 근이영양증 아동에게 감염 등으로 호흡기 문제가 발생했을 경우, 흉부 물리치료를 실시할 수 있다. 이 밖에도 아동에게 필요한 응급사항이 발생시 다양한 방법으로 지원을 해주어야 한다.

(2) 전문가 간 협력

대부분의 지체장애 아동은 중복장애를 가지고 있기 때문에 여러 분야의 치료지원 서비스가 필요하다. 치료지원 서비스는 한 아동을 대상으로 여러 분야의 전문가가 함께 서비스를 지원하는 팀 모델을 적용해야 효과가 극대화되며 협력적 팀 모델이나 통합된 치료를 많이 사용하는데, 아동과 함께 하는 모든 사람과 모든 환경에서 일관적인 치료가 이루어질 수 있다는 점에서 효과적이다(김혜리 외, 2021).

2) 보조공학 지원

(1) 보조공학의 개념

보조공학은 미국 「장애인교육진흥법(IDEA)」(2004)에서는 "상업적으로 구입하든 변경하든 최적화시키든 간에 장애를 가진 개인의 기능적인 능력을 고양시키거나 유지하는 데 사용되는 모든 아이템, 장비 혹은 생산체제"로 정의한다.

보조공학은 장애를 가진 사람들에게 재활을 공학적으로 보완·보충해 주는 것으로, 식사 시 수저나 포크를 쉽게 사용할 수 있는 것부터 고도의 기술을 이용한 전동휠체어나 음파 탐지 지팡이, 컴퓨터와 같은 장치에 이르기까지 장애인들의 기능적 능력을 유지해주고 향상과 개선시킬 수 있는 일상생활 및 학습, 사회생활 전반에 걸쳐 도움을 주는 모든 장비, 기계 장치, 나아가 이를 위한 서비스와 전략까지도 포함하는 개념이다 (김혜리 외, 2021).

(2) 보조공학 관련 법률

우리나라에서는 장애인의 보조공학을 지원하는 독자적인 법률은 제정되어 있지 않지만 현재 다양한 법률을 통하여 그 지원 사항을 규정하고 있다. 이들 중 주요 법률에 대하여 살펴본다.

① 장애인 등에 대한 특수교육법

보조공학 지원 관련 내용은 특수교육 관련 서비스 조항에 포함되어 있다. 제2조 2항에서는 특수교육 관련 서비스란 "특수교육대상자의 교육을 효율적으로 실시하기 위하여 필요한 인적·물적 자원을 제공하는 서비스로서 상담지원, 가족지원, 치료지원, 보조 인력지원, 보조공학기기 지원, 학습보조기기 지원, 통학지원 및 정보접근 지원 등"이라고 정의하고 있다.

② 장애인 차별금지 및 권리 구제 등에 관한 법률

제1절은 고용에 있어서 장애인의 동등한 기회 제공, 직업 상황에서 필요한 재활보조기기 제공, 작업환경의 조정을 해주어야 함을 명시하고 있으며, 제2절은 교육기관에 재학 중인 장애인의 교육활동에 불이익이 없도록 최소한의 제한적인 물리적 환경과 적절한 보조기기를 제공하여야 함을 규정하고 있다. 제3절은 재화 용역 등의 제공과 시설물 접근 이용의 차별금지 및 이동과 교통수단 등에서의 차별금지에 대한 사항이다. 이 밖에 제11조에서도 장애인에 불이익이 없도록 다양한 형태의 공학기기 지원 내용을 명시하고 있으며 제21조에서는 정보접근에서의 차별금지와 정보통신, 의사소통에서의 차별금지에 대한 사항을 규정하고 있다.

③ 장애인복지법

「장애인복지법」은 국내법 중 보조공학 관련 내용을 가장 많이 포함하고 있는 법률로서 정보접근, 편의시설, 활동보조 서비스와 보조기구 제공, 장애인 보조기구와 보조기구 구입관련 자금 융자 및 수리비용 청구, 보조기구 제조업체 관리와 이들 업체 육성에 관련된 조항을 광범위하게 포함하고 있다.

(3) 지체장애학생을 위한 보조공학기기의 실제

보조공학이 가장 많이 요구되는 대상은 장애정도가 심한 중복·지체장애학생으로, 그중에서 뇌성마비가 대표적이다. 뇌성마비 학생의 경우 보조공학기기를 통하여 신체운동 능력을 최대한 계발할 수 있도록 적극적인 지원이 필요하다. 특히 컴퓨터 대체접근기기를 통하여 신체활동에 대한 제한성을 해소시킬 수 있으며 개별적인 교수를 가능하게 하여 학습에 대한 동기를 부여하고 학습 태도를 개선할 수 있다.

그러나 보조공학기기의 효과성 입증과 특수교육 현장의 변화에도 불구하고 특수교사의 보조공학에 대한 낮은 이해도로 인해 수업 및 일상생활 등에서 보조공학의 실제적인 활용이 어렵다. 따라서 특수교육지원센터 내 업무담당자의 보조공학에 대한 전문성 강화와 지원 매뉴얼의 개발 및 보급이 필요하다.

[표 5-4]는 지체장애 학생들에게 제공할 수 있는 보조공학기기를 분야별로 분류하여 정리한 것이다.

[표 5-4] 지체장애 학생들에게 제공할 수 있는 보조공학기기

분류	보조공학기기
보행 및 이동성	수동휠체어, 전동휠체어, 전동스쿠터, 스퀴글 스탠더, 자세보조의자, 틸팅형워커, 보행기, 지팡이 등
편의시설·여가생활	이동식리프트, 휠체어용 램프, 경사로, 안전손잡이, 카시트 등
일상생활	목욕의자, 머리감기 보조기기, 식사 보조기기, 한 손 사용자용 손톱깎이 판, 원터치 병따개(캔용), 구부러지는 스푼, 치약이 나오는 칫솔 핸드맨 등
IT 접근시 착석 및 자세	피더시트, 욕창예방매트리스, 기립훈련기, 조우스, 헤드마우스 익스트림, 한 손 사용자용 키보드, 정전식 24인치 터치모니터 등
언어 및 의사소통	랭귀지프랜드 Sack, 레코더불 스위치, 음성녹음형스위치, 보이스탭, 이지컴, 퀵토커, 오케이톡톡, 마이토키 등
작업·학습·여가	각도조절 책상, 높이조절 책상, 필기보조기기, 독서대, 장애인용 자전거 등
시각·청각	독서확대기, 점자정보단말기, 음성증폭기 등
치료·훈련	에어워커, 카트 홀더, 수영 핸드 패들, 발 운동기벤치, 웻지 등

출처: 서울시 보조기기센터. 재구성

(4) 기타 교육 및 복지지원

지체장애 학생을 위한 주요한 특수교육 관련 서비스 이외에도 우리나라에서 시행되고 있는 다양한 교육 및 복지지원 서비스를 정리한 내용이다.

① 상담지원

진로 및 자아에 대한 이해 증진, 행동 적응 및 통제, 개별화 교육계획과 관련된 지도와 상담 등이 포함된다.

② 보조인력 지원

장애학생의 원활한 교육활동을 위한 특수교육 실무원 배치 및 활용을 비롯하여 지역사회 복지관 등을 통한 각종 봉사인력 지원을 말한다.

③ 통학지원

장애학생의 교육활동에 필요한 통학차량, 통학보조인력 등의 지원을 말한다.

④ 가족지원

특수교육대상자와 그 가족에 대한 지원을 말한다. 가족상담, 양육 상담, 보호자 교육, 가족지원 프로그램 운영 등의 방법으로 지원되는데, 건강가정지원센터와 장애인복지시설 등과 연계할 수 있다고 법적으로 명시되어 있다.

Chapter

06

학습장애

배울 내용

1. 학습장애의 정의
2. 학습장애의 진단 및 원인
3. 학습장애의 특성
4. 학습장애의 교육적 접근
5. 학습장애의 지원방안

학습 목표

1. 학습장애의 정의와 진단 및 원인을 알 수 있다.
2. 학습장애의 특성을 이해할 수 있다.
3. 학습장애의 교육적 접근방법을 이해하고 적용한다.
4. 학습장애의 지원방안을 알아보고 적용한다.

개요

학습장애는 다른 여러 장애와는 달리 눈으로 확인이 되지 않기 때문에 학습장애 적격성 판단을 위한 진단부터 교육까지 어려움을 겪어 왔다. 1994년 「특수교육진흥법」 전면 개정으로 특수교육대상자 기준에 하나의 독립된 장애영역으로 포함되어 학습장애 아동교육을 위한 법적 기반이 마련되었다. 이로 인해 학습장애에 대한 관심이 증가되었으나, 이를 위해 정의, 진단 및 원인, 특성, 교육적 접근, 지원방안 등에 대한 접근을 위한 방법에 대해 지속적인 노력이 요구되고 있다. 이에 본 장에서는 학습장애를 이해하고 적절한 교육적 접근을 위한 기술 습득을 위한 자료를 제시한다.

1. 학습장애의 정의

원인이 명확하지 않은 학습장애는 특성이 다양하기 때문에 누구나 공감할 수 있는 정의를 내리기가 어렵다. 1962년 Samuel Kirk가 학습장애라는 용어를 처음 사용한 이래로 지금까지도 정의에 대한 논의가 지속되고 있으나 국내외를 포함해 아직까지 합의된 정의는 없다. 여기에서는 국내와 미국의 학습장애 정의를 중심으로 살펴보고자 한다.

1) 「장애인 등에 대한 특수교육법」의 정의

1994년 「특수교육진흥법」이 개정되며 학습장애가 특수교육대상자 선정 기준에 새로 추가되었다. 학습장애의 정의가 최초로 법에 명시된 구 「특수교육법」의 정의는 다음과 같다.

> 학습장애를 지닌 특수교육대상자란 셈하기, 말하기, 듣기, 읽기, 쓰기 등의 특정 분야에서 학습상의 장애를 지니는 자를 말한다.

초기 학습장애 정의는 구체적이지 못하다는 비판과 더불어 국내에서 학습장애 아동을 판별하는 데 타당성과 신뢰성의 문제를 안고 있었다. 한편, 「특수교육진흥법」이 폐지되고 「장애인 등에 대한 특수교육법」(2007)이 제정되면서 학습장애 선정 기준은 다음과 같이 좀 더 구체화되었다.

> 학습장애를 지닌 특수교육대상자란 개인의 내적 요인으로 인하여, 듣기, 말하기, 주의집중, 지각, 기억, 문제해결 등의 학습기능이나 읽기, 쓰기, 수학 등 학업 성취 영역에서 현저하게 어려움이 있는 사람을 말한다.

이 정의는 학습장애를 학습의 기능과 학업 성취의 두 영역으로 구분하고 있으나, 다른 장애나 외부적 요소에 의한 학습 문제를 학습장애에 포함하는지에 대한 여부는 별도로 기술되어 있지 않다.

2) 미국 「장애인교육법(IDEA)」의 정의

이 정의는 세계 여러나라의 학습장애 정의의 기반이 되고 있으며, 2004년 개정된 「장애인교육법(IDEA)」에서는 학습장애를 다음과 같이 정의한다.

- 일반적인 규정: '특정학습장애'란 구어나 문어 형태의 언어를 이해하고 사용하는 것과 관련된 기본심리처리들의 하나 혹은 그 이상의 장애를 지칭하며, 이는 듣기, 사고하기, 말하기, 읽기, 쓰기, 철자 혹은 수학적 계산 능력의 결함으로 나타난다.
- 포함하는 장애: 지각장애, 뇌 손상, 미세뇌기능장애, 난독증 그리고 발달적 실어증 등의 조건을 포함한다.
- 포함하지 않는 장애: 시각장애, 청각장애, 운동장애, 지적장애, 정서장애, 환경적·문화적·경제적 불리함이 일차적으로 작용해 초래하게 된 학습의 어려움은 포함하지 않는다.

3) 학습장애 정의의 공통 요소

(1) 평균 이하의 학업 성취도

읽기, 쓰기, 셈하기에서 평균 이하의 학업 성취도를 보인다고 모두 학습장애는 아니지만, 평균 이상의 학업 성취도를 보이는 아동이 학습장애로 판별될 가능성은 매우 희박하다.

(2) 개인 내 차이

많은 영역에서 평균 이상의 성취도를 보이지만, 특정 영역에서는 평균 이하의 성취를 보이는 것을 의미하며, 학업 성취도가 학업과 관련된 모든 영역에서 나타나는 것은 아니다.

(3) 중추신경계의 이상

정상 지능임에도 특정 영역에서 평균 이하의 성취도를 보이는 이유는 명확하지 않다. 여러 가지의 상황을 고려할 때, 학습장애가 나타나는 이유로 중추신경계의 이상으로 유추될 수 있다.

(4) 심리적 과정의 문제

심리적 과정은 우리가 받은 정보를 장기기억에 저장하고, 장기기억에 저장된 정보를 인출하고 표현하는 것까지의 과정을 의미한다. 심리적 과정을 의심하는 이유로는 정보의 습득과 처리에서 많은 역할을 하는 중추신경계의 이상이 정보를 습득하고 처리하는 과정에 이상을 유발시키기 때문이다.

(5) 다른 장애의 배제

지능이 평균 이상인 아동이 낮은 학업 성취도를 보인다고 모두 학습장애로 판별되는 것은 아니다.

[표 6-1] 학습장애 정의 간 유사점과 차이점

구분	원인			이질성 및 문제영역		배제조항		일생을 통한 장애	진단평가	
	중추신경계의 이상	심리적 과정의 문제	개인 내 차이	기초 학습 영역	인지 처리 영역	다른 장애나 외적 요인 배제	다른 장애 및 외적 요인과 중복 가능성을 명시적으로 언급		능력과 수행 간의 불일치 준거	RTI 준거
미국 「장애인교육법」 (IDEA, 2004)		○		○		○				
미국 학습장애공동협회 (NJCLD)	○		○	○		○	○	○		

구분	원인			이질성 및 문제영역		배제조항		일생을 통한 장애	진단평가	
	중추신경계의 이상	심리적 과정의 문제	개인 내 차이	기초 학습 영역	인지 처리 영역	다른 장애나 외적 요인 배제	다른 장애 및 외적 요인과 중복 가능성을 명시적으로 언급		능력과 수행 간의 불일치 준거	RTI 준거
일본 문부성	○			○		○			○	
대만 교육부	○	○		○		○				
캐나다 학습장애학회(LDAC)	○	○		○			○	○	○	
「장애인 등에 대한 특수교육법」			○	○	○					
한국 특수교육학회			○	○	○	○	○	○		

출처: 강대옥 외(2016), 특수교육학개론(2판). 학지사. p. 286. 재인용

2. 학습장애의 진단 및 원인

1) 학습장애의 진단

학습장애를 진단하는 검사로는 표준화된 규준참조 지능검사, 표준화된 규준참조 학업성취도검사, 표준화된 규준참조 인지처리검사 등을 사용할 수 있다.

[표 6-2] 국내 학습장애 진단과정에서 사용할 수 있는 검사도구

구분	검사도구	개발자
지능 검사	한국 웩슬러 아동 지능검사(K-WISCIV)	곽금주, 오상우, 김청택(2011)
	카우프만 아동용 지능검사(K-ABC)	문수백, 변창진(1997)
	KISE 한국형 개인지능검사(KISE-KIT)	박정숙, 정동영, 정인숙(2008)
학업 성취도 평가	KISE기초학력검사(KISE-BAAT): 읽기(선수기능, 단어인지, 읽기 이해), 쓰기(표기, 작문), 수학 측정	박경숙, 김계옥, 송영준, 정동영, 정인숙(2008)
	기초학습지능검사: 정보처리, 읽기(단어인지, 읽기이해), 쓰기(청자, 재인), 수학 측정	박경숙, 윤점룡, 박효정(1989)
인지 처리 검사	한국판 시지각 발달검사(K-DTVP-2): 시지각과 시각-운동 통합기술의 발달수준 측정	문수백, 여광웅, 조용태(2006)
	스트룹 아동 색상-단어 검사(STROOP): 억제 과정의 효율성(실행기능) 측정	신민섭, 박민주(2007)
	아동 색 선로 검사(CCTT): 지각 추적 능력, 정신 운동 속도, 순차적 거리 능력 및 분할 시각 주의력과 지속적 시각 주의력(실행 기능) 측정	신민섭, 구훈정(2007)
	아동용 한국판 보스톤 이름대기검사(K-BNT-C): 표현 어휘 측정	김향희, 나덕렬(2007)
	그림어휘력검사: 구문 의미 이해(통사 거리)측정	배소영, 임선숙, 이지희, 장혜성(2004)
	한국 아동 토큰 검사(K-TTFC-2): 듣기 이해	신문자, 김영태, 정부자, 김재옥(2011)
	아동용 Rey-Kim 기억검사: 기억 측정	김홍근(1999)
	아동용Kims 전두엽-관리기능 신경심리검사: 실행기능 측정	김홍근(2001)
학업 성취 및 인지 처리 검사	읽기 성취 및 인지처리 검사: 읽기 성취(단어인지, 성취, 읽기유창성 성취, 읽기 이해 성취)와 읽기 인지처리(단어인지 인지처리, 읽기유창성 인지처리, 읽기이해 인지처리) 측정	김애화, 김의정, 황민아, 유현실(2012)
	언어기반읽기평가: 읽기 성취(단어인지)와 읽기 인지처리(음운인식, 듣기이해, 문법형태소나 어휘) 측정	배소영, 김미배(2012)

출처: 김애화 외(2012). 학습장애 이론과 실제. 학지사. pp.130~131, 재인용

학습장애의 판별에 대한 타당한 정의의 부재로 인해 합의된 절차와 방법이 결정되어 있지 않은 현실이다. 이러한 이유로 논쟁의 중심이 되기도 하였으나, 가장 많이 사용되는 학습장애의 판별 준거로는 능력－성취 불일치 모형과 중재반응모형이 있다.

(1) 능력－성취 불일치 모형

능력－성취 불일치 모형은 아동의 잠재적인 능력과 성취 수준의 차이를 비교하고, 나타나는 차이의 정도를 학습장애의 판별 준거로 적용하는 것이다. IQ인 지능이 정상 범주에 포함되면 학업 성취도 역시 또래의 일반적인 범주에 포함되어야 한다는 것을 의미하며, 지능검사와 학업 성취도 검사의 차이가 2년 이상의 차이를 보이면 학습장애로 판별한다. 하지만 능력－성취 불일치 모형은 오랫동안 논쟁의 대상이었으며, 제시되고 있는 문제점은 다음과 같다.

• 지능은 아동의 잠재 능력 척도가 아니다.
• 불일치 점수가 신뢰성 문제와 공식 및 판단기준에 따라 학습장애의 적격성 일부가 다르게 나타난다.
• 불일치 공식은 일관성을 얻기 위한 통계적 방법으로 아동의 요구를 이해하거나 결정할 수 있는 가치를 지니지 못한다.
• IQ가 낮은 아동은 학업 수준이 현저히 떨어짐에도 낮은 IQ로 불일치를 증명하지 못하는 경우가 있다.

이외의 문제점으로 제시된 내용에는 아동 간 발달의 개인차와 지능검사, 학업 성취도 간의 상관관계 등이 있다.

(2) 중재반응 모형

중재반응 모형은 교육과정중심 평가를 통해 읽기의 문제를 조기 진단하고 사전에 예방하는 교수 프로그램을 제공할 수 있는 모형을 말한다. 미국의 「장애인교육진흥법」

(2004)에서 중재반응 모형을 특정 학습장애의 판별조항으로 제안한 후 학습장애 진단에 큰 변화가 일어났다.

2) 학습장애의 원인

학습장애의 원인에 대한 연구가 지속적으로 이루어지고 있으나, 여전히 합의된 결론을 제시하지 못하고 있다. 현재까지 밝혀진 학습장애의 주된 원인은 신경학적 기능장애로 나타났으며, 신경학적인 기능장애를 일으키는 원인으로는 신경생물학적 원인과 유전적 원인, 환경적 원인이 있다.

(1) 신경생물학적 원인

뇌 손상을 입은 성인들의 언어와 행동적 특성 및 뇌 구조의 결함을 분석했던 초기 연구를 근거로 학습장애가 신경학적 원인에 기인한다고 주장하였다. 읽기 장애를 가진 사람은 뇌 구조와 기능에서 다른 특성을 보이는 것으로 나타났다.

① 뇌 구조

읽기 장애를 가진 성인의 뇌를 사후에 분석한 결과, 읽기 장애를 가진 사람이 특정 뇌 부위의 크기가 일반인들과 다르며, 좌반구와 우반구의 측두 평면의 크기도 같은 것으로 나타났다. 좌반구의 측두 평면은 언어에 관여하며, 측두 평면의 크기가 읽기 문제에 영향을 주고 있음을 나타내고 있다. 또한 읽기 장애를 가진 사람의 경우 소뇌에 비정상적이며 불규칙적으로 분포되어 있는 신경세포가 많이 있었다.

② 뇌 기능

다양한 기능영상법을 활용하여 읽기 과제 수행을 할 때의 뇌 기능 이미지를 관찰하였다. 연구 결과에서는 읽기의 능력은 다양한 뇌 영역이 관여하는 것으로 나타났다. 읽기 장애를 가진 사람이 읽기를 수행할 때 나타나는 뇌 활성화의 양상은 일반인과 다르게 나타났다.

(2) 유전적 원인

학습장애의 유전적 요인에 관련한 연구에는 가족력 연구와 쌍둥이 연구를 통해 진행되었다.

① 가족력

부모가 읽기 장애를 가질 때, 자녀가 읽기 장애가 나타나는 확률은 30~60%로 나타났다. 연구를 수행할 때 연구마다 가지는 기준과 검사 도구에 따라 발생률은 다르지만, 읽기 장애가 나타날 확률은 일반인보다 직계가족에서 높은 것으로 나타났다. 수학 학습 장애도 직계가족에서 나타날 확률이 10배 높은 것으로 나타났고, 철자 장애도 비슷한 결과를 보여주고 있다.

② 쌍둥이 연구

유전적 원인을 밝히는 방법에는 쌍둥이와 이란성 쌍둥이의 일치율에 어떠한 차이가 있는지 알아본 쌍둥이 연구가 있다. 일란성 쌍둥이는 이란성 쌍둥이보다 학습장애가 나타날 확률이 높게 나타났다. 이는 학습장애가 유전될 가능성이 있음을 의미한다.

(3) 환경적 원인

학습장애의 환경적 원인으로는 부모의 사회적·경제적 지위와 가정환경, 학교에서 제공되는 교수의 질 등이 포함된다. 또한 생후 초기의 심한 영양실조와 적절치 못한 양육 태도, 출생 후의 건강관리, 약물 중독 등은 대표적인 환경적 요인에 해당된다. 환경적 원인은 신경학적 원인에 영향을 주어 학습에 간접적인 어려움을 주게 된다. 적절한 환경 제공으로 신경학적 원인은 감소될 수 있으나, 반대의 경우에는 신경학적 원인으로 문제가 더 많아질 수 있다.

3) 우리나라 학습장애 아동 판별 조건 및 절차

우리나라는 2014년 한국학습장애협회가 제안한 한국 학습장애 아동 판별 조건 및 절차를 적용하고 있다. 학습장애를 판별하기 위해서는 다음의 조건을 만족시켜야 한다.

[표 6-3] **학습장애 아동 판별 절차**

단계	관련 대상 및 기관	내용
1단계 선별 및 의뢰	각급 학교의 장 및 보호자	①, ②, ③, ④, ⑤, ⑥, ⑦ 중 하나를 제출함 ① 기초학력진단평가에서 부진 학생으로 선별된 결과 ② 교과학습 진단평가에서 부진 학생으로 선별된 결과 ③ 국가수준학업성취도평가에서 부진 학생으로 선별된 결과 ④ 학습장애선별검사에서 학습장애 위험군으로 선별된 결과 ⑤ 학생의 학업 수행이 또래에 비해 낮다는 것을 증명할 수 있는 교사의 관찰 결과 ⑥ 외부 전문기관의 학습장애 관련 검사결과 ⑦ 부모가 직접 의뢰할 경우, 진단평가 의뢰서를 작성하여 제출
2단계 진단·평가 실시 및 결과보고	특수교육지원센터	①+②+③을 모두 제출함 ① 지능검사결과 ② 학력진단검사 ③ 배제요인 검토 결과
3단계 특수교육대상 학생 선정	교육장 또는 교육감	교육장 또는 교육감은 해당 특수교육운영위원회의 심사(검사 결과 및 제출 자료 등 검토)를 거쳐 학습장애를 지닌 특수교육대상자로 최종 선정

출처: 강대옥 외(2016). 특수교육학개론(2판). 학지사. p.298. 재인용.

• **1조건(선별 및 의뢰)**

각급 학교의 장 또는 보호자는 다음의 1) 또는 2) 중 하나의 경로로 교육장 또는 교육감에게 진단·평가를 의뢰해야 한다. 단, 보호자가 진단·평가를 의뢰할 경우, 진단·평가 의뢰서를 작성하여 교육장 또는 교육감에게 직접 의뢰할 수 있다. 각급학교의 장이 의뢰하는 경우는 보호자의 사전동의를 받아야 한다.

(1) 다음 중 하나를 제출해야 한다.

① 기초학력 진단평가, 교과학습 진단평가, 또는 국가수준 학업성취도 평가에서 부진 학생으로 선별된 결과

② 학습장애 선별 검사에서 학습장애 위험군으로 선별된 결과

③ 학생의 학업 수행이 또래에 비해 낮다는 것을 증명할 수 있는 교사의 관찰 결과

(2) 외부전문기관(의료기관, 상담실, 아동센터, 클리닉 등)의 학습장애 관련 검사결과

- **2조건(지능)**: 표준화된 개인별 지능검사결과에서 전체 지능지수가 70 이상이어야 한다.
- **3조건(학력)**: 표준화된 학업성취도 검사에서 백분율 16%ile(백분위 16), 혹은 −1 표준편차에 해당하는 학력 수준을 보여야 한다.
- **4조건(배제요인)**: 다른 장애(감각장애, 정서·행동장애)나 외적 요인(예: 가정환경, 문화적 기회의 결핍)이 학습 문제의 직접적인 원인이 되는 경우는 제외한다(단, 학습의 문제가 다른 장애나 외적 요인의 직접적인 결과인 것으로 명확하게 밝혀지지 않은 경우, 앞의 1~3조건을 만족시키면 학습장애로 진단하여야 함).

이와 같은 조건을 반영한 학습장애 아동의 구체적인 선정 절차는 [표 6−3]과 같이 선별 및 의뢰, 진단·평가 실시 및 결과보고, 특수교육대상학생 선정의 3단계를 따르도록 되어 있다(강대옥 외, 2016).

3. 학습장애의 특성

학습장애 아동은 매우 다양한 특성을 보인다. 읽기에 상당한 실력이 있는 아동이 수학은 심각한 수준으로 어려워하고, 수학에 상당한 실력이 있는 아동이 읽기는 심각한 수준으로 어려워하는 등의 전혀 다른 상태를 보이기도 한다. 학습장애의 특성은 유아에서 성인에 이르기까지 일생에 걸쳐 나타난다. 학습장애 자체가 중추신경계의 기능이상에 의한 것으로 학습장애 아동에게 보이는 보편적 특성은 다음과 같다.

[표 6-4] 학습장애 아동이 보이는 보편적 특성

학습	잠재력에 비해 낮은 성취, 교육에 대한 무반응, 가르치기 어려움, 문제를 해결하지 못함, 학습 능력의 불균형, 수동적인 학습 스타일, 빈약한 기초 언어 기술, 빈약한 기초 읽기 및 부호 해독 기술
사회성	미성숙함, 사회적으로 수용되지 못함, 사회적 또는 비구어적 단서를 잘못 해석함, 잘못된 결정을 내림, 괴롭힘을 당함, 사회적 결과를 예측하지 못함, 사회적 전통을 따르지 못함, 거부됨, 지나치게 순진함, 수줍음, 위축, 불안정, 의존적임
행동	주의 집중이 어려움, 산만함, 과잉행동, 충동성, 빈약한 협응, 정돈되지 못함, 동기가 결여, 의존적임

출처: Smith, D. D. (2004). Introduction to special education: Teaching in an age of opportunity (5th ed., p.121). Boston: Pearson.

1) 학업적 특성

학습장애의 주요 특성은 학업에 문제를 보이는 것으로, 초등학교 시절에 능력과 성취도에서 불일치를 보이기 시작한다. 특정 영역은 또래와 비슷하나 다른 영역에서 기대에 맞지 않는 낮은 성취도를 보이기도 한다. 즉, 읽기, 쓰기, 구어, 셈하기, 추론하기 등의 영역에서 하나 혹은 그 이상의 문제를 보인다.

읽기 영역에서 나타나는 특성으로는 읽을 때 단어를 생략하거나 첨가, 대치하는 모습, 단어의 음운에 대한 오류, 단어 재인에 대한 오류, 읽기 속도가 현저히 느림 등의 특성이 있다. 또래에 비해 단어 읽는 속도와 정확성에 현저한 차이를 보이며 읽기 이해력에서도 문제를 나타낸다. 초등학교 저학년 시기에는 이야기에 대한 내용을 이해 못하고, 고학년이 되면 교과의 내용을 이해하지 못하게 된다. 일반적으로 초등학교 저학년의 경우 약 1~2년의 지체가 나타나고, 중학교 진학 후에는 약 3년 이상의 지체를 보이게 된다.

쓰기 영역에서는 글자의 크기와 간격, 글자 간의 부조화와 철자의 오류, 단어를 쓸 때 소리 나는 대로 적음, 작문 시의 구두점과 맞춤법 등의 철자 문제가 반복적으로 나타난다. 학습장애를 지닌 많은 아동은 쓰기 영역에서 지속적이며 심각한 결함을 보인다.

이들이 쓴 글은 대체로 짧게 정리되어 있지 않으며, 단순한 문장구조와 기계적인 실수로 가득 차 있는 경우가 많이 있다. 자신의 생각을 쓰기를 통해 표현하기와 쓴 글을 검토하는 데 어려움을 보인다. 기초적인 학업 영역에서 보이는 학습기술의 결함은 사회 과학 등의 내용 중심 교과에서도 심각한 문제를 보일 수 있다.

2) 사회·정서적 특성

학습장애 아동의 약 70~80%의 경우는 사회·정서적 측면의 어려움을 보인다. 사회적으로 잘 적응하여 또래와의 관계 형성이 원만한 아동도 있으나, 많은 학습장애 아동은 사회·정서적 측면에서 어려움을 나타낸다. 이러한 어려움을 경험하게 되는 이유로는 부정적인 자아개념과 불안, 사회적인 위축, 과제의 회피, 자기관리 능력의 결함, 수행력의 지체와 또래로부터 거부당하는 경험 등이 있다.

사회·정서적 문제를 보이는 또 다른 이유로는 사회적 능력의 결함을 보이는 것이다. 대화와 다른 사람과의 상호작용 시 사회적 단서에 대한 부족으로 상대방의 감정과 느낌을 제대로 이해하지 못하는 어려움이 있다.

따라서 학습장애 아동을 교육할 때는 이들이 가진 사회·정서적 특성을 이해하고 교육을 실행하여야 한다. 교사는 아동의 학습에만 문제의 초점을 맞추기보다 개별 아동의 사회·정서적 문제의 특성을 이해하고 적응할 수 있는 노력을 기울이는 것이 필요하다.

3) 주의집중 및 과잉행동

학습장애 아동은 주의집중을 어려워하며, 지나치게 많이 움직이는 과잉행동을 보인다. 학습장애 아동의 41~80%는 주의력 문제를 가지고 있는 것으로 추정되며, 주의력 결핍 과잉행동과 학습장애의 공존성은 약 25%에 이르는 것으로 나타났다.

주의력 결핍 과잉행동장애와 학습장애는 동의어가 아니지만, 주의력 결핍 과잉행동장애는 학습장애 아동에게 자주 나타나는 장애로 알려져 있다. 이렇게 주의집중에 결함을 보이는 학습장애 아동은 의식적인 주의집중과 과제수행에 더 많은 어려움을 보이게 된다.

4) 지각·운동협응 문제

학습장애 아동은 시·지각에 문제를 보임으로 성공적인 과제수행에 어려움을 갖는다. 지각·운동장애가 있는 경우 감각을 통해 받아들인 정보를 인식하고 재생하는 데 문제가 있으며, 교실에서 발음과 낱말의 통합과 분석을 연합에도 곤란을 경험하게 된다. 시 지각의 문제가 있는 경우 글자의 필기에도 오랜 시간이 걸린다. 글자와 그림의 좌우, 상하의 방향을 바꿔 지각하거나, 자음과 모음의 문자식별을 어려워하며, 왼쪽과 오른쪽으로 글자를 읽고 모양을 그리고 하는 등의 활동에 어려움을 겪는다.

4. 학습장애의 교육적 접근

학습장애의 교육을 위해서는 장애의 특성을 알고 고려해야 한다. 학습장애 아동은 어떤 한 영역의 기술에서 어려움을 보이나, 다른 영역의 과제수행은 훌륭하게 하는 등의 불일치 패턴을 지닌다. 교사와 부모는 이러한 학습장애 아동의 각기 다른 독특한 학습 방법과 정보 처리 능력을 인식하고 전문가와의 상담을 통한 교육이 필요하다. 학습장애 아동을 지도할 때 고려해야 하는 교수방법은 다음과 같다.

- 아동의 강점에 집중하고 긍정적 강화를 지속적으로 제공한다.
- 한 번에 한 가지 지시를 주고 수행을 할 수 있는 충분한 시간을 제공한다.
- 단순한 과제의 수행에도 반복적으로 말하거나 다양한 방법을 제시한다.
- 작은 성공에도 많은 격려를 제공한다.
- 새로운 개념과 기술 지도 시 구체적 자료를 활용한다.
- 일관성을 갖고 다양한 학습 경험을 제공한다.

1) 읽기

학습장애 아동의 80% 이상은 읽기 영역에서 어려움을 겪는다. 그러므로 가장 보편적이고, 가장 많은 장애아동에서 자주 나타나는 읽기 능력의 향상이 필요하다. 이를 위한 읽기 기술 향상을 위한 방법은 다음과 같다.

- 단서 사용: 해독이 어려운 단어 해독을 위한 단서를 사용한다.
- 줄 따라가기: 읽기 도중 줄을 놓치는 아동을 위해 밑줄을 그어 주거나, 화살표, 읽기 창이 있는 카드 등을 사용한다.
- 내용 미리 알기: 읽기의 목적과 읽고 난 후에 무엇을 할 것인지에 대해 알게 한다.
- 교재의 난이도 조절: 흥미로운 내용과 쉬운 어휘의 교재를 사용한다.
- 녹음 교재 활용: 단어의 정확한 발음과 문장의 흐름을 이해할 수 있는 녹음 교재를

활용한다.

- 컴퓨터 활용: 컴퓨터를 사용한 기초 읽기 기술의 교수를 실시한다.
- 반복 읽기: 반복 읽기는 읽는 속도와 정확도를 증진시킨다. 따라서 문장을 여러 번 반복해서 읽게 한다.
- 이해력 증진을 위한 전략: 문맥을 이용한 교수전략과 범주를 이용한 교수전략으로 독해력 증진을 돕는다.

[표 6-5] 읽기 학습장애 아동을 위한 교수방법

<table>
<tr><th>구분</th><th colspan="2">구체적인 교수방법</th></tr>
<tr><td>전통적
읽기교수법</td><td colspan="2">• 신경학적 각인 교수법
• 퍼널드 교수법
• 호혜적 교수법
• 직접교수법</td></tr>
<tr><td rowspan="2">단어인식능력
향상을 위한 교수법</td><td>의미중심 접근법</td><td>• 통언어적(일견단어) 접근법
• 언어경험 접근법</td></tr>
<tr><td>해독중심 접근법</td><td>• 음운분석적 접근법
• 언어학적 접근법</td></tr>
<tr><td rowspan="2">읽기 이해력
증진을 위한 교수법</td><td>어휘력 증진을 위한 교수전략</td><td>• 문맥을 이용한 교수전략
• 범주를 이용한 교수전략</td></tr>
<tr><td>독해력 증진을 위한 교수전략</td><td>• 관련 지식 자극하기
• 질문하기
• 심상 만들기</td></tr>
</table>

출처: 강대옥 외(2016). 특수교육학개론(2판). 학지사. p.304. 재인용.

2) 쓰기

학습장애의 많은 아동은 쓰기 영역에 어려움을 보인다. 쓰기는 복잡한 언어 영역으로 듣기, 말하기, 읽기의 능력에 기초하며, 글씨 쓰기와 철자, 작문과 쓰기 표현을 포함한다. 쓰기 발달의 초기에는 글씨 쓰는 능력과 더불어 철자법이 강조된다. 아동의 연령이 증가하면 작문 능력도 발달하고, 부모나 교사의 안내를 받아 글을 쓰다가 점차 스스로 글을 쓰게 되는 과정으로 발달한다.

(1) 글씨 쓰기

손으로 글자를 쓰는 능력을 의미하며, 글씨 쓰기는 쓰기의 하위요소 중 하나에 해당된다. 글씨를 쓴다는 것은 단순히 소근육 기술만이 아니라, 낱자와 글자의 형태에 대한 인식에 의해 더 많은 영향을 받는다. 이는 글자의 형태를 잘 알고 있을수록 글을 잘 쓴다는 것을 의미한다. 학습장애의 글씨 쓰기의 특성은 속도와 크기가 일정하지 않으며 글자의 형태도 이상하게 나타난다.

(2) 글씨 쓰기 교수법

글씨를 쓰는 능력은 초등학생의 작문의 양과 질에 영향을 미치게 된다. 따라서 교사는 아동의 쓰기 능력을 파악하고, 글씨 쓰기에 필요한 능력을 가르쳐야 한다. 글씨를 쓰기 위한 바른 자세와 올바른 연필 쥐는 법, 바른 종이의 위치를 이해하고 있는지를 확인하고 지도해야 한다.

글씨 쓰기를 지도할 때 다음의 내용을 유의하여 지도하는 것이 중요하다.

첫째, 잘 알아볼 수 있도록 글씨를 쓰게 지도한다.

둘째, 글씨를 알아볼 수 있도록 바르게 쓴다.

• 시각 단서+기억 인출 교수법

시각 단서와 기억 인출 교수법은 대표적으로 글씨 쓰기 교수법이다. 시각 단서 교수법은 글자의 필순과 진행 방향을 화살표와 번호로 표시한 학습지를 사용해 글을 쓰는 방법으로, 시각적으로 보여주며 글씨 쓰기를 가르치는 방법이다.

3) 철자

철자는 많은 작문 능력을 예측하는 변인으로 학습장애 아동이 어려움을 겪는 영역이다. 쓰기의 또 다른 하위요소로 단어를 맞춤법에 맞게 쓰는 것을 의미한다. 맞춤법에 따른 철자를 쓰기 위해서는 낱자와 글자, 단어와 관련된 여러 가지 복잡한 지식이 요구된다. 많은 학습장애 학생은 이러한 요구에 적절한 대응을 하는 지식과 기술이 부족하다.

효과적인 철자 교수의 특성을 살펴보면 다음과 같다.

- 교사는 아동이 바르게 쓸 수 있도록 명시적으로 가르쳐야 한다.
- 철자를 반복적으로 연습할 수 있도록 충분한 기회를 제공해 주어야 한다.
- 아동이 쓴 단어에 대한 피드백을 제공해 준다.
- 아동이 단어를 올바르게 쓰지 못하는 경우, 적합한 피드백을 제공하여야 한다.
- 아동이 단어를 올바르게 쓴 경우, 그에 적합한 긍정적 피드백을 해 주어야 한다.
- 한 번에 많은 단어를 가르치지 않는다.
- 아동이 철자를 쓰고 난 후 약간의 시간을 주어 자신의 글을 검토하도록 한다.
- 철자 특성에 따른 교수법을 실시한다.

[표 6-6] 철자 특성에 따른 교수법

음운처리 중심 교수법		표기처리 중심 교수법		형태처리 중심 교수법
낱자－소리 대응관계를 활용한 파닉스 교수법을 적용한 철자 교수법	⇨	받침의 올바른 표기를 강조하는 철자 교수법: 음운변동(7종성, 연음, 비음화, 설측음화, 구개음화, 된소리되기, 축약, 등) 규칙에 따른 철자법	⇨	어간－어미(어근－집사), 시제, 동음이의어를 고려한 철자 교수법

출처: 김애화 외(2012). 학습장애 이론과 실제. 학지사. p.233. 재인용.

(1) 음운처리 중심 교수법

음운처리에 문제가 있는 학습장애 아동은 소리 나는 철자에서 오류를 보이게 된다. 예를 들면, '예술' 대신 '애술'이라고 쓰는 경우가 해당한다. 음운처리로 오류를 보이는 아동이 어떤 자음과 모음에서 무슨 오류를 보이는지를 평가하여야 한다. 음운처리에 문제가 있는 경우에는 파닉스 교수법을 적용하여 철자 교수를 실시하는 것이 효과적이다.

(2) 표기처리 중심 교수법

표기처리 중심 교수법은 받침의 올바른 표기를 강조하는 철자 교수법이다. 한글 철자 오류에서 가장 빈번하게 나타나는 것이 바로 표기처리의 문제이다. 이러한 이유는 한글의 음운변동 현상 때문이라고 할 수 있다.

표기처리에 문제를 보이는 경우 음운변동 규칙별로 단어를 묶어서 소개하고, 음운변동 규칙이 적용되는 단어끼리 분류하는 활동을 적용할 수 있다.

(3) 형태처리 중심 교수법

형태처리 오류는 단어를 구성하는 형태소에 대한 인식의 부족으로 나타나는 오류이다. 형태처리 오류를 살펴보면, 어미에 대한 인식과 관련된 오류가 높은 것을 알 수 있다. 어간과 어미의 경계를 구분하지 못한 오류, 어미를 변환하는 오류, 선어말머리를 제대로 인식하지 못하는 오류 등이 해당된다.

형태처리에 문제를 보이는 경우 용언의 기본형과 용언의 변형을 연결하여 교수하는 방법과 어미의 종류에 따라 단어를 분류하는 활동을 할 수 있다.

4) 수학

수학에 어려움을 보이는 학습장애 아동은 특정 영역이 아닌 모든 영역에서 어려움을 겪는다. 수학에 대한 기초를 다지는 시간과 노력을 통해 아동은 더 향상되고 이후 겪게 될 많은 어려움을 사전에 방지할 수 있다. 수학을 지도할 때는 기본적인 수 이전의 학습은 필수로 하며, 구체적인 것에서 추상적인 것의 순서로 지도한다. 학습장애 아동의 수학을 지도하는 방법은 다음과 같다.

- 수학개념지도: 학습장애 아동에게 수학의 기초 개념을 지도한다.
- 구체물을 활용한 지도: 학습장애 아동은 수의 다양한 의미를 이해하지 못하므로 구체물을 이용해 구체물을 활용하여 더하고 빼고 하는 등의 지도법이 효과적이다.
- 시각적 촉진이나 언어적 촉진 사용: 자릿수 개념 확립을 위한 연산 시 자릿수 선을 표시해 주거나 하는 등의 방법을 사용한다.
- 단서적 단어 활용: 문제에서 단서로 사용할 수 있는 단어를 함께 지도한다.
- 문제해결을 위한 전략 지도: 문장의 관계를 그림이나 간단한 수식으로 바꾸어 핵심 내용을 정리하고 문제를 해결하도록 지도한다.
- 계산능력 보완: 계산을 반복적으로 어려워할 경우, 계산기나 구구단표 등을 이용하여 문제 풀이를 할 수 있도록 지도한다.

5. 학습장애의 지원방안

1) 학습장애 아동 교육

일반적으로 교사는 학습장애의 아동을 가장 먼저 발견하게 되며, 일반학급의 교사는 학습장애 아동 교육에 있어 가장 중요한 역할을 한다. 학습장애가 의심되는 행동 특성의 이해와 시기에 맞는 전문적인 도움을 제공하는 것은 중요한 교사의 역할이다.

통합교육의 확대로 일반학급의 구성원이 다양화되어, 일반교사의 지식과 태도로 다양한 학급 구성원 욕구를 충족하기에는 많은 어려움이 있다. 특히 학습장애 아동은 시간제로 특수학급에서 지원을 받거나, 일반학급에 완전통합이 실시되는 경우가 많기 때문에 일반학급 내에서의 지원을 위한 방안이 매우 필요하다.

협력교수는 통합학급의 교사와 특수교사가 통합학급의 특수교육대상 아동을 포함한 다양한 능력을 지닌 아동의 요구를 충족시키기 위해 함께 참여하여 아동에게 교육적 서비스를 제공하는 방법이다. 2003년 국립특수교육원에서 통합교육관련 연구를 실시한 결과에 따르면, 전국의 특수교사와 일반교사 중의 83%가 협력교수 방법을 통합된 장애아동에게 적절한 교육방법이라고 하였다.

협력교수의 모델은 교수－지원, 스테이션 교수, 평행교수, 대안교수, 팀 교수의 다섯 가지의 모델로 제시된다. 앞에서 제시된 [표 2－9]와 같다.

2) 성공적인 협력교수 실행 방안

효과적인 협력교수의 실행을 위해서는 교사의 전문성과 협력관계를 유지할 수 있는 기술이 필요하다. 통합학급의 교사는 다양한 요구를 지닌 아동들을 효과적으로 지도하기 위한 교수 지식과 기술의 습득이 필요하며, 특수교사는 일반교육과정에 대한 이해와 전체 수업을 진행할 때 개별적인 지원뿐만 아니라 다양한 역할을 맡을 수 있는 역량이 요구된다.

성공적인 협력교수 실행을 위한 방안으로는 교사의 준비뿐만 아니라, 기존의 지원 체계의 변화가 요구되며, 협력교수의 문제점을 인식하고, 함께 고민하며 해결방안을 찾아갈 수 있도록 노력하는 것이 필요하다.

Chapter

07

정서 · 행동장애

배울 내용

1. 정서·행동장애의 정의
2. 정서·행동장애의 진단 및 원인
3. 정서·행동장애의 특성
4. 정서·행동장애의 교육적 접근
5. 정서·행동장애의 지원방안

학습 목표

1. 정서·행동장애의 정의와 진단 및 원인을 알 수 있다.
2. 정서·행동장애의 특성을 이해할 수 있다.
3. 정서·행동장애의 교육적 접근방법을 이해하고 적용한다.
4. 정서·행동장애의 지원방안을 알아보고 적용한다.

개요

정서·행동장애의 교육적 접근 및 지원방향에 대한 관심이 높아지고 있다. 정서·행동장애의 진단은 의학적·정신의학적·교육적으로 분류되며 생물학적 요인과 다양한 환경적 요인으로 문제행동이 나타나게 된다. 신체적, 인지적, 사회·정서적, 언어적 발달 특징을 나타내는 장애유형의 특성에 대해 살펴보고, 정서·행동장애의 교육적 접근과 지원방안에 대해 알아보고자 한다.

1. 정서·행동장애의 정의

정서·행동장애는 정서장애(emotional disability)와 행동장애(behavioral disability)로 나눌 수 있다. '정서장애'는 우리나라 「특수교육진흥법」에서 '정서'와 '정서적 감정적 혼란'으로 제한하여 진술하고 있다. 2007년 「장애인 등에 대한 특수교육법」에서는 '정서'의 문제를 '부적절한 감정', '전반적인 불행감이나 우울증' 그리고 '신체적 통증이나 공포' 등으로 나누고 있다. 그리고 정서장애 안에 자폐를 포함하였으나 현재는 자폐성장애를 2007년 특수교육법에서 독립하여 분류하게 되었다.

1997년 「장애인교육법」의 '정서장애(emotional disability)'와 미국 「장애인교육법(IDEA)」(2004)에서 정서·행동장애(emotional behavioral disorder)는 '심각한 정서장애(seriously emotionally disturbed)'로 개정되어 사용하였으나, 미국의 특수교육협회(the National Mental Health and Special Education Coalition: CEC)에서는 '행동장애(behaviorally disordered)'를 사용한다. 미국의 IDEA와 CEC는 '정서 및 행동장애(emotional or behaviorally disordered)'로 사용하고 있으나 현재까지 적절한 용어로서 법적으로 채택되지 못하고 있다. 미국 「장애인교육법」(2004)과의 「장애인 특수교육법」 정서·행동장애(emotional behavioral disorder)에서 정의는 [표 7-1]과 같다.

[표 7-1] 미국 「장애인교육법(IDEA)」과 「장애인 특수교육법」에서의 정의

구분	내용
IDEA	1. 정서장애(emotional distrubance)는 아래의 특성 중 하나 이상이 장기간에 나타나게 되면 교육·학습적 수행에 부정적 영향을 미치게 된다. 1) 지적·감각적·건강상 이유로 설명할 수 없는 학습의 어려움을 지닌 사람 2) 또래나 교사와의 만족할 만한 상호적인 관계를 형성하고 유지하지 못하는 사람 3) 정상적인 환경에서 나타나는 부적절한 형태의 행동이나 감정 4) 일반적이고 전반적인 불행감이나 우울감 5) 개인적인 또는 학교 문제와 관련해서 신체적 증상이나 두려움을 보이는 경향

구분	내용
	2. 정서장애는 정신분열증을 포함한다. 정서장애를 보이지 않는 한 사회적 부적응을 보이는 아동에게는 적용되지 않는다.
장애인 특수교육법 (2007)	1. 장기간에 걸쳐 다음 각 목의 어느 하나에 해당하여, 특별한 교육적 조치가 필요한 사람 1) 지적·감각적·건강상의 이유로 설명할 수 없는 학습상의 어려움을 지닌 사람 2) 또래나 교사와의 대인관계에 어려움이 있어 학습에 어려움을 겪는 사람 3) 전반적인 불행감이나 우울증을 나타내어 학습에 어려움이 있는 사람 4) 학교나 개인 문제에 관련된 신체적인 통증이나 공포를 나타내어 학습에 어려움이 있는 사람

출처: 정용석(2014). 정서·행동장애 정의에 대한 대안적 모형연구: Freud의 성격구조론과 이이의 심성론을 중심으로 정서·행동장애연구. 제30권 제4호. pp.451－471.

2. 정서·행동장애의 진단 및 원인

1) 정서·행동장애의 진단

장애를 분류하는 체계로 기술적 분류(descriptive－behavioral classification)는 '공포증' 등과 같이 관찰 가능한 행동에 근거한 분류이며, 추론적 분류(descriptive－inferal classification)는 '조현병(schizophrenia)'처럼 관찰 가능한 행동뿐만 아니라 원인으로 추정되는 정신적 증상을 포함시켜 분류한다. 원인적 분류(dynamic－etiological classification)는 '분리불안장애' 등과 같이 부적응 행동을 유발하는 원인이 되는 분류와, 원인 중립적(etiological－neutral) 방법 등의 여러 가지가 있으며, 어떤 방법론을 택하느냐에 따라 장애분류 방식이 달라진다.

정서·행동장애(emotional behavioral disorder)는 문제를 제기하는 소속에서 조금씩 차이가 있다. 즉, 심리학은 심리병리학적 개념으로 그 의미 개념을 두고 있으며, 소아정신과에서는 행동장애에 대한 발현을 정신의학적인 측면으로 다루고 있고, 사회학은 장애

영역의 분류와 관할 분야에 대해 큰 관심과 작업을 진행하고 있으며, 특수교육은 정서·행동장애에 큰 의미 부여보다 아동이 속해 있는 집단 시설에서 다루어야 할 문제행동의 교수방법, 교수도구, 개별화 지원 등의 개발에 노력을 하고 있다. 이는 맡은 소속마다 진단 및 치료, 문제적 시선으로 바라보는 판별방법이 조금씩 달라 교육적 부분과 의학적 부분이 별개로 나타난다. 교육적 측면에서는 정서·행동장애를 현상론적으로 접근하며, 의학은 원인론적 접근으로 개입하게 되어 양측 모두 중요한 사안이므로 양측이 함께 치료 개선 및 학습적 도구 개발을 위해 노력해야 한다.

정서·행동장애에 대해 다양한 분야에서 소속된 전문영역의 병리학 및 심리학적·교육학적 의미를 부여하면서 정서행동의 개념을 알고 치료 도구 및 교육적 접근 방법을 알아가기 위해 노력하고 있으나 정서·행동장애가 시각이나 청각처럼 한 분야에서만 논쟁이 되는 것이 아니라 각 전문영역으로 접근하기 때문에 통합된 정의를 내리기가 쉽지 않다. 그러므로 기관 및 교사는 기본적 개념을 이해하면서 각 장애적 특성을 보이는 아동에게 개별화 교수방법을 적용하여야 하며 정서·행동장애를 보이는 어려움에 대처해 나갈 수 있는 전문 자질을 갖추어야 한다.

(1) 정서·행동장애의 의학적 분류

DSM－5에서는 정서·행동장애의 분류들을 제시하며, 품행장애의 진단기준은 [표 7－2]와 같다.

[표 7-2] DSM-5 정서·행동장애의 품행장애 진단기준

A. 다른 사람의 기본적 권리를 침해하고 적절한 사회적 규범 또는 규칙을 위반하는 지속적이고 반복적인 행동 향상으로 지난 12개월 동안 다음의 15개 기준 중 적어도 3개 이상에 해당되고, 지난 6개월 동안 한 개 이상의 기준에 해당된다.
<사람과 동물에 대한 공격성> • 자주 다른 사람을 괴롭히거나, 위협하거나, 협박함 • 다른 사람에게 심각한 신체적 손상을 입힐 수 있는 무기를 사용함(예: 방망이, 벽돌, 깨진 병, 칼, 총)

- 다른 사람에게 신체적으로 잔인하게 대함
- 동물에게 신체적으로 잔인하게 대함
- 피해자가 보는 앞에서 도둑질을 함(예: 노상강도, 소매치기, 강탈, 무장 강도)
- 다른 사람에게 성적 활동을 강요함

<재산 파괴>

- 심각한 손상을 입히려는 의도를 가지고 고의로 불을 지름
- 다른 사람의 재산을 고의로 파괴함(방화로 인한 것은 제외)

<사기 또는 절도>

- 다른 사람의 집, 건물 또는 자동차를 망가뜨림
- 어떤 물건을 얻거나 환심을 사기 위해 또는 의무를 피하기 위해 거짓말을 자주 함 (즉, 다른 사람을 속임)
- 피해자가 대면하지 않은 상황에서 귀중품을 훔침(상점에서 물건을 훔치기, 문서 위조)

<심각한 규칙 위반>

- 부모의 제지에도 불구하고 13세 이전부터 자주 밤늦게까지 집에 들어오지 않음
- 친부모와 살거나 부모를 대신한 가정에서 사는 동안 적어도 2회 이상 짧은 기간 가출 또는 장기간 귀가하지 않은 가출이 1회 있음
- 13세 이전에 무단결석을 자주 함

B. 행동장애가 사회적, 학업적, 직업적 기능 영역에서 임상적으로 현저한 손상을 초래한다.

C. 18세 이상일 경우, 반사회성 성격장애의 기준에 부합되지 않는다.

유형: – 아동기 발병형: 10세 이전에 적어도 한 가지 증상을 보이는 경우
– 청소년기 발병형: 10세 이전에 위의 증상이 보이지 않는 경우
– 특정되지 않은 발병형: 품행장애의 진단기준에 맞으나 첫 증상이 나타난 시기가 10세 전후인지 충분한 정보가 없는 경우

동반질환: 품행장애와 구별해야 할 질환으로는 적응장애, 주의력 결핍 과잉행동장애, 기분장애, 불안장애, 정신병적 장애 등이 있다. 품행장애는 물질사용장애, 불안장애, 학습장애, 주의력결핍 과잉행동장애와 동반되는 비율이 높다.

출처: 도영애 외(2021). 특수교육학. 양서원.

(2) 정서·행동장애의 정신의학적 분류

정신의학적으로 분류한 DSM−5에 따른 정신장애 분류 체계는 [표 7−3]과 같다.

[표 7−3] 정신의학적 분류(DSM−5에 따른 정신장애 분류 체계)

분류	내용
신경발달장애 (Neurodevelopm Ental Disorder)	• 신경 발달의 문제로 인해 야기되는 장애 • 지적장애, 의사소통장애, 자폐스펙트럼장애, 특정 학습장애, 운동장애, 주의력 결핍 및 과잉행동장애(attention deficit hyperactivity disorder)로 주의산만, 과잉행동, 충동성의 증상을 포함
정신분열 스펙트럼 및 기타 정신증적 장애 (Schizophreniform Disorder)	• 망상, 환각, 긴장증적 행동(양성증상), 정서적 표현 상실, 사고·언어의 생산성 감소, 목적 지향적 행동의 부재(음성증상)를 나타내는 정신장애 ① 생물학적 취약성: 유전적 이상, 뇌신경 이상 ② 심리적 취약성: 부모의 양육방식(예: 학대), 개인의 반응특성(예: 성격) ③ 스트레스 신체심리적 변화: 병균 침입, 화학물질 등 ④ 심리사회적 변화: 부정적 생활사건, 천재지변 등
양극성 관련장애 (Bipolar Disorder)	• 우울과 조증이 번갈아 나타나는 장애 • 양극성 장애와 기분순환장애를 포함
우울장애 (Depressive Disorder)	• 우울하고 슬픈 기분이 계속되는 장애 • 감정부전장애(dysthymic disorder), 주요우울장애(major depressive disorder), 기타우울장애(depressive disorder not otherwise specified), 분열적 기분조절장애, 기분부전증, 월경 전 불쾌장애 포함
불안장애 (Anxiety Disorder)	• 특정 대상이나 상황, 경험한 사건, 일상의 근심 등 극도의 불안상태 • 분리불안장애(separation anxiety disorder), 특정공포증(phobia), 과잉불안장애(overanxiety disorder), 선택적 함묵증(selective mutism), 아동기 정신분열증(childhood schizophrenia), 공황장애
강박 및 관련장애 (Obsessive Compulsive Disorder)	• 강박적인 생각과 이를 해소하기 위한 강박적 행동을 하는 장애 • 강박장애, 신체변형장애, 저장장애, 발모광, 피부 뜯기 장애를 포함 • 강박적사고(obsession)와 강박행동(compulsion)을 보이는 관련 장애

분류	내용
외상 및 스트레스 요인 장애 (Post Traumatic Stress Disorder)	• 외상이나 재난 사건에 노출된 결과로 무쾌감증, 불쾌감, 분노, 공격성 등의 정서적 어려움을 경험하는 상태 • 반응성 애착장애(reactive attachment), 탈억제형 사회관여장애, 외상후 스트레스 장애, 급성스트레스 장애, 적응장애를 포함
섭식 및 급식장애 (Feeding & Eating Disorder)	• 자기파괴적인 비정상적 섭식행동과 신체 대한 왜곡된 지각 특징 • 이식증(pica), 신경성 식욕부진증(anorexia nerosa), 신경성 폭식증(bulimia nervosa), 대식증(ginge eating disorder), 달리 분류되지 않은 섭식장애(eating disorder not otherwise specified)을 포함
배설장애 (Elimination Disorder)	• 유뇨증(enuresis)은 연령이 5세 이상인 아동이 최소 3개월 동안 주당 최소 2회 이상 밤, 낮동안 침구나 옷에 반복적으로 소변을 누는 행위 • 유분증(encopresis)은 연령이 4세 이상인 아동이 최소 3개월 동안 최소 1회 이상 적절하지 않은 곳에 반복적으로 대변을 보는 것을 포함
파괴적 장애 및 충동조절 과 품행장애 (Disruptive Impulse Control Conduct Disorder)	• 타인의 권리를 침해하고 사회적으로 심각한 갈등을 야기하거나 권위를 가진 인물에게 반항하는 상태 • 반항성 장애(oppositional defiant disorder), 품행장애(conduct disorder), 간헐성 폭발장애, 반사회적 성격장애, 방화광, 도벽 등이 이에 포함

출처: 정여주 외(2022). 미술심리재활중심 장애아동의 이해. 학지사.

(3) 정서·행동장애의 교육적 분류

교육적 분류는 행동적 차원의 분류와 경험적 분류로 나눈다. 이는 내재화 요인(과잉통제)과 외현화 요인(통제 결여)으로 구분할 수 있다.

내재화 요인은 과잉통제라고도 부르며 우울, 위축, 불안 등과 같이 개인의 정서 및 행동상의 어려움이 외적으로 표현되기보다는 내면적인 어려움을 야기하는 상태들을 포함한다. 내재화 문제를 가진 아동은 눈에 띄는 문제행동을 일으키지 않는 경우가 많고 교사의 주의를 받지 못할 가능성이 높다. 따라서 적절한 지원을 받기 어렵게 되고 아동의 문제는 더 심각해질 수 있다. 외현화의 요인은 통제 결여라고도 부르며 공격성이나 반항행동 등과 같은 외현적인 어려움을 포함하게 된다.

외현화 문제와 내재적 문제는 유사점보다 상반된 특성이 더 많지만 실제로 상당수의 정서·행동장애 학생들은 외현화 문제와 내재적 문제를 동시에 가지고 있으므로 교사는 외현화 문제를 보이는 아동의 이면에 숨겨진 내재적 문제에도 관심을 기울여야 한다. 또한 정서·행동장애는 한 개인에게 두 가지 이상의 장애 상태가 동시에 나타나게 되는 장애의 공존상태가 된다. 즉 외현화 요인+내현화 요인의 공존, 품행장애+불안장애, 정서·행동장애+학습장애의 상태로 나타나게 된다.

정서·행동장애의 내재화 및 외현화 행동문제는 [표 7-4]와 같다.

[표 7-4] 정서·행동장애의 내재화 및 외현화 행동문제

	장애유형	행동문제
내재화 요인	기분장애 불안장애	• 과잉통제, 행동상의 어려움이 외적으로 표현 • 슬픈 감정, 우울, 위축, 불안, 자기 비하 등 개인의 정서적 불안으로 감정 표출(갑자기 욺), 신체적 통증 호소 • 반복적이고 쓸모없는 행동에 집착 • 특정 대상 혹은 사람에게 막연한 공포감을 느낌 • 특정 생각, 의견에서 벗어나지 못함 • 공포 혹은 불안이 두통, 복통, 구토, 현기증의 현상 • 사회적 위축증상으로 활동수준이 제한 • 자신의 성장, 발달에 심각한 장애 초래 • 인간관계의 상호작용을 기피, 또래와 어울리지 못함 • 환청, 환각 환상에 빠짐 경험, 자살, 죽음 언급 혹은 몰두 • 또래와 언어적·신체적·정신적으로 무시당함
외현화 요인	과잉행동장애 품행장애 적대적 반항장애	• 통제 결여, 반항 행동으로 자기 조절력 결핍, 과다행동 • 또래들을 방해하기, 또래 활동에서 배제됨 • 공격행동, 물기, 발로 차기, 물건 던지기, 때리기, 싸우기, 동물 괴롭히기 등, 힘/언어적 방법으로 복종 강요 • 불복종으로 교사나 성인을 무시하거나 불평하기 • 교사의 지시 따르지 않기 등, 합리적 요청에 불응 • 지속적 성질 부리기 혹은 화내기로 악담을 하거나 과도한 논쟁, 화를 터트리기 욕하기, 큰 소리 지르기 등 • 규칙 위반 및 비행의 증상, 지속적 거짓말, 도벽 양상

	장애유형	행동문제
장애의 공존	정서·행동장애+학습장애, 품행장애+불안장애	• 한 개인에게 두 가지 이상의 장애 상태가 동시에 발현 • 외현화 요인+내현화 요인의 공존

출처: 박윤조 외(2005). 장애아동의 이해. 공동체.

2) 정서·행동장애의 원인

생물학적 요인으로 부모로부터의 유전, 뇌의 손상, 기능장애, 영양실조, 알레르기, 기질 등이 있으며, 환경적 요인으로 크게는 가정, 학교, 문화 기타 요인으로 나눌 수 있다. 그러나 어느 한쪽의 요인이 가장 직접적으로 영향을 미친다고 보기는 어렵다. 정서·행동장애의 특징은 문제행동이 다양하게 나타나게 되는데, 정서·행동장애 문제행동이 심화되는 과정은 [표 7-5]와 같다.

[표 7-5] 정서·행동장애의 문제행동 심화과정

단계	과정	내용
1	가족, 이웃, 학교 및 사회적 위험 요소에 노출	• 공격적 행동모형, 정서·신체적 학대 혹은 성적 학대 • 부모의 범죄행위, 난폭하고 비일관적인 양육태도, 학대 • 양육자의 약물 및 알코올 남용, 빈곤, 무지, 가족붕괴 • 학교교육에 대한 부정적 태도, 폭력적 대중매체
2	부적응 행동문제의 발달	• 성인에 대한 반항적 행동, 혐오적 상호작용 • 낮은 학업적 성취 수준, 무단결석, 학습 준비도의 부족 • 교내 훈육부에 의뢰된 횟수가 많음, 많은 전학 • 또래 친구에 대한 공격적 행동, 친구 및 교사로부터 거부 • 문제 해결 능력의 부족
3	부정적인 단기 결과 초래	• 약물 및 알코올 조기 탐닉 • 최초로 구속된 연령(12세 이하)
4	부정적이고 파괴적인 장기결과	• 비행, 약물 및 알코올 남용, 성인 범죄행위 • 조직폭력배 활동, 폭력적 행동, 학업 실패 및 중단 • 사회복지시설 내 의존적 생활 • 높은 사망률과 상해율

출처: Walker, H. M., & Sprague, J. R.(1999). The path to school failure, delinquency, and violence: Causal factors and some potential solution. Intervention in School and Clinic, 35, 67-33.

(1) 생물학적 원인

생물학적 원인은 거의 밝혀지지 않고 있다. 유전이나 기타 기질(temperament)상의 요인이 특정 행동 양상을 발달시키는 상황 조정으로 나타나고 있다. 난기질(difficult temperament)은 정서 및 행동장애의 성향을 지니게 되며, 질병, 영양 부족, 뇌손상 등의 생물학적 원인으로 정서·행동장애가 나타난다고 하고, 약물 등의 독극물 남용, 두뇌의 이상 등의 관련 보고가 되어 있다.

유전적 원인으로 조현병 또한 주요 원인이 되며, 신경학적 이상의 증거를 보이는 정신분열증의 경우에는 유전적 원인이 입증되고 있다. 그러나 신경학적 결함의 성격이나 원인은 아직 밝혀지지 않고 있다. 유전을 포함한 생물학적 요소는 행동적 특성에도 많은 영향을 미치는 것을 보고되고 있다. 그 발생과정은 정확하게 알려지지 않고 있기 때문에 생물학적 요소를 밝히는 치료에 있어서 중요하며, 의학적 치료가 장애아동을 위한 단일접근으로 사용되어서는 안 된다.

여러 연구들을 살펴보면 첫째, 일란성 쌍둥이가 이란성 쌍둥이보다 두 학생이 다 정신질환을 앓고 있는 비율이 높다. 둘째, 이러한 높은 일치도는 일란성 쌍둥이가 따로 떨어져 사는 경우에도 나타나고 있다. 그러므로 결과에 의한 유전적 원인이 장애를 모두 일으키는 절대적인 원인은 아니며, 유전체계가 어떻게 장애를 일으키는지에 대해서는 아직까지 제대로 밝혀지지 않았다.

(2) 환경적 원인

환경적 원인에서 환경과 문화, 가정과 학교 및 기타 요인은 행동에 대한 상황을 설정해 주는 중요한 요소이다. 한 가지 환경적 요소가 독자적으로 정서나 행동 문제를 일으키지는 않는다. 빈곤, 학대, 방치, 부모의 스트레스, 일관적이지 못한 기대, 사회적 불안 등의 다양하고 복합적으로 영향을 미치게 된다.

부모의 양육방법과 자녀의 행동은 환경적 원인으로 인해 작용하고 있다. 또한, 가정

환경은 모든 자녀에게 동일한 영향을 미치는 것보다 개별적으로 반응하게 되기도 한다. 가정 내 폭력과 학대를 경험한 아동은 빈약한 자아상 형성으로 타인을 불신하거나 의지하지 못하게 되며, 공격적이고 파괴적이며, 수동적이고 위축된 행동을 나타내게 된다. 또한 새로운 활동에 대한 두려움이 높고, 학습 성취도가 떨어지며 알코올 중독을 경험하게 된다.

학령기 이전 이미 문제 행동을 보이는 아동들도 있지만, 학교에서부터 부정적인 경험 등으로 정서·행동장애를 일으키는 아동들도 있다. 학교생활로 정서·행동에 대한 문제를 일으키는 데 기여하는 몇 가지 특정 요인을 살펴보면 다음과 같다.

첫째, 아동의 개별성에 대한 교사의 무감각

둘째, 아동의 성취나 품행에 대한 교사 및 부모의 너무 높거나 낮은 기대

셋째, 방종적이거나 너무 완고하거나, 비일관적인 학교 훈육방법

넷째, 잘못된 행동이 관심을 받고 바람직한 행동은 무시되는 학교 환경

다섯째, 교사나 또래들의 잘못된 행동을 모방할 수 있는 기회 등의 다양한 요인들

이러한 요인들로 인해 아동의 정서·행동상의 문제적 특성이 발견되면 교사는 아동의 문제행동의 교수방법, 아동의 기대수준, 훈육방법 등을 검토해 볼 필요가 있으며, 문제행동을 보이는 아동 개인에게만 문제의 근원을 찾기는 어려우므로 전문적 지식과 해결방안에 대하여 꾸준히 연구해 볼 필요가 있다.

사람은 자신이 살아가고 있는 영역에서 문화적 가치에 큰 영향을 받으며 살아간다. 문화 간 갈등, 혹은 같은 문화 속에서도 세대, 지역, 종교, 계층, 성별 간 다양한 가치관의 차이가 학생들의 행동에 많은 영향을 미친다. 장애아동과 함께 하는 특수교육 종사자들은 사회적 낙인과 차별을 해소하기 위해 수용적인 관점에서 다문화적이고 다원적인 학생의 행동양식을 받아들일 필요가 있으며 장기적 관점의 교육적 접근이 매우 필요하다.

3. 정서·행동장애의 특성

1) 신체적 특성

정서·행동장애가 심한 아동들은 기초 학업 기술을 풀어가는 사회적 기본 능력 외에도 일상생활의 기본적 자조 기술인 화장실 가서 바지 벗고 용변 보기, 스스로 식사 하기조차 갖추지 못할 수도 있다. 이런 아동은 정서·행동 장애와 함께 학습장애 외에, 품행장애, 불안장애와 같은 복합장애를 보이기도 한다. 신체적 활동으로 나타나는 현상은 외현적 현상이 대부분으로 자리 이탈, 큰 소리 지르기, 욕하기, 또래 방해하기, 때리기, 싸우기, 훔치기, 물건 파괴하기 등의 행동적 특성을 나타낸다. 또한 긴장도가 높은 사회적 환경으로 인하여 불안감 및 위축된 행동으로 환경적 스트레스를 경험하게 된다.

사회성이 결여된 장애아동은 소리 내서 웃지 못하거나 미소나 미세한 얼굴 움직임으로 표현하기도 하고, 소리 내어 울지 못하고 흐느끼거나 눈물만 흘리는 수동적·문제적 행동의 특성이 두드러진다.

2) 인지적 특성

정서·행동장애는 평균지능이 일반아동의 하위 평균인 90 정도이다. 일반아동의 지능보다 평균 이상의 지능을 보이는 아동은 비교적 적은 것으로 연구·보고되고 있다. 정서·행동장애 아동의 중요한 특성 중 하나는 낮은 학업성취이다. 대부분은 학업 활동에 어려움을 겪는다.

내재화의 요인으로 보았을 때 내면화의 정서장애인 불안장애, 우울장애, 양극성 장애 등으로 인하여 부끄러움, 위축, 열등감, 슬픔, 우울함, 냉담 등의 특징을 보이고, 외현화의 행동장애인 과잉행동장애, 품행장애, 적대적 반항 장애적 증상으로 끈기 부족,

집중력 부족, 성급한 성격, 충동적이며 분노 표출, 주의 산만, 공격성 등이 교실 내에서 학업 활동을 성취해 나가기에 어려움을 겪는 상황이다.

읽기, 쓰기, 말하기, 듣기, 간단한 산수 문제 풀기 등에서도 문제를 보일 뿐만 아니라 일반적 교과목에서도 학습적 문제를 보인다. 이러한 학습장애로 복합장애가 보이기도 하는데, 이는 인지되지 못한 학업에 대한 심각히 빈약한 성취를 초래하게 되며, 부적절한 과잉행동으로 나타나기도 한다.

3) 사회·정서적 특성

정서·행동장애는 외현적으로는 공격적이고 파괴적 행동을 보이기도 하지만 내재적으로는 겉으로 드러나지 않은 위축된 행동을 보이는 다양한 특성을 보인다. 사회·정서적 측면에서 가장 문제시되는 하나는 품행장애로서 때리기, 싸우기, 친구 놀리기, 소리 지르기, 반항하기, 울기, 기물 파괴하기, 강탈하기 등의 행동을 표출한다.

장애아동의 경우는 행동의 발생이 지나치게 충동적이거나 잦으므로 문제가 된다. 이러한 정서·행동장애의 품행장애를 가진 아동은 훈육을 통해 변화되기 어렵다는 특성을 가진다. 그러므로 계속적으로 교사 혹은 부모 주변으로부터 부정적 반응을 받게 되며 그로 인해 상호 간의 지속적인 부정적 영향을 미치게 된다.

정서·행동장애 아동은 사회적 측면에서 미성숙한 행동으로 원만한 인간관계 및 발달을 이루지 못하므로 스스로 사회적으로 고립되어 또래관계가 이루어지지 못하고, 사회적 관계를 이루는 기술의 결핍이 돋보이게 되는 순환과정을 겪게 된다.

정서·행동장애는 보통 충동적이고 과잉행동, 불만족, 미흡한 사회성, 운동 조정 능력의 부족의 발달 특성을 보인다. 정서·행동장애의 사회·정서적 발달특성의 내용은 [표 7-6]과 같다.

[표 7-6] **정서·행동장애의 사회·정서적 발달특성**

구분	내용
즉흥적 행동	• 무엇이 옳고 그른지에 대해서 알고 있음에도 불구하고 반응을 하고 난 다음에서야 깨닫게 되는 것이다. • 교사의 질문이 미처 끝나기도 전에 틀린 답이 나오거나, 지시를 반밖에 듣지 않았는데 반응을 먼저 하는 실수를 하는 충동적 증상을 보인다. • 학습, 인지 기능, 주의력, 적응력의 어려움으로 즉흥 행동을 한다.
과잉행동	• 주변의 상황에 안절부절못하고 가만히 있지를 못하며, 자리에 앉아 있는 것을 어려워한다. • 앉아 있더라도 다리를 흔들기, 손가락을 두드리기, 흔들기, 무엇이든 만지작거려 주변을 어지럽게 한다. • 손가락과 엉덩이는 분주히 움직이게 된다. • 끼어들기를 잘하고, 요구가 많고, 묻기를 잘한다. • 상대방이 대답하기도 전에 또 다른 것을 묻는 행동이 빈번하게 나타난다.
불만족 표현	• 자주 불만족 표현을 한다. • 자신이 지금은 물러서야 할 때임을 인지하지 못한다. • 또래와의 관계 부재로 쉽게 우울해하고 불안해한다. • 잠을 잘 못이루거나 쉽게 신경질을 낸다. • 잦은 칭얼거림과 화를 내고 울음을 보인다.
부족한 사회성	• 부족한 사회성으로 적절치 않은 말이나 행동을 한다. • 친구들과 함께 놀이하고 싶지만 참견하고, 찌르고, 때리고, 물건 던지고, 욕하며 화를 낸다. • 자신의 친구와의 대화나 관계성을 어떻게 이어가는지 방법을 모른다. • 사회적 상황에서 쉽게 위축된다. • 거부하거나, 불순종, 공격행동이 나타난다.
운동 조정 능력 부족	• 운동 조정 능력이 부족하여 미세 근육을 사용하고, 글씨 쓰기에 어려움을 겪는다. • 선택적 운동조절 능력의 소실로 느린 움직임이 나타난다. • 비정상적 협응으로 비정상적 보행 패턴을 보인다. • 비정상적 보행 패턴의 형태는 통증, 피로, 관절 스트레스 등을 유발한다.

출처: 조윤경, 김수진(2014). 유아교사를 위한 특수아동의 이해. 학지사.

정서·행동장애 아동은 또래 및 교사들과 만족스러운 대인관계를 형성하거나 유지할 수 없고, 정상적인 상황에서 부적절한 행동을 하거나 느낌을 받는다. 일반적으로 만연된 불행이나 우울한 기분을 가지고 있는 발달특성을 지닌 아동의 문제는 장애적 특성이지 한 개인의 문제가 아니기 때문에, 지속적으로 교사의 전문성과 교육적 체계를 확립하여 교수방법을 제공해야 한다.

4) 언어적 특성

정서·행동장애아동의 언어적 특성은 사회적으로 적합한 대화를 하지 못하는 언어·인지적 문제점을 가지고 있다. 주의집중 시간이 매우 짧고, 협응 관계 미숙, 몰두, 공간 주시, 백일몽의 현상을 보이며, 수동적이며 주의력 결핍, 집중력 부족, 기능이 둔하고 보편적 무관심한 부분이 많다. 갑자기 본론을 벗어난 대화를 하거나 사회적 대화의 양식에서 벗어난 대화로 이끌어 가는 유형이다.

친해지고 싶은 친구에게 "야, 비켜"라고 말을 함으로써 또래 관계가 긍정적으로 이어지지 않는다. 메시지를 잘못 해석하거나 지시 내용이 길면 이해를 못하게 된다. 대답을 회피하고 "모른다"는 말 대신 "예" 하고 대답한다. 친구를 때려 교사에게 혼날 때는 "당신이 해 볼 테면 해봐", "당신은 위선자야, 당신은 거짓말쟁이야"라며 폭언을 한다. 혹은 "죽여 버릴 거야" 등의 폭언과 함께 폭행으로 공격적 행동을 하게 된다.

정서·행동장애의 언어적 특징은 주제와 벗어난 대화이므로 본론을 벗어나지 않는 방법을 선택하여 대화를 유도하고 대화 신호를 주며 격려해야 한다. 또한, 대화의 순서를 정보 순서대로 제시하며 아동이 말하는 뜻을 알아내서 대화를 잘 풀어 갈 수 있도록 하며, 적절한 대화의 방법으로 아동의 이야기에 관심을 내포하는 비언어적 행동으로 격려해야 한다.

읽기의 어려움을 가진 언어 발달특성을 가진 아동은 형태 어휘를 읽는 것의 취약성으로 인해 단어를 형태로 인식하고, 이해력의 취약성으로 읽은 것을 이해하지 못하는 모습을 보이게 된다.

이러한 언어 발달특성의 어려움을 가진 장애아동을 위한 지원방안은 다음과 같다.

첫째, 발음의 인식을 도와준다. 즉, 자음, 모음 글자를 가르치고, 글자와 글자를 연결한 발음을 가르치고 다시 연결된 발음으로 가르친다.

둘째, 단어의 인식을 도와주는 방법이다. 하나씩 단어 카드를 만들어 정기적으로 보여주어 낱말을 익힌다. 같은 소리가 나는 단어와 철자를 비교하여 어휘력을 넓혀나간다.

셋째, 이해력을 증진하기 위한 요령으로 수준에 맞는 흥미로운 책을 선정하여 아이가 감당할 수 있는 분량만큼 내놓고 읽기를 한다. 읽기 초기에는 부모나 교사가 책을 읽어주고 이해력을 물어보는 질문을 하고 모르는 단어가 나오면 전후 문맥을 이용하여 알아맞추도록 시킨다. 글의 이해력이 어려우면, 그림이나 카드를 통하여 다음 내용, 단어를 연상하게 한다.

4. 정서·행동장애의 교육적 접근

정서·행동장애 아동들은 문제행동을 할 때 내재적 요소와 외현화 요소를 통해 자신의 가정, 친구, 학교 등의 주변 환경을 지배 혹은 통제 할 수 있다고 경험했을 것이다. 이러한 경험이 아동기라면 정서·행동장애 아동들에게 규칙을 따르도록 가르치고, 문제행동을 감소시킬 수 있는 행동교정을 하기 위해 토큰 강화 및 모델링 등 친사회적 행동을 발전시켜 나갈 수 있는 다양한 교육적 접근과 긍정적 행동지원이 필요하다.

행동관리는 통제(control), 제한(confinement), 벌(punishment)을 주면서 때로는 제외(exclusion)시키는 방법으로 시행하였으나 바람직한 행동 변화를 이끌어 나가기에는 제한점이 있다. 그러나 통제된 행동(controlled behavior), 통제하는 행동(controlling behavior) 등으로 이루어지는 부적 강화(negative reinforcement)보다 긍정적이고 적극적인 정적 강화(positive reinforcement)를 지향하면서 긍정적 행동 목적(positive behavior of object)으로 긍정적 행동

지원(positive behavior support)을 이루어 나가며, 다양한 교수－학습 지도, 긍정적 상호작용 지원 등으로 친밀한 학교－교사관계(close school－teacher relationship)를 만들어 나가고 있다.

정서·행동장애 아동을 위한 교육적 접근은 교사의 교육적 접근, 학생지원을 통한 교육적 접근, 교수 활동 교육적 접근으로 나누며 내용은 다음과 같다.

1) 교사의 교육적 접근

- 문제행동의 기능별 행동 지원 전략에 대해 일반 교사들이 쉽게 참고할 수 있도록 사례 중심의 지침이 다양하게 개발되어야 한다.
- 문제행동의 예방과 관리를 위한 행동지원 계획과 교수적 수정이 계속적 필요하다.
- 학생들의 행동관리에 교사가 적극적이고 능동적으로 대처해야 한다.
- 문제행동을 예방하고 중재하기 위해 구조화되고 체계적인 학급관리가 필요하다.

2) 학생지원을 통한 교육적 접근

- 학생의 흥미를 유발하고 주의를 집중시키는 다양한 주의집중 신호를 활용한다.
- 아동은 또래와의 갈등 상황에서 감정을 스스로 조절해 나간다.
- 아동은 성인과의 갈등 상황에서 감정을 스스로 조절해 나간다.
- 하나의 활동에서 다른 활동으로 이동하기에 대한 연습을 한다.
- 복종하기 등에 대한 기술을 익혀나간다.
- 교사의 교수에 주의 집중해 나간다.
- 지시에 따른다.

3) 교수 활동 교육적 접근

- 정서·행동적 어려움을 지닌 학생들의 교수-학습에 대한 요구와 이들을 지도하는 교사들의 애로사항 및 요구를 분석한다.
  - 정서·행동적 어려움을 지닌 학생을 포함하여 학급 내의 모든 학생에게 의미 있는 학습 경험을 제공하는 학습 환경의 설계가 필요하다.
  - 학습에 대한 자신감과 성공 경험을 제공할 수 있는 수업 전략 제공이 요구된다.
  - 정서·행동 문제를 예방하고 대처할 수 있는 문제행동 예방 및 관리방법에 대한 구체적 지침 개발이 필요하다.
- 정서·행동 문제를 해결하기 위하여 문제행동을 감소시킬 수 있는 교육적 접근과 긍정적 행동지원에 대하여 학급 및 시설 차원의 지원방안이 필요하다. 이에 [표 7-7]을 통하여 지원방안의 내용을 살펴보자.

[표 7-7] **정서·행동장애의 학급 및 시설 차원의 지원방안**

지원 구분	내용
학급 차원의 지원방안	• 행동 지원 영역: '정서·행동적 어려움이 있는 학생에 대한 정서적 지원', '학급운영 전략의 수정' • 학업 지원 영역: '교수 전략의 수정', '학생의 개별 학습 수준과 속도를 고려한 자료 제공', '소그룹 운영 또는 개별지도' • 제시된 방안들의 효과성: 교사들은 '정서적 지원', '보조인력 투입', '개별지도'
시설 차원의 지원방안	• 교사의 지도 전문성 향상 영역: '대상 학생 지도 전문성 지원을 위한 컨설팅 및 연수', '대상 학생 지도·지원 메뉴얼과 자료 제공' • 운영 시스템의 변화 영역: '담임 교사의 시간 확보', '개별 지도할 수 있는 별도의 장소 제공', '학급의 학급당 학생 수 감축', '예방 시스템 구축', '학교 내 인력이 학생 지도를 위한 전문성 발휘', '지원 프로그램 운영' • 외부 전문가 및 보조인력 활용 영역: '대상 학생 지도·지원을 위한 보조 인력의 투입', '전문가-교사-학부모 연계 시스템 구축'

출처: 김선영 외(2020). 특수교육학개론. 양서원.

5. 정서·행동장애의 지원방안

1) 사회적 강화

정서·행동장애 아동의 바람직한 행동을 유발하기 위해서는 긍정적 관심과 아동에 대한 피드백이나 칭찬이 필요하다. 눈을 보고 말하면서 말을 이어가지 못하여도 "천천히 말해도 돼, 기다리고 있을게" 하는 말 혹은 미소, 편안한 몸짓 등의 비언어적 표현으로 유도한다. 하지만 대화가 다른 방향으로 흘러갔을 때는 잠시 제동을 걸어준다. "잠깐만, 이런 이야기였니?", 아니면 "다시 한 번 더 말해줄 수 있겠니?" 하며 대화를 풀어갈 수 있도록 연결해 준다.

학습에서 사회적 강화(social reinforcers)를 사용하기 위해서는 사회적 강화물이 필요한데, 강화물에는 음식, 장난감 등 물리적 강화물과 칭찬, 미소, 안아주기의 사회적 강화물, 별표, 스티커 등을 모아서 사용할 수 있는 토큰 강화물이 있다.

또한 역할극을 통해 상황을 정중하게 처리하는 방법을 배우게 한다. 부드럽고 가볍게 진행해야 한다. 카드게임 등의 게임을 통해 규칙과 순서를 알려주어 사회적 관계를 풀어나갈 수 있도록 능력을 개발시켜준다. 정서·행동장애 아동은 부적 강화보다는 정적 강화가 제대로 작용할 수 있다. 정서·행동장애 아동은 스스로 조절할 수 없는 장애·행동 특성으로 인해 자신도 모르게 행동이 표출되기도 하고 언어가 입을 통해 나오기도 하므로, 그로 인해 주변의 상황을 판단하지 못하고 일어나는 상황에 대해 주변에서 오는 부정적 시선과 고립을 경험한다. 그러므로 토큰 강화, 모델링, 행동계약 등의 정적 강화로써 행동이 바람직하게 이어질 수 있도록 돕는다.

2) 모델링

모델링(modeling) 방법은 아동이 놀이 및 일상생활에서 이루어지는 관찰과 모방을 통해 또래와의 사회적 관계 및 학습활동을 배우고 익혀나가는 방법 중 하나이다. 관찰과 모방을 통하여 행동적·인지적·사회적 변화를 가져오게 된다. 주변에서 존경받거나 그와 상응하는 위치에 있는 사람의 행동과 사상적 사고를 모방하면서 적응행동을 증가하는 것이다. 의미 있는 타인을 통해 닮아가는 기준을 삼는 것은 분노 조절, 우울증의 경우 감정 조절을 할 수 있고 의사소통의 기회가 되기도 한다. 모델링은 아동의 행동문제 정도가 경미한 상황에서부터 심한 상황까지 성공적인 결과를 가져다 줄 수 있다.

3) 토큰 강화

토큰 강화(token reinforcement)는 일반적으로 기대하는 바람직한 행동과 강화 제공 사이의 시간적 지체를 줄일 수 있는 기대 행동의 강도를 유지하는 기법이다. 토큰은 행동수정이나 학습 효과를 향상하기 위해 사용하는 일반적 강화자극이다. 토큰은 별표나 딱지, 스티커 등의 물건을 사용하며, 돈으로 교환했을 때는 강화자극으로 힘을 발휘한다.

토큰과 교환되는 물건은 교환 강화자극 혹은 후속 강화자극이라고 한다. 예를 들어 식사 시 밥이나 반찬으로 투정을 할 때 교사가 아동에게 관심을 보여줌(정적 강화)으로써 그 행동은 더 악화되었다. 그래서 교사는 일정 시간 내에 스스로 식사를 끝내지 않으면 밥을 치워버렸다. 그러나 수일 내에 스스로 식사를 마치게(소멸) 되었다. 이때 교사는 다음 단계로 들어간다. 스스로 화장실 가기, 스스로 손 씻기, 스스로 이 닦기 등으로 스스로 처리하는 행동이 나타날 때마다 토큰을 주어 자신이 좋아하는 것으로 바꾸게 하는 것을 토큰 강화라고 한다. 이는 바람직하지 못한 행동을 감소시키는 방법이 되며, 상반 행동 강화, 바람직하지 못한 행동의 발생 빈도를 감소시키는 방법이다.

아동들의 부정적 행동, 부적응 행동에 대하여 체벌보다는 그와 상반되는 행동을 찾아 강화하는 것이 효과적이고 교육적이다. 그러나 어떤 작동으로 계속적 강화를 주다가 그 강화가 중단되면 그 작동은 당분간 계속되다가 점점 그 강도가 약화된다. 이러한 현상을 소멸이라고 한다. 소멸은 강화 계획에 매우 중요한 역할을 한다. 토큰 강화의 마지막은 소멸이 필요하기 때문이다.

소멸 과정 초기에는 바람직하지 못한 행동이 조금씩 증가하거나 더 많이 나타날 수 있다. 이때 가장 효과적인 방법은 그 행동을 무시해 버리는 것이다. 즉, 애정 철회라는 기법이다. 예를 들어 사탕을 달라고 조르다가 교사가 요구에 응하지 않자 울거나 바닥에서 떼를 쓰는 아이가 있으면, 무시하고 신경을 쓰지 않는 것이다. 아이는 울음을 그칠 수 있는 명분을 찾게 되고, 이때 교사가 자연스럽게 색다른 제의를 하면 울음을 그치게 되고 사탕을 사달라고 조르지 않게 된다. 소멸을 위하여 그 행동에 토큰 강화 중지를 시작했다면 끝까지 무시할 필요성이 있다. 벌은 바람직하지 못한 행동에 불쾌감, 혐오, 자극 등의 부정적 감정이 개입되어 부정적 행동이 더 강화된다. 토큰 강화에서 벌의 자극요법은 부정적 행동을 억압하여 잠시 주춤할 수 있으나 벌이 제거되면 원래의 행동으로 다시 나타나게 된다.

4) 자기통제전략

자기통제전략(Self Control Strategy)은 자기 모니터링(Self－Monitoring), 자기 평가(Self－Evaluation), 자기 강화(Self－Reinforcement)의 기술을 포함한다.

[표 7-8] 자기통제전략의 특징

구분	내용
자기통제전략 (Self Control Strategy)	• 자기통제(Self Control Strategy)는 한 개인이 스스로 선택한 결과를 성취하기 위해 책임지는 일련의 행동적 방책이다. • 자기통제전략은 한 개인이 자신의 행동을 수정하거나 유지하도록 계획된 특정한 절차를 말한다.
자기 모니터링 (Self Monitoring)	• 자기 모니터링(self－monitoring)을 통해 과제수행 행동, 학업적 효율성, 교실에서의 사회적 기술 등을 증가시킨다. • 학업을 방해하는 분열적 행동을 줄이기 위한 치료기법으로 효과적이다. • 자신의 행동을 체계적으로 관찰해서 기록하는 과정에서 관찰·기록하는 문제 행동을 긍정적으로 변화시키게 된다.

구분	내용
자기 평가 (Self Evaluation)	• 자기 평가(self－evaluation)는 아동이 자신의 행동을 자신의 기준이나 외적 결정 기준에 비교하여 행동의 질과 수용책이 얼마나 되는지 판단하는 전체과정을 말한다. • 자신의 현재의 행동, 자기 모니터링을 하기 전 기초선 기간에 있었던 자신의 행동 수준을 비교할 수 있다. • 자신의 행동을 그룹의 다른 아동들의 행동과 비교하고, 다른 기준들에 대해 자신을 스스로 평가하는 능력은 아동이 자신의 행동을 관찰해서 나타난 행동이 바람직한 것인지를 스스로 평가·인지하도록 하는 것이다.
자기 강화 (Self Reinforcement)	• 자기 강화(self－reinforcement)는 아동이 자신의 행동과 관련된 긍정적 후속 결과들을 스스로 선택해서 자신에게 시행하는 과정이다. • 계획단계－구체적 강화제를 선택하고 그 강화에 대한 기준과 반응에 필요한 조건을 설정하는 것이다. • 실행단계－실질적으로 목표행동으로 설정된 기준을 성취하는 자기 자신에게 스스로 강화해 주는 방법이다.

출처: Hughes, C. A., Ruhl, K. L., & Misra, A.(1989). Self-management with behaviorally disordered students in school settings: A promise unfulfilled:. *Behavioral Disorders, 14*(4), 250-262.

5) 사회적 기술 훈련

사회적 기술 훈련(social skill training)은 자신의 감정과 욕구를 상대에게 정확히 의사전달·표현하여 대인관계에서 자신의 목표를 성취할 수 있게 해주는 기술이다. 즉, 대인관계에서 언어적·비언어적으로 긍정적·부정적 감정을 상황에 맞게 유효 적절하게 표현함으로써 상대로부터 사회적 강화를 받는 능력이다. 상대방의 표현을 정확하게 이해하고 개인적인 목표를 성취해 나가는 것이다. 사회적 기술이 부족한 이유는 불충분한 학습, 사회적 지식 부족, 연습과 피드백 부족, 단서 및 기회 부족, 강화 부족, 방해하는 문제행동의 출현, 퇴행, 강화 결여, 스트레스에 대한 취약성, 정신병리, 약물 부작용, 자신감 결여 등이 원인이 되기도 한다.

사회적 기술을 높일 수 있는 훈련은 다음과 같다.

첫째, 일상생활 훈련으로 식사, 개인위생, 외모관리, 금전관리, 여가활용, 건강관리를 하는 방법이다.

둘째, 대화기술 훈련을 통해 언어적·비언어적 의사소통 훈련과, 자기주장 훈련, 이성과의 교제를 연결해 나갈 수 있다.

셋째, 문제 상황 대처기술 훈련이다. 자신을 긍정적으로 표현하고 이웃, 가족과의 갈등상황에 대한 대처 기술을 습득하고 상대의 행동과 감정에 적절히 긍정적으로 반응하며 다양한 감정 표현 기술을 습득한다.

6) 협력학습

협력학습(cooperative learning)은 공동의 목표를 달성하기 위해 그룹 내 공통조건, 공통요소들을 이용하여 노력하는 것을 강조하는 교수－학습 방법이다. 한 집단 안에 학업능력이 이질적인 구성원들이 모여 서로 도우며 학습하는 활동으로서 협력학습을 진행한다. 학업을 성공적으로 이루어지도록 과제 수행에 모든 학생이 참여할 수 있도록 소규모 집단에서 구성원이 함께 학습하며, 최적의 교육적 효과를 얻기 위해 학습 구성원의 관계, 집단의 크기, 과제 유형의 특징을 반영하여 협력학습을 진행한다.

협력학습의 통합교육활동의 공동의 목표를 달성하기 위해 통합교육을 실행하는 구성원들과의 노력을 강조하고, 성취도 향상 및 협력적인 학습이 성공적으로 이루기 위한 교수－학습 방법이며, 과제 수행에 모든 학생이 참여할 수 있도록 소규모 집단에서 구성원이 함께 학습한다. 협력학습은 교사－아동, 아동－아동, 교사－부모 간 교육적 효과를 위해 2인 이상의 통합학습으로 협력적 관계를 맺고, 소통하며 상호보완적 교류를 통하여 가르치고 배우는 교수－학습 방법이다. 교사는 협력학습을 이루기 위해서 수업의 촉진자, 조력자의 역할을 수행하며, 학습에 모든 학생들의 참여 기회를 주어 배움의 기회에 소외되지 않게 진행시켜야 한다. 협력학습은 설계－실행－수업성찰의 단계를 거쳐 진행한다.

협력학습이 교육적 효과를 성공적으로 얻기 위해 매개 요인인 구성원의 관계, 집단의 크기, 과제 유형과 같은 협력학습 고유의 특징을 반영해야 한다. 또한 통합학습의 구성원과의 사이에 정교한 설명, 피드백 제공과 수용, 사회·정서적 과정이 효과적 매개 요인이 된다. 성공적인 협력학습을 위한 전략 및 참여전략은 [표 7-9]와 같다.

[표 7-9] 성공적 협력학습 전략/참여전략

<table>
<tr><th colspan="2">전략</th><th>내용</th></tr>
<tr><td colspan="2">협력학습 전략</td><td>• 의사소통에서 적극적으로 경청과 말하기
• 관계에서 모둠 구성과 역할 부여하기
• 성공적인 협력을 위하여 상호의존(P), 개인적 책임(I), 동등한 참여(E), 동시 다발적 상호작용(S)의 원리를 활용하기
• 협동하는 마음으로 세우는 사회적 기술 지도하기
• 활동 전략에서 다양한 협동학습 구조 및 수업기법 활용하기</td></tr>
<tr><td rowspan="2">참여전략</td><td>모둠내 협력 학습</td><td>• 돌아가며 말하기(읽기와 쓰기) 구조
• 생각-짝-나누기의 인터뷰
• 동시다발적 돌아가며 쓰기
• 모둠 마인드맵 구조
• 모둠 문장 만들기
• 동전 내놓기 구조
• 창문 열기</td></tr>
<tr><td>모둠간 협력 학습</td><td>• 칠판 나누기
• 정탐꾼 구조
• 교실 산책
• 하나 주고 하나 받기
• 전시장 관람
• 둘 가고 둘 남기 구조
• 모둠별 돌아가며 살펴보기</td></tr>
</table>

출처: 대구대학교 특수학교교육과정연구위원회(1999). 제7차 특수학교교육과정에 의한 학생중심 교수-학습모형연구, 대구대학교.

7) 분노 관리

정서·행동장애에서 흔히 일어나는 분노(anger)는 분노조절장애로 나타나기도 한다. 분노조절장애는 외상 후 격분장애(post traumatic embitterment disorder)의 다른 말이다. 이는 정신적 고통이나 충격 이후에 부당함, 모멸감, 좌절감, 무력감 등이 지속적으로 나타나는 부적응 반응의 형태이며 자신에게 위협적이거나 스트레스로 작용한다. 질병 발생 이전에는 부정적인 트라우마를 경험하게 되는데, 이런 스트레스, 부정적 트라우마의 사건이 기억에 몰입된다. 분노는 충동적인 분노, 다혈질 분노, 습관적 분노 등의 표출에 있어 경험이 나타나게 되고 분노 표출 빈도 또한 높아진다.

분노 관리에 따른 해결방법은 다음과 같다.

첫째, 36계 줄행랑으로 먼저 해야 할 것은 피하는 것이 좋다. 분노를 표출하기 전 상황을 모면하는 것이다. 우리 몸은 폭발하기 전 신호를 보내므로, 대화 중이거나 말다툼 중이었다면 일단 그 자리를 떠나는 것이 좋다. 그럴 수 없다면 행동을 중단하거나 화제를 돌리거나 잠시 돌아서는 것도 좋은 방법이다.

둘째, 3분의 법칙이다. 일단 상황을 피했다면 시간을 둔다. 3분의 법칙은 지속시간은 3분은 넘지 않는다는 것이다. 혹은 숫자를 1~100까지 세어본다. 분노했던 상황을 떠올리지 않거나 상황을 곱씹지 않도록 한다.

셋째, 분노한 이후 예측하기이다. 상황이나 문제를 해결하기 위해 문제를 해결하는 것을 떠올리고 그것에 집중한다.

넷째, 건강하게 화내기이다. 건강하게 표현하는 방법을 터득해 나가거나 배워가는 것이다.

다섯째, Must를 버려라. 분노의 시간과 순간을 피하는 것 외에 예방하는 것도 좋은 방법이다.

Chapter

08

자폐성장애

배울 내용

1. 자폐성장애의 정의
2. 자폐성장애의 진단 및 원인
3. 자폐성장애의 특성
4. 자폐성장애의 교육적 접근
5. 자폐성장애의 지원방안

학습 목표

1. 자폐성장애의 정의와 진단 및 원인을 알 수 있다.
2. 자폐성장애의 특성을 이해할 수 있다.
3. 자폐성장애의 교육적 접근방법을 이해하고 적용한다.
4. 의사소통장애의 지원방안을 알아보고 적용한다.

개요

사회적 고립, 의사지연 등 타인과의 관계를 할 수 없어 자기 자신만의 행동을 하는 자폐성장애의 진단 및 원인을 알아보고, 신체적 발달, 인지적 발달, 사회·정서적 발달에 대한 특성을 알아본다. 의사소통의 기술, 상호작용, 반복적, 상동적 행동 등의 특징으로 교육적 접근과 지원방안에 대해 살펴보고자 한다.

1. 자폐성장애의 정의

자폐스펙트럼장애(Autism Spectrum Disorder: ASD)는 정신분열증 환자 사이에서 보이는 자신이 만들어 놓은 세계를 구축한다. 이를 설명하기 위해 '자아(self)'라는 의미의 그리스어 'autos'에서 유래되어 사용하기 시작하였다. 우리나라는 자폐성장애 용어를 자폐증(autism), 자폐성장애(Autistic Disorder: AD), 자폐스펙트럼(Autism Spectrum Disorders: ASD), 전반적 발달장애(Pervasive Developmental Disorders: PDD)로 표현하고 있다. 그러나 현재는 자폐성장애(AD)와 자폐스펙트럼(ASD)의 의미가 있는 자폐성장애아(Autism Spectrum Disorders: ASD)로 사용하고 있다. 자폐(autism)로 나타나는 현상은 사회적 고립(social isolation)이다. 자신의 삶의 주변의 인간관계 및 사회적 관계에 참여하지 못하고 심각하게 고립되는 것이며, 특정 사물에 대한 애착 혹은 집착이 형성되므로 계속 그 틀에서 벗어나지 못하고 얽매여 있게 되는 현상 등으로 나타나게 된다.

「정서적 접촉의 자폐적 장애(Autisitc Disturbances of Affective Contact)」의 자폐증 아동 사례 학술 보고에서는 자폐적 고독, 의사소통 지연, 동일한 것에 대한 강박적 보존 등을 특징으로 보고하였다(Blacher & Christensen, 2011).

자폐스펙트럼장애는 사회적 상호작용, 언어 및 의사소통에 정상적 관계를 맺지 못하고 비정상적 발달을 통해 제한된 자신만의 관심과 반복적이고 비구어적인 상동행동 증상을 보이는 발달장애(developmental disability)를 의미한다. 우리나라에서 우리말의 '자폐'란 의미는 '스스로를 닫는다.'라는 함축적 의미를 가진다. 그러나 자폐 증상을 살펴보면 스스로 닫는 것이 아니라 타인과의 관계를 할 수 없어 자기 자신만을 향해 행동하는 것이다. 그래서 자폐는 대인관계가 안 되고 의사소통이 안 되며 타인과 어울리는 행동을 잘 하지 못한다.

자폐성장애는 미국 「장애인교육법(IDEA)」에서 만 3세 이전에 발견되고, 입으로 말하고 귀로 듣는 구어(colloquial language)적 의사소통과 음성언어가 아닌, 비구어적 행동 혹은 몸짓, 표정 등으로 소통한다고 하였다. 자폐성장애의 특징은 가족뿐만 아니라 사회적 관계에서 의사소통이 어렵고 일상생활에서 소소히 일어날 수 있는 작은 변화에 대해 거부하는 반응(손 흔들기, 손가락 흔들기, 머리 때리기나 머리 박기와 같은 자해 행동, 주변 물건을 치거나 두드리기, 주변 사람 꼬집기 등)의 상동행동을 한다. 또한 특정 사물에 애정을 갖거나 집착하는 모습을 보이고, 주변의 자극에 예민하고 비정상적인 반응을 보인다.

자폐성장애는 ① 의사소통 기술, ② 사회적 상호작용, ③ 행동의 반복적·상동적인 양상의 3가지 측면에서 손상이 보이는 특성이 있다(Strock, M. 2004). 자폐를 지닌 아동은 일반적인 신체적 발달과 성장을 보인다. 간혹 학습기술이나 특별한 한 부분에 치우쳐 지식이나 기술 능력을 보이지만, 극히 일부에 지나지 않는다. 전형적 자폐성장애 증상으로는 의사소통의 어려움, 수용과 표현 언어의 어려움, 상동행동, 환경변화의 적응에 대한 어려움, 새로운 물건에 대한 거부, 익숙하고 특정한 물건에 대한 고집, 자해행동, 감각적 자극에 대한 이상행동, 접촉에 대한 거부 반응 등 행동적 특성의 어려움을 보이게 된다. 이러한 다양한 행동적 특성을 지닌 아동을 발달장애(Pervasive Developmental Disorders: PDD), 기타 건강상의 장애(Other Health Impairment: OHI)로 명명하였지만 현재는 자폐의 범주 안에 자폐성장애로 소개하고 있다.

자폐성장애 아동의 행동특성을 정신의학에서는 '움츠러들고 자기도취에 빠져 있는 것'으로 말한다(현실에서 멀어지고 자기의 내면세계에 틀어박히는 정신분열증). 자신이 틀어 박혀 자폐적 세계가 더 현실적인 세계로, 반대로 현실의 세계는 꿈의 세계와 같이 보이는 전도된 세계를 만들어내지만, 긍정적인 부분은 자폐성장애 아동은 커가면서 사회적 반응을 하고, 부모나 교사, 혹은 또래와 제한적이지만 애착관계를 형성하기도 한다는 것이다. 인지능력이 좋은 경우에는 직업적으로 성공을 하기도 하지만 언어장애, 정신지체, 과잉행동 아동들과 비슷한 행동특성을 가지고 있으므로 오해의 소지가 있게 되어 정확한 진단과 그에 맞는 교육을 받는 것이 중요하다.

2. 자폐성장애의 진단 및 원인

1) 자폐성장애의 진단

「장애인 등에 대한 특수교육법」(2007)은 국제질병사인(International Classification of Diseases, ICD－10) 기준을 반영하여 자폐성장애를 하나의 장애로 분류하고 있다. 미국정신의학회(APA)에서는 '정신질환의 진단 및 통계편람 5판(Dianostic and Statistical Manual for mental disorders－5: DSM－5. 2013)을 통하여 장애에 대한 분류 및 진단을 내리고 있다.

ICD는 자폐성장애뿐만 아니라 질병에 대해서 포괄적으로 연구하고 있으며, DSM은 정신질환에 관하여(자폐성장애, 지적장애 등) 집중 연구하고 있다. ICD와 DSM은 계속 장애와 관련된 변화의 영향을 평가하고 있고 서로 발전된 방향으로 반영할 수 있도록 노력하고 있다. 현재는 ICD－10에 기초해 ICD－10－CM, DSM－5로 출판되었으며 계속 업데이트를 통해 서로에게 영향을 미치고 있다. 그러므로 서로 같으나 조금은 다르게 명시된 부분의 진단 기준이 있다.

또한 우리나라 「장애인복지법」에서(장애인복지법 시행령 제2조 2항, 2019)는 국제질병사인분류(International Classification of diseases: ICD－10)의 기준을 반영하고 있으며 장애정도가 심한 자폐장애(High Functioning Autism: HFA)에 대한 기준은 [표 8－1]과 같다.

[표 8-1] 장애인복지법에 따른 장애 정도 기준

장애정도	장애 상태
장애정도가 심한 장애인	1. ICD－10의 진단기준에 의한 전반성발달장애(자폐증)로 정상발달의 단계가 나타나지 아니하고 지능지수가 70 이하이며, 기능 및 능력장애로 인하여 GAS척도 점수가 20 이하인 사람 2. ICD－10의 진단 기준에 의한 전반성 발달장애(자폐증)로 정상발달의 단계가 나타나지 아니하고 지능지수가 70 이하이며, 기능 및 능력장애로 인하여 GAS척도 점수가 21~40인 사람 3. 1호 내지 2호와 동일한 특징을 가지고 있으나 지능지수가 71 이상이며, 기능 및 능력장애로 인하여 GAS척도 점수가 41~50 이하인 사람

보편적으로 사용되는 정신장애의 진단 및 통계편람(DSM－5, 2013) 및 DSM－5(APA, 2013/2015)은 사회적 의사소통 및 상호작용의 결함과 반복적 행동, 초기발달 시기의 증상, 사회적·직업적 기능영역의 손상에 대해 정의하고 있으며 장애 진단 기준은 [표 8－2]와 같다.

[표 8-2] DSM－5의 자폐스펙트럼 장애 진단 준거

A. 다양한 분야에 걸쳐 나타나는 사회적 의사소통 및 사회적 상호작용의 지속적인 결함으로 현재 또는 과거력상 다음과 같은 특징으로 나타난다(예시들은 실례이며 증상을 총망라한 것이 아님).

- 사회적－감정적 상호작용의 결함(예: 비정상적인 사회적 접근과 정상적인 대화의 실패, 흥미나 감정 공유의 감소, 사회적 상호작용의 시작 및 반응의 실패)
- 사회적 상호작용을 위한 비언어적인 의사소통 행동의 결함(예: 언어적, 비언어적 의사소통의 불완전한 통합, 비정상적인 눈 맞춤과 몸짓 언어, 몸짓의 이해와 사용의 결함, 얼굴 표정과 비언어적 의사소통의 전반적 결핍)
- 관계 발전, 유지 및 관계에 대한 이해의 결함(예: 다양한 사회적 상황에 적합한 적응 행동의 어려움, 상상 놀이를 공유하거나 친구 사귀기가 어려움, 동료들에 대한 관심 결여)
- 현재의 심각도를 명시할 것:
  심각도는 사회적 의사소통 손상과 제한적이고 반복적인 행동 양상에 기초하여 평가한다.

B. 제한적이고 반복적인 행동이나 흥미, 활동이 현재 또는 과거력상 다음 항목들 가운데 적어도 2가지 이상 나타난다(예시들은 실례이며 증상을 총망라한 것이 아님).

- 상동증적이거나 반복적인 운동성 동작, 물건 사용 또는 말하기(예: 단순 운동 상동증, 장난감 정렬하기 또는 물체 튕기기, 반향어, 특이한 문구 사용)
- 동일성에 대한 고집, 일상적인 것에 대한 융통성 없는 집착, 또는 의례적인 언어나 비언어적 행동 양상(예: 작은 변화에 대한 극심한 고통, 변화의 어려움, 완고한 사고방식, 의례적인 인사, 같은 길로만 다니기, 매일 같은 음식 먹기)
- 강도나 초점에 있어서 비정상적으로 극도로 제한되고 고정된 흥미(예: 특이한 물체에 대한 강한 애착 또는 집착, 과도하게 국한되거나 고집스러운 흥미)
- 감각 정보에 대한 과잉 또는 과소 반응 또는 환경의 감각 영역에 대한 특이한 관심(예; 통증/온도에 대한 명백한 무관심, 특정 소리 혹은 감촉에 대한 부정적 반응, 과도한 냄새 맡기 또는 물체 만지기, 빛이나 움직임에 대한 시각적 매료)
- 현재의 심각도를 명시할 것:
  심각도는 사회적 의사소통 손상과 제한적이고 반복적인 행동 양상에 기초하여 평가한다.

C. 증상은 반드시 초기 발달 시기부터 나타나야 한다(그러나 사회적 요구가 개인의 제한된 능력을 넘어서기 전까지는 증상이 완전히 나타나지 않을 수 있고, 나중에는 학습된 전략에 의해 증상이 감춰질 수 있다).

D. 이러한 증상은 사회적, 직업적 또는 다른 중요한 현재의 기능 영역에서 임상적으로 뚜렷한 손상을 초래한다.

E. 이러한 장애는 지적장애(지적발달장애) 또는 전반적 발달지연으로 더 잘 설명되지 않는다. 지적장애와 자폐스펙트럼장애는 자주 동반된다. 자폐스펙트럼장애와 지적장애를 함께 진단하기 위해서는 사회적 의사소통이 전반적인 발달 수준에 기대되는 것보다 저하되어야 한다.

주의점: DSM－5의 진단기준 상 자폐성장애, 아스퍼거장애 또는 달리 분류되지 않는 광범위성 발달장애로 진단된 경우에서는 자폐스펙트럼장애의 진단이 내려져야 한다. 사회적 의사소통에 뚜렷한 결함이 있으나 자폐스펙트럼장애의 다른 진단항목을 만족하지 않는 경우에는 사회적(실용적) 의사소통장애로 평가해야 한다.

출처: APA(2013/2015). DSM－5.

미국 정신의학협회에서 제시한 자폐의 진단기준에 의하면 아동에 따라 자폐성장애의 특성이 시간의 간격, 경과에 따라 다양하게 나타나며, 한 특성만으로 자폐라고 특정지을 수 없다. 장애로 표찰(labeling)되고, 장애의 정도(precision), 심각도(severity) 수준을 기준으로 정하고 있다. 미국 정신의학협회에서 제시한 자폐의 진단기준은 [표 8－3]과 같다.

[표 8-3] 미국 정신의학협회에서 제시한 자폐의 진단기준

A. 최소한 (1)에서 두 개, (2)와 (3)에서 각각 한 개씩을 포함한 여섯 개(또는 그 이상)의 행동 특성을 보임:

(1) 다음 중 최소한 두 개 이상에 의해서 나타나는 사회적 상호작용의 질적 결함:

(a) 사회적 상호작용을 위한 눈 맞춤, 얼굴 표정, 자세, 몸짓 등과 같은 다양한 비구어적 행동의 사용에 있어서 명백한 손상을 보임

(b) 발달 수준에 적절한 또래 관계를 발달시키지 못함

(c) 즐거움, 관심 또는 성취를 자발적으로 다른 사람들과 나누려고 하지 않음 (예: 관심 있는 물건 보여주기, 가져오기, 가리키기 행동이 부족함)

(d) 사회적 또는 정서적 상호성이 결여됨

(2) 다음 중 최소한 한 개 이상에 의해서 나타나는 의사소통의 질적 결함:

(a) 말의 발달이 지체되거나 전혀 나타나지 않음(몸짓과 같은 대체적인 수단의 의사소통 기술을 통해서 보상하고자 하는 시도가 나타나지 않음)

(b) 적절한 말을 할 수 있는 경우에도 다른 사람과의 대화를 시작하고 유지하는 능력에 있어서 명백한 결함을 보임

(c) 언어나 특이한 언어를 상동적이고 반복적인 형태로 사용함

(d) 발달 수준에 적절한 다양하고 자발적인 가상놀이나 사회적 모방놀이가 결여됨

(3) 다음 중 최소한 한 개 이상에 의해서 나타나는 반복적이고 상동적인 형태의 제한된 행동

(a) 강도나 내용에 있어서 비정상적인 한 가지 이상의 상동적이고 제한된 형태의 관심 영역에 몰두함

(b) 특정 비기능적인 일과나 의례적 행동에 융통성 없이 집착함

(c) 상동적이고 반복적인 운동성 습관을 보임(예: 손이나 손가락 흔들기나 비틀기 또는 몸 전체를 이용한 복잡한 움직임)

(d) 사물의 특정 부분에 대하여 지속적인 집착을 보임

B. 다음 영역 중 최소한 한 가지 이상의 발달지체나 비정상적인 기능이 3세 이전에 나타남:

(1) 사회적 상호작용

(2) 사회적 의사소통 맥락에서 사용되는 언어

(3) 상징놀이나 상상놀이

C. 레트장애나 소아분열장애에 의해서 더 잘 설명되지 않는 장애

출처: American Psychiatric Association(2000).

DSM-5에서는 자폐범주성 장애의 하위유형으로 자폐성장애(Autistic disorder), 아스퍼거 증후군(Asperger syndrome), 레트장애(Rett's disorder), 소아기 붕괴성 장애(Childhood disintegrative disorder), 달리 분류되지 않는 전반적 발달장애(Pervasive developmental disorder not otherwise specified: PDD-NOS)로 분류하였다.

[표 8-4] **DSM－5 자폐범주성 장애의 하위유형과 정의**

장애유형	정의
자폐성장애 (Autistic disorder)	생애 초기 발생, 빈약한 사회적 발달, 언어 발달의 결함, 융통성 없는 행동으로 특징지어지는 심각한 발달장애
아스퍼거 증후군 (Asperger syndrome)	사회적 상호작용과 제한적이고 반복적인 양상의 행동, 관심, 활동에서 나타나는 지속적이고 때로는 일생 동안 보이는 결함
레트장애 (Rett's disorder)	생후 1년 정도의 전형적인 발달을 보인 후 정신지체 및 경련장애와 함께 행동, 언어, 의도적인 손 움직임으로 특정 지어지는, 거의 여아에게서만 나타나는 유전적 결함
소아기 붕괴성 장애 (Childhood disintegrative disorder)	3~15세까지 아동에게서 전형적으로 나타나며, 언어, 사회성, 운동기술, 용변기술 등에서 급격한 퇴보를 보이는 희귀장애
달리 분류되지 않는 전반적 발달장애 (Pervasive developmental disorder not otherwise specified: PDD－NOS)	자폐성장애나 아스퍼거 장애를 지닌 아동과 유사하지만 장애 진단 상 유의한 측면에서 서로 다른(예: 발생 시기) 아동을 묘사하기 위하여 사용되는 모호한 용어

출처: Rosenberg, M. S., Westling, D. L., & Mcleskey, J.(2011). *Special education for today's teachers: An introduction* (2nd ed., p, 261). Boston: Pearson.

DSM－5(2013)과 DSM－Ⅳ－TR(2000)은 정신질환 및 장애의 진단 도구에 많이 사용하지만, DSM－Ⅳ－TR(2000)은 의학적 훈련 전문인보다는 정신건강 전문가로 구성되어 만들어졌으므로 DSM－Ⅳ－TR(2000)과 DSM－5은 자폐성장애를 진단함에 있어 차이를 보이고 있다. DSM－Ⅳ－TR(2000)의 자폐성장애 수준 진단 차이는 [표 8－5]와 같으며, DSM－5의 자폐성장애 수준 차이는 [표 8－6]과 같다.

[표 8-5] **DSM-Ⅳ-TR의 자폐성장애 수준 진단 차이**

자폐성장애

⬆

자폐성장애	아스퍼거장애	레트장애	소아기 붕괴성 장애	비전형적 전반적 발달장애

출처: 김이영 외(2015). 특수교육학개론. 양서원.

[표 8-6] DSM-5의 자폐성장애

자폐성장애

↑

자폐장애	아스퍼거장애	레트장애	소아기 붕괴성 장애	비전형적 전반적 발달장애

Mild　Moderate　Severe　Profound

수준 1　수준 2　수준 3

출처: 김이영 외(2015). 특수교육학개론. 양서원.

자폐스펙트럼의 심각도 수준은 다음과 같다.

[표 8-7] 자폐스펙트럼의 심각도 수준

심각도 수준	사회적 의사소통	제한적이고 반복적인 행동
수준 1 지원이 필요한 수준	• 지원이 없을 때에는 사회적 의사소통의 결함이 분명한 손상을 야기한다. • 사회적 상호작용을 시작하는 데 어려움과 사회적 접근에 대한 비전형적인 반응이나 사회적 상호작용에 대한 흥미가 감소된 것처럼 보일 수 있다. 예를 들어, 완전한 문장을 말할 수 있는 사람으로서 의사소통에 참여하지만, 다른 사람들과 대화를 주고 받는 데에는 실패할 수 있으며, 친구를 만들기 위한 시도는 괴상하고 대개 실패한다.	• 융통성 없는 행동이 한 가지 또는 그 이상의 분야의 기능을 확연히 방해한다. • 활동 전환이 어렵다. • 조직력과 계획력의 문제는 독립을 방해한다.
수준 2 많은 지원을 필요로 하는 수준	• 언어적·비언어적 사회적 의사소통 기술에 뚜렷한 결함과 사회적 손상이 있으며, 사회적 의사소통의 시각이 제한되어 있다. • 사회적 접근에 대해 감소된 혹은 비정상적 접근에 대해 감소된 혹은 비정상적인 반응을 보인다. 예를 들어, 단순한 문장 정도만 말 할 수 있는 사람으로서, 상호작용이 편협한 특정 관심사에만 제한되어 있고, 기이한 비언어적 의사소통이 뚜렷하게 나타난다.	• 융통성 없고, 변화 대처의 극심한 어려움, 다른 제한적이고 반복적인 행동이 우연히 관찰한 사람도 알 수 있을 정도다. • 다양한 분야의 기능을 방해한다. • 집중 또는 행동 변화에 고통과 어려움이 있다.

심각도 수준	사회적 의사소통	제한적이고 반복적인 행동
수준 3 상당히 많은 지원을 필요로 하는 수준	• 언어적·비언어적 사회적 의사소통 기술에 심각한 결함이 있고, 이로 인해 심각한 기능상의 손상이 야기된다. • 사회적 상호작용을 맺는 데 극도로 제한적이며, 사회적 접근에 대해 최소한의 반응을 보인다. 예를 들어, 이해할 수 있는 말이 극소수의 단어뿐인 사람으로서, 좀처럼 상호작용을 시작하지 않으며, 만일 상호작용을 하더라도 오직 필요를 충족하기 위해 이상한 방식으로 접근을 하며, 매우 직접적인 사회적 접근에만 반응한다.	• 융통성 없는 행동, 변화에 대처하는 데 극심한 어려움이 야기된다. • 다른 제한적이고 반복적인 행동이 모든 분야에서 기능을 하는 데 뚜렷한 방해를 한다. • 집중 또는 행동 변화에 극심한 고통과 어려움이 있다.

출처: 추연구, 김병룡(2022). 특수교육의 이해. 공동체.

자폐성장애 아동의 행동특성을 살펴보고 그에 따른 자폐 증상이 어떻게 나타나는지 살펴보자.

[표 8-8] **자폐 증상/진단/발견**

자폐증상	자폐증이라고 진단을 내릴 수 있는 증상	자폐증에서 발견되지만 모든 자폐증아가 다 갖지 않는 증상
• 다른 사람과의 관계 형성의 어려움 • 언어 습득의 지연 • 언어 발달이 되었더라도 언어가 의사소통에 쓰이지 않는 경우 • 반향어(Echolalia), 남이 얘기를 그대로 앵무새처럼 되풀이 • 대명사가 혼동됨 • 반복적·강박적이고 상동적 놀이나 행동 • 상상력이 없다 • 기억이 좋다(특정한 것) • 신체적인 발달이나 외양은 정상	• 대인관계 형성에 장애 • 언어 장애가 있다 • 변화에 대한 저항이 있다 • 똑같은 것을 반복	• 반복적인 행동 • 집중력 부족 • 과잉행동–자기 자신을 해하는 행동 • 머리를 처박는다거나 자기 자신을 물어뜯는 것 • 대소변 가리기가 늦음

출처: 강위영, 권명옥(1998). 장애아 부모를 위한 자폐성 아동의 이해. 도서출판 특수교육.

2) 자폐성장애의 원인

현재까지 자폐성장애의 원인이 무엇인지는 정확하게 밝혀지지 않았으며, 요인 또한 논쟁의 여지가 있어 정확한 원인 분석이 어렵다. 과거에는 부모의 환경적, 양육태도, 성격이 자폐의 원인으로 단정되어, 부모에게 보내는 사회적 비난, 비판 때문에 부모가 죄책감을 가지게 되었다. 그러나 부모의 요인이 아니며 두뇌 구조상의 문제, 기능상의 문제, 유전적·생물학적의 요인으로 발생한다는 사실이 밝혀지고 있다.

한 사람의 인생에 장애(disorder)라는 표찰(labeling)을 붙이게 되는 것은 어려운 결정이므로 장애 판단을 내리기에 앞서 정확한 진단과 원인이 무엇인지 찾아야 한다. 현재는 정확하고 명확한 근거를 입증하기 위해 노력하고 있다.

(1) 유전적 원인

유전적 요인은 자폐성장애의 원인으로 계속 거론된다.

Power(2000)에 의하면, 자폐 자녀를 둔 가정의 경우 또 다른 자녀가 자폐 장애를 보일 확률이 2~3%였다. 쌍생아 연구를 살펴보면 일란성 쌍생아가 이란성 쌍생아에 비해 쌍둥이 둘 다 자폐성장애를 나타낼 확률이 더 높다고 하였다.

유전적 요인이 가장 큰 원인일 수는 있으나 유전자의 문제로 계속 대물림되지 않으며, 특정 유전자로 인하여 자폐적 성향 혹은 자폐증을 일으키는지는 아직 밝혀지지 않았다. 일란성 쌍생아는 모두 69~90%의 비율로 유전되었으며, 형제나 자매 중 한 명이 자폐이면 자폐의 가능성은 5%로 나타났다. 그러나 손상된 유전자로 인하여 자폐적 증상이 나타났다 하여도 모두 발현되는 것은 아니다.

레트장애는 X염색체(Methyl CpG binding Protein 2: MECP2)의 유전자 이상에 의해서 나타나는 것으로 밝혀졌다. 그러나 대부분의 자폐 범주성 장애의 경우 실제로 어떤 유전인자가 어떻게 장애의 원인으로 기여하는지에 대해서는 아직까지 밝혀지지 않고 있다(Hu-Lince, Craig, Huenthelman, & Stephan, 2005).

레트 증후군(Rett syndrome)은 신경발달 장애로 분류되고 있다. 가족력보다는 X염색체 유전인자가 우성으로 발견되며, 대부분 가족력 없이 산발적 돌연변이로 발생한다. 대부분 여아에게서 만 1~2세경에 발달 정지 및 지연이 발생하여 병원을 찾게 되며, 남아가 X염색체 이상으로 인해 레트장애로 출생하게 되면 바로 사망한다고 알려져 있다.

1세 이전에는 비교적 다른 일반 여자아이와 같은 정상 발달을 보이다가 이후 점진적으로 언어와 운동 발달이 멈추거나 퇴행을 보이는 것이 특징이다. 과거에 습득한 손의 기능을 잃어버리고 손을 입에 넣거나 박수를 치거나 손을 쥐어짜는 모양, 손을 씻는 행동 등을 반복적으로 보이는 손의 상동증이 특징적으로 나타난다. 또한 보행 장애가 있어 뒤뚱거리며 걷고 이를 갈거나 숨 쉬는 모양이 변하는 등의 증상이 동반된다. 따라서 연령이 어린 여자아이에게서 원인을 알 수 없는 발달 지연 및 언어 지연이 있다면 한번쯤 의심해 봐야 한다.

출생 중 산소 결핍이나 임신 중 약물복용과 같은 임신 관련 요소들과 함께 선천적성 풍진, 뇌염, 홍역 등의 바이러스 감염도 자폐성장애의 발생과 관련된 것으로 추측되고 있다(Chess, 1971; Deykin & MacMahon, 1980; Trottier, Srivastsva, & Walker, 1999; Williams & Hersh, 1998).

또한 취약X증후군이나 결정성 경화증(tuberous sclerosis)과 같은 특정 의학적인 상태에 놓인 경우 자폐성장애의 발생 가능성이 높아지는 것으로 보고되고 있다(Feinstein & Reiss, 1998; Blackman, 1990). 취약X증후군은 X염색체에 생기게 되는 유전자 이상으로, 어머니로부터 유전되는 질환이다. 유전자 이상이 생기게 되면 지적장애나 행동장애, 학습장애로 이어진다. 부모 중 한 명이라도 유전적 질환을 보유하고 있거나, 그 위 부모대에서 유전적 질환을 가지고 있다면 임신 중 검사를 통하여 확인하는 것이 좋다. 취약X증후군은 X염색체 끝 부위가 끊어져 보이고, 신체의 기형적 특징을 나타내게 되는데 머리가 크고, 귀가 크며, 얼굴이 긴 등의 특징을 나타내며 자폐증, 지적장애와 같은 유전적 질환 증상이 나타난다. 지능 저하, 주의력 결핍, 과잉행동장애, 불안, 자폐의 양상을 나타나게 된다.

(2) 신경학적 원인

자폐성장애를 분류하기 위한 신경학적 요인은 신경과 뇌의 손상으로 인해 나타난다. 뇌의 영상을 보면 뇌의 기능 이상으로 인해 비정상적인 행동을 나타내고, 비정상적인 행동은 결국 신체적 문제로 진행된다.

신경학적 요인은 뇌의 기능에 대한 다양한 문제점을 야기할 수 있다. 사회적 관계 맺기, 정보를 통제하거나 기억, 출력하기, 자신의 행동을 조절하고 통제하는 기능, 감정의 표현하고 표출하는 데 결함이 있다는 의견이 있다. 기능적 요소인 뇌영상에서 뇌 대사 이상, 뇌혈류 이상의 확인, 두뇌의 구조적 차이로 편도체의 세부 구조 특성 및 화학적 차이가 있으나 단언하여 규정지을 수는 없다.

신경계의 원인을 알아보기 위해 뇌의 구조적 차이를 살펴보자.

① 큰 뇌 : Kanner는 11명의 연구 대상의 머리 크기를 측정하였고, Coourchesne 외(2004)는 백질의 과다 성장을 연구하였다. 과다 성장의 원인을 유전 혹은 신경독소의 노출, 면역의 문제로 보았다. 신경계와 신경계 간 서로 연결 짓는 부분이 적어 이미 크게 성장한 뇌는 이후 성장이 더디게 되므로 뇌의 장애로 비정상적 크기로 자라게 되며, 뇌의 크기는 이후 작아지게 된다. 현재는 편도체의 세부 구조가 자폐스펙트럼의 중심적인 역할을 하는 대상이 되는지 계속 연구 중에 있다.

② 뇌간의 문제: 호흡 및 소화를 담당하는 생리적 기능이 뇌간이다. 감각 자극을 하며 유입과 운동기능을 조절하게 된다. 수면을 하거나, 각성 혹은 주의 집중에 영향을 미치는데, 뇌간에 문제가 생김으로써 자신이 자극적 행동이 출현하게 된다.

③ 변연계의 문제: 사회적 기능 및 정서·행동의 기능을 담당하는 변연계는 해마와 편도체로 구성되어 있다. 변연계의 문제로 공감 능력, 의미를 파악하여 관계를 맺는 소통 능력의 부족, 심리적 의미를 교류하지 못하고 습관된 행동과 기억에 의존하게 되므로 특정적 제한된 행동 및 상동행동, 동일성을 고집하는 경향이 있다. 이러한 변연계의 문제 발생은 사회적 기능 및 관계 형성의 어려움과 일반화

하는 데 부족함이 있다.

④ 대뇌피질의 문제: 뇌 감염으로 세포 간의 연결 이상, 뇌인지 및 뇌발달에 의한 발달장애를 나타낸다. 구어가 어렵고, 비언어적 학습장애 증상이 나타난다.

⑤ 소뇌의 문제: 고기능 사고 지원 및 정서조절 지원에 문제가 있다. 일반인에 비해 예측하는 능력이 부족하다. 즉, 자폐성장애가 있으면 주위 전환에 대한 어려움과 사회적 관심사에 대한 교류의 전환이 어려우며, 시각과 청각의 주의집중을 유지하는 데 어려움이 있다.

(3) 환경적 원인

자폐성장애의 환경적 요인으로 환경오염, 바이러스, 중금속 독소 등이 있다. 장애를 유발시킬 수 있는 요인이 환경적 영향과 관련이 있다는 부분은 계속 제기되고 있다. 백신접종으로 바이러스 감염이 되어 장애를 일으킬 수 있다는 요인 분석은 임산부가 임신 중 첫 3개월 동안 바이러스(풍진, 헤르페스, 뇌염 등)에 감염이 되었을 때 뇌에 문제가 발생하여 자폐성장애 아이가 태어날 수 있다고 하였다. 또한 수은 중독, 납중독 등과 같은 중금속 독소들로 인하여 자폐성장애가 나타난다고 하였다.

자폐증에서 환경적 요인으로 임신 중에 나타날 수 있는 여러 요인 중 Valproic acid(발프로산; 편두통 예방, 양극성 장애, 발작 질환 치료제로 사용), Thalidomide(세엘진탈리도마이드; 면역조절 약물, 다발성 골수종 치료에 사용되는 약물), Misoprostol(미소프로스톨; 분만 시 투여, 분만 유도법으로 투여), 술, 담배, 중금속과 같은 내분비계 장애를 일으킬 수 있는 물질을 섭취하거나 사용하게 됨으로써 유전적 및 환경적 장애 요인을 고려해 보게 된다.

3. 자폐성장애의 특성

자폐성장애(autistic disorder)의 특성에 대해 알아보자. 유아 자폐(early infantile autism)에서는 일반적으로 신체 발달적, 인지 발달적, 사회·정서 발달적 측면에서 문제적 발달에 대한 행동, 표현이 다르게 나타난다. 비장애아들은 유아가 되었을 때 또래 관계가 활성화되고 서로 간의 의사소통이 원활하게 이루어져서 놀이를 계획하고 진행하며 발전시켜 나간다. 또한 주변을 돌아보고 자신이 필요로 하는 부분에 직접적으로 다가가 해결을 하기 위해 표현하거나 행동한다. 그러나 자폐성장애를 가지고 있는 유아들은 다양한 발달적 특성에 어려움을 보이며 스스로 고립된 행동을 하거나 반복적이고 상동적 행동을 함으로써 발달특성에서 결함이 나타난다.

자폐성장애의 종류와 발달특성에 대한 특성은 [표 8-9]와 같다.

[표 8-9] 자폐성장애의 종류와 발달특성

	자폐증	아동기 붕괴성 장애	레트 장애	아스퍼거 장애	비전형적 자폐증
특징	전형적 자폐장애	늦은 발병, 증상 심함	아동기 중기 자폐증	고기능 자폐	비전형적 혹은 덜 심한 자폐증
정신지체 동반	극심~정상	극심	극심	약간~정상	약간~정상
발견 연령	0~3세	2세 이후	6개월~2세반	보통2세이후	다양
의사소통 능력	보통 제한됨	불량	불량	제한~보통	제한~보통
사회기술 능력장애	+++	+++	다양	+	디양
기술상실	보통(−)	+++	+++	보통(−)	보통(−)
관심제한	다양	해당없음	해당없음	+++	다양

	자폐증	아동기 붕괴성 장애	레트 장애	아스퍼거 장애	비전형적 자폐증
추정빈도 (10만명당)	30~50명	1~4명	5~15명	5~100명	15명 이하
가족력	드뭄	없음	없음	높음	미상
남여비율	남>여	남>여	여자만	남>여	남>여
경련장애	(−)	++	(−)	+	+
두뇌성장 감속	(−)	(−)	+	(−)	(−)
성인기 예후	안정적	나빠짐	나빠짐	안정적	안정적
예후	불량	매우 불량	매우 불량	보통~불량	보통~불량

출처: 이소현, 박은혜(2011). 특수아동교육(3판). 학지사.
추연구, 김병룡(2022). 특수교육의 이해. 공동체.

1) 신체발달적 특성

(1) 신변처리

- 자폐적 특성으로 유아가 되어서도 용변처리 및 신변처리를 스스로 하거나 의사를 표현하지 못한다.
- 신체 발달이 늦어 대소변의 의사 전달이 늦거나 유아기까지도 가리지 못하는 상황이 된다.
- 걷거나 뛰기가 행동으로 늦게 이루어진다.
- 옷을 입고 벗기가 안 되고 세수하기 등이 안 된다.

(2) 음식 섭취

- 행동적인 발달특성을 보면 외부의 긴급하거나 빨리 시행해 나가는 변화에 대한 자극이 이루어지지 않는다.

• 좋아하는 음식 혹은 한 가지만 먹는 등의 편식이 이루어지고, 먹지 말아야 하는 음식을 먹거나 물건을 씹는 등의 이식증이 나타난다.

(3) 상동적/반복적 행동

• 상동행동(stimming)은 상동 혹은 자기자극행동(stimming)으로 표현하기도 한다.
• 자기자극행동은 신체적 움직임이나 소리, 단어 움직이는 물체의 반복을 뜻한다. 자기자극행동은 자폐 범주성 장애를 가지고 있는 사람에게 거의 항상 나타난다.
• 특정한 행동을 반복하거나 단어나 소리를 반복해서 특정한 감각 자극을 표출하는 행동이다.
• 손가락 스내핑하기, 손 펄럭이기, 머리 흔들기, 몸을 앞뒤로 흔드는 반복적 행동을 하며, 발 뒤꿈치를 들어서 걷기, 과도한 눈 깜빡임, 반복적 소리내기, 반복적인 단어 말하기, 물건 빙빙 돌리기와 같은 행동을 한다.

(4) 동일성/집착 행동

• 특정된 물건에 집착을 하거나, 특정 활동 장소에 오래 머무르는 모습을 보인다.
• 교실에서 다른 교실로 이동, 혹은 교실에서 외부로 이동 시 예민한 반응을 보인다.

(5) 공격적 행동

• 다른 행동으로는 스스로 자신의 몸에 고의적으로 해롭게 상처를 입히는 자해행위(self-harm)를 하게 된다. 자해 행위를 통해 자신의 부정적 감정이나 부정적 인지상태에 대해 스트레스 해소를 하게 된다.
• 공격(attack)으로 가족 혹은 주변 친구에게 수치심 혹은 고통을 주는 행위를 하거나 상처를 입히는 행동을 한다,
• 우리나라의 공식 병명 중 하나인 울화병(hwabyeong)이 있다. 다양한 원인이 있으나

화남, 분노, 증오 등 심리적 스트레스를 참는 일이 지속적으로 반복되어 나타나는 신경성 신체장애로 나타난다.

① 자해행위

[표 8-10] 자신에 대한 공격행위

자신에 대한 공격행위 (자해행위)	• 화가 난다든지 기분이 불안하면 보통 머리를 바닥이나 벽에 박는 행위 • 자기의 눈을 손가락으로 찌르는 행위 • 입술을 깨무는 행위 • 머리털을 뽑는 행위 • 신체부위를 심하게 긁는 등의 행위

출처: 이지연, 한수진(2020). 유아교사를 위한 특수교육학개론. 양서원

② 타인이나 다른 물체에 대한 행위

[표 8-11] 타인에 대한 공격행위

타인에 대한 공격행위	• 물건을 손에 닿는 대로 던지는 행위 • 남의 물건을 낚아채는 행위 • 타인을 밀치고 때리고, 깨무는 행위 • 물건을 부수는 행위 • 책이나 종이를 갈기갈기 찢는 행위 • 안경, 머리핀, 장신구, 목걸이, 넥타이 등을 잡아 당기는 행위

출처: 이지연, 한수진(2020). 유아교사를 위한 특수교육학개론. 양서원

2) 인지발달적 특성

(1) 학습과 지식 습득의 어려움

- 자폐성장애는 지적장애를 동반하므로 학습이나 지식 및 기술을 습득하는 부분에 매우 긴 시간을 필요로 하거나 어려움을 느낀다.
- 자폐성장애를 가지고 있다고 해서 학습이나 지식, 기술 습득에 모두 어려움을 보이지는 않으나, 10% 정도는 특정 영역에 매우 높은 지능과 뛰어난 행동, 능력을

보이게 되는 서번트 증후군(Savant syndrome), 또는 자폐적 우수성(autistic savant)의 능력이나 천재적 재능 증상을 보인다. 그러나 타 영역에서는 매우 낮은 수행 행동을 보인다.

- 인지발달을 위해 다양한 발달특성을 고려하여 개인에 맞는 개별화 교육을 수립하여 교육 환경을 제공해 주는 것이 중요하다.

자폐성장애의 특정 영역에 높은 지능을 보이는 서번트 증후군의 인물 및 행동은 [표 8-12]와 같다.

[표 8-12] 서번트 증후군(Savant syndrome) 실존 인물

서번트 증후군 실존 인물	장애적 증상	특별히 나타나는 행동
킴 픽	• 혼자 옷을 입지 못함 • 물건을 기억하지 못함 • 계단을 오르지 못함	(영화로 제작: '레인 맨' 실존인물) • 우편번호 책 통째로 외움 • 1만권 이상이 넘는 책 암기 • 과거의 날짜 지목하면 월, 일, 요일을 앎
야마시타 기요시	• 지적 장애 • 언어 장애	(일본 화가) • 한번 본 장면은 기억함
펑 리안	• 자폐	• 그림에 재능
레슬리 렘킴	• 뇌성마비 • 경도 지적장애	• 장시간 음악을 한번 듣고 연주함
스티븐 월트셔	• 자폐	• 20분 동안 헬리콥터를 타보고 기억된 도시를 똑같이 그려냄
블라인드 톰 위긴스	• 자폐증 • 선천적 시각장애	• 피아노 신동
이균도	• 자폐성 발달장애 1급	• 아버지와 함께 국토대장정 • 뛰어난 암기능력 • 영어사전 통째 암기

출처: 더위키(2022). 서번트 증후군.

최근 영상으로 제작된 서번트 증후군에 대한 작품은 [표 8-13]과 같다.

[표 8-13] 서번트 증후군(Savant syndrome) 관련 영상 작품

서번트 증후군 관련 미디어	인물	특별히 나타나는 행동
그것만이 내 세상	주인공: 박정민 (2018년 작품)	• 피아노의 천재적 재능
레인 맨	주인공: 더스틴 호프만 실존인물: 킴픽 (1988년 작품)	• 우편번호책 통째로 외움 • 1만권 이상이 넘는 책 암기 • 과거의 날짜 지목하면 월, 일, 요일을 앎
하늘과 바다	주인공: 장나라 (2009년 작품)	• 특별한 기억력 • 바이올린의 천재적 재능
템플 그랜딘	주인공: 클레어 데인즈 실존인물: 템플 그랜딘 (2010년 작품)	• 한번 본 것을 시각화하여 저장 • 인도적인 가축 시설 설계
스플릿	주인공: 이다윗 (2016년 작품)	• 볼링의 천재적 재능
이상한 변호사 우영우	주인공: 박은빈 (2022년 작품)	• 천제적 암기력, 기억력
말아톤	주인공: 조승우 (2005년 작품)	• 달리기 재능

출처: 이지연, 한수진(2020). 유아교사를 위한 특수교육학개론. 양서원.

(2) 혼잣말/반향어 사용

타인과 이야기할 때 혼잣말을 사용하거나 반향어(echolalia)를 사용한다. 혼잣말/반향어 사용은 언어 및 의사소통 능력에 있어 결여행위의 문제점이 많이 나타난다. 의미없는 소리를 항상 중얼거리거나, 반복적으로 하는 행위, 나의 말을 문장 그대로 모방하고 반복하는 반향어를 쓰는 행위, 말은 할 수 있으나 요구사항 이외의 의사소통의 수단으로 언어를 사용하지 않는 행위, 대화가 되지 않는 혼자만의 말만 하는 행위 등의

문제점이 나타난다. 말의 의미를 알고 수용언어와 표현언어로 사용하는 것이 아니라 받은 말을 되받아 말소리를 모방(imitation)하여 행동하기 때문에 인지 발달에 어려움이 있다. 인지발달에 영향을 미치는 수용언어와 표현언어에 대한 자폐증 발달에 따른 언어적 특성은 [표 8－14]와 같다.

[표 8-14] 자폐증 발달에 따른 언어적 특성(수용언어/표현언어)

수용언어: 듣고 이해함(이해언어)	표현언어:수용된 부분을 언어로 표현함
• 지적하기 ("이건 뭐야?")	• 이름 대기
• 지시 따르기 ("사과 가지고 오세요")	• 반향어 사용
• 낱말에 대답하기 ("사과 어디 있어?")	• 특이한 언어 사용 (신조어)
• 속담, 비유, 농담의 이해의 어려움	• 대화시작, 마무리, 전환의 어려움
• 글은 읽으나 문장 이해의 어려움	• 비언어적 의사소통 어려움

출처: 이소현, 박은혜(2011). 특수아동교육(3판). 학지사.

(3) 언어적(구어/학습)의 의미 파악

구어나 학습된 글자의 의미를 이해하고 있거나 의미가 전달하는 부분의 해석이 어려우며, 비유되는 말이나 농담과 같은 속뜻을 해석해야 하는 부분을 이해하지 못한다.

(4) 비언어적 소통의 어려움

비언어적으로 소통하는 부분에 대한 어려움이 있다. 즉 미소를 짓거나, 속뜻과 다른 표정을 짓거나, 제스처, 몸짓, 머리 흔들기, 머리 끄덕이기 등의 대체 의사소통을 사용하지 않으며, 비언어적 특성을 파악하여 소통해 나가기 어렵다.

3) 사회·정서적 특성

(1) 사회적 관계 맺음의 어려움

- 타인에 대한 관심 부족, 주변에서 일어나는 현상들의 호기심 부족이 나타난다.
- 익숙한 것에는 집착, 애착 증상을 보이지만 새로운 것에는 관심을 보이지 않는다.
- 집단생활 및 단체 활동에서 상호작용의 어려움을 보이며, 규칙을 통한 활동을 함께 하는 데 불편함을 느낀다.
- 일상생활의 대인관계 능력에 어려움을 가지며, 타인의 신체를 부담 없이 만진다.
- 타인의 기분을 이해하지 못하고 타인에게 피해가 된다는 것을 모른다.
- 위험한 상황에 대한 인지가 되지 못한다.
- 남의 음식을 함부로 손으로 만진다.

(2) 정서적 어려움

- 언어적·비언어적 의사소통에서 전달과정의 어려움이 있으므로 감정 교류가 어렵다.
- 타인과 눈 맞춤을 통해 의사소통하지 않으며, 얼굴 근육을 표정으로 상황에 맞게 사용하지 못한다.
- 타인의 아픔이나 어려움에 관심을 보이거나 반응을 하지 않는다.

(3) 또래관계의 어려움

- 자신의 놀이 속에 타인을 끌어들이거나, 타인의 놀이 속에 자신이 들어가지 못한다.
- 놀이를 주도하지 못하고 스스로 진행하지 못하므로 놀이를 통한 성취나 즐거움을 느끼는 감정의 발산이 어렵다.
- 또래 간 관계를 맺거나 타인에게 관심을 보이는 등의 일반적 사회적 작용이 어렵다.

(4) 자폐성장애 아동의 자기자극 행동특성

- 자폐성장애 아동의 행동에는 일반아동과 다른 행동들이 많다.
- 일반아동이 타인과 관련하여 행동하는 데 비해 자폐아동은 자기 자신을 자극하는 행동을 한다.

자기자극 행동특성은 [표 8－15]와 같다.

[표 8-15] 자폐성장애 아동의 자기자극 행동특성

구분	내용
시각적 자극행위 (주시하기)	• 자폐성장애 아동은 다음과 같은 것에 주시하며 시각적으로 자극행위를 하고 그것을 즐기며 스스로 만족해한다. • 불빛, 색채, 천, 포장 종이, 신체부위 중 특히 손이나 손가락을 보며 즐긴다.
동작적 자극행위 (반복하기)	• 자폐성장애 아동은 특이한 동작을 반복하며 자기자극행동을 하며 타인과 상관없이 스스로 반복행위를 즐긴다. • 종이 찢기, 집어 던지기, 만지작거리기, 떨어뜨리기, 물건 진열하기, 손/손가락을 반복하여 흔들기, 몸을 전후좌우로 흔들기, 온 몸을 360도 회전하기 등
언어적 자극행위	• 언어라는 도구를 통해 의사소통의 수단으로 타인에게 하는 것이다. • 자폐성장애 아동은 자신을 향해 반복한다. • 같은 말 되풀이하기, 말 따라 하기, 의미 없는 혼잣말하기, 반복적으로 노래하기, 소리 흉내 내기 등의 행동을 한다. • 타인의 관심은 상관없이 혼자 반복적으로 하며 즐긴다.
촉각적 자극행위	• 침 만지기, 음식물이나 모래, 대소변 등을 주물럭거리기, 물 가지고 놀기, 신체 부위 만지기, 촉각을 자극하여 스스로 감각을 자극하고 만족감을 갖는다.
청각적 자극행위	• 어떤 소리를 만들어 그것을 반복한다. • 물건 떨어뜨리는 소리 듣기, 달그락거리는 소리 듣기, 이를 '빠드득' 갈거나 부딪쳐 소리 등 일정한 소리를 내도록 하여 반복적으로 즐기는 행위 • 이런 행위를 자극하고 반복하며 감각적 만족을 얻는다. • 일반적으로 자극행위 뒤에 후속자극(반응)에 따라 그 행동이 계속되기도 하고 중단되기도 한다.

출처: Stanley 1, Greenspan, MD. Serena Wieder, PH. D(2010). 자폐아동과 함께하기. 핑키밍키.

4. 자폐성장애의 교육적 접근

자폐성장애 아동의 신체발달, 인지발달, 사회·정서 발달적 특성을 바탕으로 교육적 접근이 필요하다. 현재 자폐성장애의 특성을 보이는 유아기 자페아동(early infantile autism)은 전문적 통합교육활동을 지원받고 있다. 그러나 모든 자폐아동이 전문 통합교육 지원을 받고 있는 것이 아니므로 통합교육의 환경적 지원과 중재 방법 교육이 필요하다.

1) 신체발달에 따른 교육적 접근

- 장애아동 주변에서 비언어적 신체 동작을 활용한다.
- 소리를 가급적 작게 하고 대화 시 위치 선정을 조율한다. 이는 소리에 예민한 반응을 보이거나 가까이 다가오는 것을 두려워하거나 몸을 만지는 행위에 대해 예민한 반응을 보이는 데 필요하다.

2) 인지발달에 따른 교육적 접근

- 장애아동에게 간단한 단어 혹은 짧은 문장을 사용하여 학습을 지원한다.
- 낮은 음성으로 동일한 어조를 사용한다.
- 질문 형태보다는 간단한 지시 형태로 명료한 대화를 이뤄나갈 수 있도록 한다.
- 문제해결을 위한 시도 행위를 할 수 있도록 지원한다.
- 문제해결을 위한 행위가 이루어졌을 때는 즉각적으로 긍정적 반응을 지원한다.
- 전이가 이루어진다는 반응을 알 수 있도록 지속적으로 지원해 나간다.

3) 사회·정서적 발달에 따른 교육적 접근

- 사회적 주변 환경이 학습 또는 놀이에 자극이 되도록 하여 흥미를 잃거나 상실하게 해서는 안 된다. 그러므로 주변 또래와 함께 할 수 있는 협력 활동이나, 상호작용을 유발하는 지원이 필요하다.
- 환경적 지원을 통하여 주변을 넓게 사용할 수 있도록 한다.
- 물리적 지원을 통하여 익숙한 물건을 정해진 위치에 근접성 있게 활용할 수 있도록 지원하며, 익숙하지 않은 물건 또한 다량 비치하여 새로운 환경이 제공되는 부분에 익숙해지도록 고려하여 구성해 놓는다.
- 놀이시간, 휴식시간, 전이시간, 식사시간, 정리정돈시간, 화장실 이동시간 등의 일상생활 관련 활동 중에서 자연스럽게 타인과의 접촉 또래와의 상호작용이 자연스럽게 통합적으로 발생할 수 있도록 돕는다.
- 교사와 장애아동, 장애아동과 비장애아동, 장애아동과 형, 동생과의 역할을 자연스럽게 익혀나갈 수 있도록 지원해 나간다.
- 일관성 있게 긍정적 행동에 대한 강화 및 부정적 행동에 대한 후속 결과를 통해 개인 차원의 행동 관리 체계를 마련한다.

4) 장애 특성에 다른 개별화 교육

- 장·단기의 교육 목표를 설정하여 개별화 교육을 진행하며 자료를 수집해 나간다.
- 수업과 활동을 연계하여 수준별 진도를 작성해 나간다.
- 보완대체 의사소통 기기를 활용하여 진행해 나간다.
- 행동의 발달에 대한 자료를 수집하여 동일한 행동의 선·후 자료를 수집한다.
- 과제수행을 위해서 먼저 단기계획을 계획한다.
- 단기·장기 교수목표를 계획하여 통합 학급활동과 수업이 연계되도록 지원한다.
- 월별·주별 단위로 교수 목표를 장애아동에 맞게 개별적으로 수정해 나간다.

5. 자폐성장애의 지원방안

1) 행동중재

문제 발생에 대해 대응하는 과정이며, 선행적으로 중재되거나 결과가 중재된다. 문제 발생 전 성공할 수 있는 기회를 제공해 줌으로써 환경의 수정을 통하여 변화를 훈련해 나가는 것이다. 반복연습과 모방을 통해 훈련해 나간다.

자기자극행동의 반복으로 타인과의 관계 형성이 되지 못하므로 행동중재 수정을 하려면 장애아동이 좋아하는 다른 놀이나 행동으로 반복되는 것을 차단시켜 주어야 한다. 따라서 행동 뒤에 자기자극에 의한 만족이 피드백이 되지 못하도록 끼어들어 적절하게 행동을 조절해 주는 것이 필요하다. 그러므로 행동 뒤에 항상 다른 사람의 자극이 따른다는 것을 인식시켜 자신이 만들어 놓은 반복 행동에 빠지지 않도록 해야 한다.

2) 아동발달 검사결과

아동발달 지침서를 토대로 한 관찰 및 계획된 활동으로 자신의 신변처리 및 움직임, 운동성에 대해 지원해 나간다.

발달을 관찰하여 발달 진전표를 통해 대근육 신체 활동에 대해 파악해 나갈 수 있고 바깥놀이, 자세와 운동, 공놀이, 균형 잡기를 지원해 나간다.

3) 인지행동중재

- 외적 행동 변화에 대해 사고를 통제하거나 관리하는 데 필요하다.
- 불안증, 우울증을 겪는 사람에게 증거기반으로 사용되었으며 효과가 입증되었다.
- 자폐증상의 수준 향상 및 기능을 습득하고 처리하며, 감각·감정 조절 감소, 인지 기능 향상에 효과적이다.

4) 언어훈련

- 자폐성장애 아동의 언어훈련의 구어적 의사소통 및 일상생활에 매우 중요하다.
- 언어훈련을 위하여 개개인에 맞는 다양한 개별적 언어 프로그램을 사용한다.
- 언어는 구어뿐만 아니라 비언어적 활동이 포함되는데, 언어의 모델링, 시각적·청각적·감각적·신체적 촉구를 제공하며 구어 반응에 따라 강화를 촉진해 나갈 수 있다.

5) 자기관리

자폐성장애 아동에게 긍정적 행동과 부정적 행동에 대한 변별과 스스로 이해하고 아는 부분에 대해 기록하고 점검하여 긍정적 행동에 대해서는 지속적으로 강화해 나가는 훈련이다. 과제를 수행하면 긍정적 반응을 하여 한 단계 기술을 향상시켜 나갈 수 있는 관리법이다. 이는 또래 관계의 긍정적 관계 형성, 자기관리 및 의사소통의 기술 향상, 타인과 관계 맺기, 사회적 현상에 관심 가지기 등의 지원 전력을 할 수 있다.

6) 보완·대체 의사소통체계

보완·대체 의사소통체계(Augmentative and Alternative Communication: AAC)는 의사소통을 효과적으로 진행하기 위하여 개발되었다. 인지적 장애아에게 보조도구(aid) 및 수화나 그림 상징(symbol), 전략 및 기술(strategy and technique)으로 의사소통을 지원하며, 특별한 도구를 이용하여 보완대체 의사소통을 사용한다.

7) 또래와의 사회관계 촉진

장애아가 고립되거나 혼자 놀이가 아닌, 또래 관계에서 더불어 어울릴 수 있도록 지원한다. 사회적 능력은 한 개인이 주어진 사회적 환경과 상호작용하면서 균형 및 조화를 유지하는 데 필요한 생활적응 기술이다. 그러나 자폐성장애 아동에게는 습득의 결함으로 인하여 사회적 기술을 획득하지 못하게 된다. 유창성은 습득한 기술을 크게 노력을 기울이지 않고도 주저함 없이 행하는 능력이며, 중재는 종료된 후에도 습득된 기술을 수행하는 능력이지만 유창성과 유지에 의한 수행 결함이 크게 보인다. 또한 일반화의 결함으로 학습상황, 또래와의 관계, 대인과의 관계에 사회적 기술 수행 능력의 결함을 보인다. 그러므로 자폐성장애 아동은 사회성 습득의 어려움을 가지게 되므로 일반화된 사회적 관계의 어려움으로 인해 또래와의 관계가 매우 어렵다.

8) 중심축 반응훈련

목표를 설정하고 이에 따른 행동에 대해 영향을 미치는 훈련이다. 자신이 흥미 있어 하는 부분과 주도성 향상을 위해 기타 다른 영역에서 중심이 되는 역할을 하게 되는 훈련이므로 의사소통, 자기관리에 대한 여러 반응 부분에 중심축 훈련이 되는 데 초점이 있다.

9) 모델링

자폐스펙트럼(Autism Spectrum Disorder: ASD) 아동에게 어떻게 행동하는지 모습을 먼저 보여주는 모델링(modeling)을 하여 모방할 수 있도록 돕는다. 이는 행동을 관찰하고 탐색하는 과정이므로 행동에 대한 기술을 향상시켜 나갈 수 있다.

10) 스케줄

스케줄을 통해 단기적 활동 및 일과표에 대해 계획할 수 있도록 한다. 스케줄 관리는 결국 시간의 추상적 개념을 인지하게 되거나 활동의 전반적 흐름을 파악할 수 있게 하는 교수전략이다. 스케줄의 전이(transition)는 비언어적 행동, 시각적 표상, 표찰, 그림 자료 등을 통해 알 수 있게 한다.

11) 진단평가도구 사용

'캐롤라이나 교육과정(carolina curriculum)' 교수도구나 '포테이지 아동 발달지침서(portage guide to early education)' 교수도구의 발달지표를 토대로 교수 목표를 선택해 나간다. 지침서, 관찰기록표, 체크리스트 등을 통해 아동의 발달의 진전 사항과 시각적으로 발달 진전표를 통해 알 수 있고, 수준에 맞는 특정 행동을 지원해 나갈 수 있다.

Chapter

09

의사소통장애

배울 내용

1. 의사소통장애의 정의
2. 의사소통장애의 진단 및 원인
3. 의사소통장애의 특성
4. 의사소통장애의 교육적 접근
5. 의사소통장애의 지원방안

학습 목표

1. 의사소통장애의 정의와 진단 및 원인을 알 수 있다.
2. 의사소통장애의 특성을 이해할 수 있다.
3. 의사소통장애의 교육적 접근방법을 이해하고 적용한다.
4. 의사소통장애의 지원방안을 알아보고 적용한다.

개요

의사소통장애의 진단 및 원인을 알아보고, 의사소통장애의 각 개별적으로 나타나는 신체적 발달, 인지적 발달, 사회·정서적 발달, 언어적 발달특성에 대한 이론적 기반을 중심으로 실제적 교육 운용이 가능한 지원을 알아보고자 한다. 의사소통의 환경중심 교육, 교재-교구중심 교육, 교수활동 교육적 접근으로 의사소통장애의 교육 효과를 높이며, 언어발달의 촉진을 비롯한 보완대체의사소통, 모델링을 통한 지원방안에 대해 살펴보고자 한다.

1. 의사소통장애의 정의

의사소통(communication)은 인간의 사회관계에서 가장 중요한 소통 도구이다. 의사소통은 언어적·비언어적 표현으로 사용되어 서로 주고받는 연속적 과정이다. 즉, 의사소통은 개인의 사고, 행동, 느낌, 감정, 제시적 의견, 정보 등을 언어 혹은 비언어, 글로 메시지를 듣고 전달하는 교류의 통로이다. 의사소통은 화자(speaker, 말하는 사람)와 청자(listener, 듣는 사람) 그리고 어떤 수단(a means of communication)으로 사용(use)하는지, 어떤 의도(intented)로 전해야 하는지에 대한 구성요소가 명확해야 한다.

의사소통을 통해 의사를 표현하고자 할 때는 구어(spoken language) 혹은 문어(written language)를 사용할 수 있다. 또한 미소, 눈맞춤, 몸짓, 얼굴표정, 손과 발을 이용한 제스처, 말의 고저장단(high and low), 억양(accent) 등의 비언어적 요소를 통해 의사 표현이 이루어질 수도 있다. 그러므로 의사소통은 구어(oral language)뿐만 아니라 비언어적 표현 또한 매우 중요하다.

언어장애는 구어와 문어로 사용되는 어휘 전달, 어휘 연결의 부족, 문장을 구성하고 조합해 나가는 능력 부족, 타인과 대화나 집단 토의 시 주제의 연결성, 사건의 설명을 이끌어 내기가 부족하게 되는데 뇌손상에서 오는 이해나 표현능력의 손상으로 인한 것이다.

언어(language)란 인간으로서 타인과 관계를 맺기 위해 사용되는 기본적인 소통 도구이다. 말을 사용하여 자신의 메시지를 표현하는 것이 의사소통이지만, 말을 하지 않는 것 또한 무언의 메시지를 전달하는 의지의 표현이므로 의사소통에 해당된다. 의사를 소통한다는 것은 혼자서 이루어질 수 없다. 또한, 소통은 서로 메시지를 교류한다는 의미를 가지며, 의사소통의 언어적 방식은 지속적 소통, 쌍방 간의 소통을 의미한다. 이러한 소통의 방식이 불가능하다면 다양한 도구를 사용하고 치료를 받지만, 일반적으로 도구나 진단을 통해서 소통장애가 진단되면 이를 의사소통장애로 나타낼 수 있다.

의사소통은 자신 스스로의 내적 소통(Intrapersonal communication), 타인과의 인적 소통(human communication), 사회 조직단체 안에서의 단체소통(organization communication), 그룹 안에서의 그룹 소통(group coummunication), 지역적 문화와 문화의 소통(culture coummunication), 나라와 나라의 소통(nation coummunication) 등 다양한 방식으로 나눌 수 있다. 또한 의사소통장애 안에는 언어장애(language disorder), 말장애(speech disorder), 말소리 장애(speech sound disorder), 사회적 의사소통장애(social communication disorder), 아동기 발병형 유창성장애(Childhood–Onset Fluency Disorder) 등 진단 후 결함이 보이는 부분으로 판정이 된다.

이 장에서는 의사소통장애의 정의 및 진단과 원인, 그리고 의사소통장애의 특성에 대해 세부적으로 알아보고 의사소통장애에 필요한 교육적 접근과 그에 따른 지원 방안에 대해 알아보고자 한다.

2. 의사소통장애의 진단 및 원인

1) 의사소통장애의 진단

의사소통의 가장 기본이 되는 표현 중 언어적 의사소통이 매우 중요하다. 「장애인 등에 대한 특수교육법」에서는 언어의 수용 및 표현 능력, 인지 능력 부족, 조음능력 부족, 말 유창성 부족, 기능적 음성장애를 특수교육대상자로 선정하고 있다. 또한 「장애인복지법」에서는 '언어장애인'을 음성기능, 언어기능을 잃거나, 곤란한 사람으로 분류하고 있다.

(1) 우리나라 의사소통장애 특수교육 선정기준 대상자

말(speech)은 구어(spoken language) 산출에 의한 언어의 생성이다. 몸짓, 손짓, 사인, 그림, 문어적 상징 등도 언어를 표현할 때 사용할 수 있지만, 구어는 가장 신속하면서도 효율적인 의사소통 방식이다. 말소리(speech sound)는 분리된 일련의 네 가지 과정인 호흡, 발성, 공명, 조음으로 이루어진다(국립특수교육원, 2009).

언어장애(language disorder)는 의사소통장애(communication disorder)의 한 부분이다. 우리나라 「장애인 등에 대한 특수교육법 시행령」(시행2018.10.30.)의 「의사소통장애 특수교육 선정기준 대상자」 (제10조 관련) <개정 2016. 6. 21> 규정은 [표 9-1]과 같다.

[표 9-1] 「장애인 등에 대한 특수교육법」의 의사소통장애 특수교육 선정기준 대상자

다음 항목 중 하나에 해당하여 특별한 교육적 조치가 필요한 사람
가. 언어의 수용 및 표현 능력이 인지 능력에 비하여 현저하게 부족한 사람
나. 조음 능력이 현저히 부족하여 의사소통이 어려운 사람
다. 말 유창성이 현저히 부족하여 의사소통이 어려운 사람
라. 기능적 음성장애가 있어 의사소통이 어려운 사람

「장애인복지법」 장애인의 종류 및 기준에 따라 음성기능과 언어기능에 연속적 장애가 있을 때 '언어장애인'으로 규정하고 있다. 이에 「장애인복지법」 '언어장애인'을 다음과 같이 규정한다. 「특수교육대상자 선정기준」에서는 언어장애를 지닌 특수교육대상자를 [표 9-2]와 같이 규정하고 있다.

[표 9-2] 「장애인복지법」의 언어장애를 지닌 특수교육대상자 선정기준

언어장애 분류 기준	
가. 장애 정도가 심한 장애인	음성기능이나 언어기능을 잃은 사람
나. 장애 정도가 심하지 않은 장애인	음성·언어만으로는 의사소통을 하기 곤란할 정도로 음성기능이나 언어기능에 현저한 장애가 있는 사람

(2) 미국 말－언어－청각협회의 의사소통장애

미국 말－언어－청각협회(American Speech－Language－Hearing－Association: ASHA, 1993)는 의사소통장애의 기준을 다양하게 분류하고 있다.

[표 9-3] 미국 말－언어－청각협회의 의사소통장애 분류 및 정의

의사소통장애의 분류 및 정의
Ⅰ.의사소통장애(communication disorder) 의사소통장애는 개념이나 구어, 비구어 및 그래픽 상징체계를 수용하고, 전달하고, 처리하는 능력에 있어서의 손상을 의미한다. 의사소통장애는 청각, 언어, 또는 말의 처리과정에서 분명하게 나타날 수도 있다. 의사소통장애는 경도에서 최중도에 이르는 범위를 보이며, 발달적이거나, 후천적으로 나타난다. 한 가지 이상의 의사소통장애가 혼합적으로 나타나기도 한다. 의사소통장애는 주 장애 또는 기타 장애의 2차적인 장애로 나타날 수 있다. A. 말장애(speech disorder) 말장애는 말소리의 발성, 흐름, 음성에 있어서의 손상을 의미한다. 1. 조음장애(articulation disorder)는 말의 이해를 방해하는 대치, 탈락, 첨가, 왜곡으로 특징지어지는 말소리의 비전형적인 산출을 의미한다. 2. 유창성 장애(fluency disorder)는 비전형적인 속도, 리듬 또는 음절, 어절, 단어, 구절의 반복으로 특징지어지는 말하기 흐름의 방해를 의미한다. 유창성 장애는 과도한 긴장, 힘들어 애쓰는 행동, 2차적인 매너리즘과 함께 나타날 수 있다. 3. 음성장애(voice disorder)는 자신의 나이나 성별에 부적절한 음성의 질, 높이, 크기, 공명, 지속시간에 있어서의 비정상적인 산출이나 결여를 의미한다. B. 언어장애(language disorder) 언어장애는 말, 문자, 기타 상징체계의 이해 및 활용에 있어서의 손상을 의미한다. 언어장애는 (1) 언어의 형태(음운론, 형태론, 구문론), (2) 언어의 내용(의미론), (3) 언어의 의사소통 기능(화용론)에 있어서의 손상을 포함한다. 1. 언어의 형태(language form) a. 음운론(phonology)은 언어의 소리 체계와 소리의 합성을 규정하는 규칙을 의미한다. b. 형태론(morphology)은 단어의 구조와 단어 형태의 구성을 규정하는 체계를 말한다. c. 구문론(syntax)은 문장을 만들기 위한 단어의 순서와 조합 및 문장 내에서의 요소들 간의 관

계를 의미한다.

2. 언어의 내용(language content)

   a. 의미론(semantics)은 단어와 문장의 의미를 규정하는 체계를 말한다.

3. 언어의 기능(language use)

   a. 화용론(pragmatics)은 기능적이고 사회적으로 적절한 의사소통을 위해서 이상의 언어 요소들을 조합하는 체계를 말한다.

Ⅱ. 의사소통의 다양성(Communication Variations)

A. 의사소통상의 차이/방언(distance/dialect)은 지리적, 사회적, 문화/민족적 요소를 반영하고 이들에 의해서 결정되는 개인의 집단이 사용하는 상징체계의 다양성을 의미한다. 상징체계의 지리적, 사회적, 문화 민족적 다양성은 말이나 언어장애로 간주되어서는 안 된다.

B. 보완대체 의사소통 체계(Augmentative and Alternative Communication:AAC)는 심각한 표현 및 언어 이해의 장애를 지닌 개인의 손상과 장애 패턴을 위해서 일시적이거나 영구적으로 보상하고 촉진하려고 시도하는 의사소통 체계다.

출처: American Speech-Lanauge-hearing Association(1993). Definitions of communication of disorders and variations *ASHA, 35*(Suppl. 10). 10-11.
이소현, 박은혜(2011). 특수아동교육(3판). 학지사.

의사소통 및 언어장애가 언어의 진행 수준, 발달 과정의 문제 등으로 진단되면 언어 및 의사소통 등의 기능에 문제가 있음을 알게 된다.

2) 의사소통장애의 원인

의사소통장애는 서로 연관된 요소들과 관련되어 상호작용에 의한 영향을 받기 때문에 특정 원인을 밝혀내기 어렵다. 구어와 비구어로 상대방에게 의사표현이나 정보를 전달하고 다시 상대방으로부터 정보를 받아들이기, 수용하기, 이해하기 등의 의사소통 과정에서 어려움을 나타난다. 의사소통장애의 원인은 구강 구조상의 이상 및 뇌 손상에 의한 생물학적 요인(biological factors) 및 연령에 따른 발달 과정상 그리고 사회적 환경으로 미치는 환경적 요인(environmental factors)으로 분류하고 있다.

(1) 생물학적 원인

생물학적 원인(biological factors)이란 생물학(biology)이라는 그리스어 '생명'의 'bios',그리고 '연구'의' –logia'에서 나온 용어이다. 생물학적 원인이란 유전, 신체 상태, 타고난 기질, 뇌의 발달 등 신경조직의 요인을 말한다.

여기에서 언어장애로 나타나는 요인은 두뇌 및 신경 손상, 혀, 치아, 입술, 구개파열, 호흡기관 손상 등의 구강기관 이상과 신경장애, 청각장애 등의 생물학적 요인에 포함된다. 구개파열은 유전, 유전인자의 변이, 염색체 이상, 모체 영양 상태, 약물 중독, 방사선 노출, 태아의 산소 결핍 등으로 기인하며, 말소리를 알아듣기 어렵고 정상적인 음색, 음질, 공명을 사용하지 못하는 구강구조 문제가 나타나게 된다.

뇌손상 및 신경에 손상이 발생할 경우에는 말소리 등 언어소통의 문제가 나타나게 된다. 말 또는 언어장애를 일으키는 신체적인 요인은 중추신경계나 입, 후두 절제, 치열의 부정교합, 얼굴의 기형 등에 손상을 가져오는 질병이나 사고에 의한 것이며, 실어증의 언어장애는 뇌의 손상, 만성적인 중이염은 결정적인 언어발달 시기에 청각 손상을 일으키면서 언어발달에 심각한 영향을 미치며, 말 또는 언어장애를 일으키는 요인으로 출생 전·후, 출생 시, 그리고 아동기나 성인기 등 일생의 모든 시기에 걸쳐서 발생할 수 있다. 그러므로 생물학적 요인은 선천적·후천적 요인으로 발생할 수 있다.

(2) 환경적 원인

환경적 원인(environmental factors)이란 언어적·비언어적 의사소통을 배우며, 영유아 발달 과정상 이루어져야 하는 언어적 발달이 적합하게 이루어지지 않으며, 언어의 질과 양의 지연, 언어능력의 발달지체가 되는 환경적 요인이다.

첫째, 부모의 육아 경험의 미흡 등으로 영아기의 옹알이 및 울음소리 등을 수용

둘째, 부모에게 언어적 자극을 받지 못함

셋째, 과다하고 방대한 언어의 질과 양을 무시한 채 수용만 됨

넷째, 부모와의 관계 등으로 지속적 벌, 무시, 학대를 받음

다섯째, 형제의 다수로 인하여 방치됨

여섯째, 가정의 경제적·사회적 여건, 학교 경험 등으로 소외되거나 고통의 경험 등이다.

아동의 삶의 전반에 걸친 말을 통한 의사소통을 익혀나갈 시기에 언어소통 능력의 촉진 및 저해 요인을 환경적 요인으로 볼 수 있다. 또한 정상적인 적응행동과 정상적인 언어기제를 가지고도 조음장애와 음성장애 현상이 나타난다. 아동이 언어생활 환경 안에서 또래나 성인의 언어를 모방함으로써 나타날 수도 있고 발달이 지연된 신경체제나 조음기관의 부적절한 결과일 수도 있다.

Starkweather(1987)는 언어의 형성(formulation of language)과 말의 환경(production of speech)이 동시에 아동에게 부담을 주면 위험을 가중하게 된다고 주장한다. 이때 아동이 말과 언어의 어느 한쪽으로만 노력을 기울인다면 다른 쪽의 수행능력이 떨어지고, 이런 양상에서 말더듬이 비롯된다고 주장하는 이론을 '능력과 요구의 불균형이론(theory of capacities and demands)'이라고 한다.

말더듬 증상은 환경적 영향을 받는다. Jonson(1961)은 아동이 정상적인 발달과정에서 부모가 자녀를 말더듬이로 진단하였기 때문에 고질적 말더듬이가 된다고 보고하였다. 어떤 유형의 장애이든 환경에 대한 반응, 특히 부모에 대한 반응으로부터 후천적 환경 원인이 초래된다고 보고 있다. 부모의 태도는 아동의 의사소통장애와 관련이 있고, 낮은 사회적 요인은 부모들이 아동의 언어학습을 촉진시키는 언어자극을 줄 기회가 거의 없게 한다. 이러한 환경적 요인은 다양한 언어모델과 언어자극을 줌으로써 어휘를 확장하고 배운 언어를 표현해 나가는 경험과 기회를 박탈하는 요인이 되기도 한다.

여러 가지 환경적 요인은 [표 9-4]와 같다.

[표 9-4] 스트레스로 작용되는 환경적 요인

스트레스를 느끼게 하는 어른의 말	스트레스를 느끼게 하는 언어 환경
• 말더듬 장애를 일으킴 • 빠른 속도로 말하기 • 다음 절 낱말 구성에 대한 스트레스 • 복잡한 문장구조 • 집 안에서의 이중언어 사용 등	• 경쟁적으로 대화를 할 때 • 다른 사람의 잦은 방해가 있을 때 • 말을 남달리 잘한다는 것을 자랑해야 할 때 • 듣는 사람이 자기 말에 관심을 갖지 않을 때 • 급히 말을 하거나, 흥분해 말을 할 때 • 말을 하는 동안 자주 질문을 받을 때 • 말을 해야 할 내용이 많을 때 등

출처: 김은경(2002). 자폐성장애 아동의 의사소통 특성에 관한 고찰. 유아특수교육연구. 제2권 제2호. pp.83－119.

3. 의사소통장애의 특성

언어는 출생부터 사망까지 인간의 표현 수단 중 가장 기본이 되며, 타인 및 사회적 상호작용의 기본적 수단이다. 의사소통의 언어적·비언어적 의사소통은 교육적, 사회·정서적 측면에서도 인간의 기본적 삶의 질에 영향을 미치게 된다.

영유아기는 언어적·비언어적 의사소통 능력이 활발히 이루어지는 시기이다. 출생부터 5세 이전의 영유아기 아동의 언어적·비언어적 의사소통의 발달능력은 연령별 발달과정 및 지체의 행동을 예측 가능하게 하며, 조기 선별과 조기 중개가 가능하게 되므로 가장 필요한 시기이다. 출생부터 12개월 정도는 비언어적 의사소통이 활발하게 이루어지며 이는 눈 맞춤, 울음, 감정 표현, 감정을 담은 표정, 몸짓, 손짓, "싫다"의 머리 흔들기, "좋다"의 머리 끄덕이기, 쑥스러움, 미소 등으로 비언어적 소통을 한다. 언어적 의사소통으로는 한두 단어로 의사표현을 한다. 즉, 옹알이를 하지 않고 그 수준을 넘어 "엄마, 아빠, 맘마" 등의 간단한 의사를 모방 혹은 습득된 언어로 표현하게 된다.

발달 정도에 따라 약간의 차이가 있을 수 있으나 취학 전·후의 측정 도구 등을 통해 언어발달의 정도 및 특성을 파악하여 의사소통장애로 파악하게 된다. 의사소통장애의 신체적 발달, 인지적 발달, 사회·정서적 발달, 언어적 특성에 대하여 알아보자.

1) 신체적 특성

[표 9-5] 신체적 특성 내용

특성	• 발성, 발어 기관의 형태 및 기능의 이상 • 부적절한 어휘와 몸짓을 사용 • 언어와 관련된 표현의 이상한 버릇 • 일반적인 감각 기능과 운동 기능 특성에 대해 지체가 나타남 • 언어발달 지체 영유아가 제스처, 발성, 체스처+발성에서 더 많은 사용 빈도를 보임 • 구어와 구어+제스처는 적은 사용 빈도를 보임

출처: 이지연, 한수진(2020). 유아교사를 위한 특수교육학개론. 양서원.

2) 인지적 특성

[표 9-6] 인지적 특성 내용

특성	• 언어를 이해하지 못하고 구두 지시에 따르지 않으며, 개인적 요구표현이 어려움 • 환경적·심리적으로 안정되어 있지 못한 언어 표현 • 학습영역의 언어 사용 어휘 수, 단어 인지력, 독해력, 기존 단어 및 문장의 이해력의 부족, 수의 개념에 대한 이해 부족 등으로 학습 성취에 어려움 • 읽기 학습에서 추상적·상징적 내용의 새로운 도입 시 어려움 • 학습영역의 읽기, 쓰기, 말하기, 듣기 등의 어려움으로 학습 성취에 저해되고, 의사소통의 언어적 소통능력은 인지적 발달에 영향 • 의사소통장애 아동은 초등학교 진학 후에는 학습장애로 재진단되는 경우가 많음 • 의사소통을 매개로 한 학업 활동 및 기타 교육적 경험에 지장을 초래하여 증상이 호전되는 경우라도 지속적인 어려움

출처: 박윤조 외(2005). 장애아동의 이해. 공동체.

3) 사회·정서적 특성

[표 9-7] **사회·정서적 특성 내용**

특성	• 신체적 운동 기능, 학력, 정서적인 면 등이 또래 집단에 비해 현저한 차이가 있음 • 낮은 자존감을 지니며, 이러한 부정적 경험으로 분노와 좌절감을 경험하게 됨 • 자신감과 자존감에 부정적 영향으로 타인과 대화를 나눌 때 거절당한다는 불안감과 긴장을 느끼며 언어 지체로 인해 자아존중감이 낮게 나타남 • 사회적 활동에 어려움을 느낌 • 사회적 상호작용의 융통성이 부족으로 사회적 갈등이 발생 시 문제해결의 어려움 • 또래관계에 있어서 장애가 없는 아동에 비해 더 큰 위험 요인을 느낌 • 학교, 가정, 지역사회의 갈등이 발생 시 감정을 공격적으로 표현하게 됨 • 대화하기, 인사하기, 정보교환의 사회적 목적의 의사소통 능력 결여 • 명시적으로 표현되지 않는 것이나 언어의 함축성, 이중적 의미의 이해 능력 결여

출처: 박윤조 외(2005). 장애아동의 이해. 공동체

4) 언어적 특성

언어는 의사소통의 기본 도구로 언어의 내용을 이해하는 수용언어(receptive language)와 타인의 언어 내용으로 이해되는 표현언어(expressive language)로 나누어진다(Friend & Bursuck, 2002). 수용언어는 반응, 추상, 암기, 기억 등으로 타인이 자신에게 말하는 언어를 이해하는 기술적 결함이 있는 것을 뜻한다.

표현언어는 문법, 구문론, 유창성, 어휘, 따라하기 등 자신의 생각을 언어로 표현하는 것에 어려움을 가진다.

언어장애를 가진 아동의 수용언어와 표현언어에서 관찰되는 문제점들에 대하여 알아보면 [표 9-8]과 같다.

[표 9-8] 언어장애아동의 수용언어와 표현언어에서 관찰되는 문제

수용언어	표현언어
• 질문에 적절하게 반응하지 못함 • 추상적으로 생각하지 못하거나 관용구에 포함된 추상적인 개념을 이해하지 못함 • 수용된 정보를 기억하지 못함 • 구두 지시 따르기를 어려워함 • 의사소통이 중단되는 것을 인식하지 못함 • 말로 설명해 준 내용 중 관사와 같이 구체적인 단어, 조동사, 시제를 나타내는 단어 놓침 • 말로 설명한 이야기 순서를 기억하지 못함 • 비슷한 소리의 글자들을 혼동하거나 단어의 소리나 음절의 순서를 바꿔서 이해함 • 유머나 꽁트 등 은유적인 표현을 이해하기 어려워함 • 양, 기능, 크기 비교, 시 공간적인 관계를 나타내는 개념을 이해하기 어려워함 • 두 개 이상의 문장이 연결된 중문이나 하나 이상의 종속절을 지닌 복합문을 이해하기 어려워함	• 부정확한 문법을 사용함 • 정확하게 설명하지 못함 • 말을 할 때 자주 멈칫거림("있잖아, 저기, 음" 등의 주저하는 말을 자주 사용함). • 주제를 이것저것 바꾸면서 말함 • 제한된 어휘를 사용함 • 정확한 의미를 전달하기 위한 적절한 단어를 찾기 어려워함 • 사회적 언어 사용이 빈약(특정 상황에 맞도록 의사소통 스타일을 변화시키지 못하며, 대화가 끊어질 때 회복시키지 못하고, 대화의 주제를 유지하지 못함) • 질문하기를 두려워하며, 어떤 질문을 해야 하는지, 어떻게 질문해야 하는지 모름 • 대화 중에 동일한 정보를 반복해서 말함 • 추상적이거나 시 공간적 개념에 대하여 말하기 어려워함 • 상대방에게 충분한 정보를 제공하지 못함

출처: Bos, C., & Vaughn, S. (2002). *Strategies for Teaching Students with Learning and Behavioral Problems*(5th ed.). Needleham Heights, MA : Allyn and Bacon.

(1) 조음장애

조음장애(articulation disorder)란 조음기관(혀, 이, 입술, 구개, 턱)이 그 위치 혹은 조음점이 바뀌어 후두에서 공기의 흐름도 변화하게 됨으로써 발음이 틀리게 되는 것을 말한다. 말소리를 산출할 때 단어의 생략(omissions)·단어의 대치(substitution)·단어의 첨가(additions)·단어의 왜곡(distortions) 등의 단어 산출상의 실수를 의미한다. 조음장애는 어음을 잘못 산출하거나, 발어 기관 장애의 경우로, 기관의 위치, 방향, 압력 등으로 말소리가 부정확하게 나오는 경우가 있다.

조음상의 장애 의미를 살펴보면 [표 9-9]와 같다.

[표 9-9] **조음장애상의 단어산출**

단어	의미	내용
단어의 생략 (omissions)	완전한 단어에서 일부분을 제외하고 발음 (가운데 자를 생략, 필요한 음소를 빠뜨리는 것)	'형님 → 형임', '아버지 → 아지' '고구마 → 고마', '바다 → 바아' '색종이 → 새쪼니', '달 → 다'....
단어의 대치 (substitution)	사용되고 있는 음을 다른 음으로 대신하여 발음 (ㅅ→ㄷ, ㅌ로 ㄹ→ㄷ으로 발음)	'개나리 → 개다리', '고기 → 고리', '아버지 → 아러지', '사랑 → 사당' '사탕 → 타탕'....
단어의 첨가 (additions)	목표 음 외에 새로운 다른 음을 추가하여 발음 (불필요한 음소 발음 추가)	'학교 → 핵꾜', '색종이 → 색종기' '아버지 → 아바버지' '우비 → 누비' '어머니 → 어어머니' '형','콩' → '헝아', '콩아'
단어의 왜곡 (distortions)	다른 음으로 대치되는 것과 달리 정확한 발음에 속하지 않는 경우(음질이 바뀌는 것)로 발음(비표준음으로 바꾸어 발음)	'아버지 → 아봐지', '학교 → 하이고' '어머니 → 어뫄니', '색종이 → 해뚜기'

출처: 추연구·김병룡(2022). 특수교육의 이해. 공동체

(2) 유창성장애

유창성장애(fluency disorder)는 소리나 단어가 머뭇거림이나 반복, 지속되며 말의 흐름 및 속도에 문제가 있어 유창성이 결여된 상태를 의미한다. 말의 흐름이 자연스럽지 않아서 말의 내용보다 그 사람의 말이 갖는 리듬 자체에 집중하게 된다.

행동적 표현으로는 음, 음절, 단어 등이 의도하지 않은 막힘, 반복, 연장 등의 반복으로 인하여 흐름이 수시로 깨지는 경우를 말한다. 행동적 특성은 반복 혹은 연결하며 말할 때 공포와 불안 심리로 눈을 깜박거리고 얼굴에 경련이 오며, 혀의 돌출, 호흡 패턴의 혼란 등의 과도한 움직임 현상이 나타난다.

유창성장애는 대표적 현상인 말더듬(stuttering) 외에도 말빠름증(cluttering)이 있다. 말

빠름증은 유창성장애의 한 유형이며, 구어 속도가 지나치게 빠르게 나타난다. 구어의 흐름이 비조직적이고 불규칙적이며 스스로 구어 속도가 빠르다는 것을 인식하지 못한다. 때로는 언어장애와 주의력 결핍장애 및 학습장애를 동반하고 있으며 말더듬에 비해 매우 낮게 나타난다.

말더듬(stuttering)은 첫째, 신경계통을 포함하는 생리적 결함, 둘째, 가정을 포함한 아동의 환경, 셋째, 아동의 '여린 심성' 혹은 '심리'가 원인이 된다.

Van Riper(1983)는 말더듬이 발생하는 직접적인 원인은 '진행되고 있는 말의 흐름이 말소리, 음절 또는 낱말의 근육 운동의 붕괴로 인해 방해를 받았을 때 그리고 이러한 방해에 사람이 부정적으로 반응할 때'라고 하였으며, 말을 더듬는 아동은 처음에는 별 문제를 느끼지 않다가 대화가 단절되면 극도의 두려움과 좌절감을 느끼고 점차 어떤 상황, 어휘 소리에 대해 말을 더 더듬고 많이 더듬을수록 두려운 상태가 된다고 보았다.

말빠름증과 말더듬을 비교하여 보면 [표 9-10]과 같다.

[표 9-10] 말빠름증과 말더듬의 비교

말빠름증(cluttering)	말더듬증(stuttering)
• 유창성 장애의 유형 • 지나치게 구어 속도가 매우 빠름 • 다양한 구어 문제 야기 • 구어의 흐름이 깨짐 • 구어 문제를 인식하지 못하고 진전이 어려움 • 단어 공포, 상황 공포가 없음 • 음, 음절 반복보다 단어 전체 반복이 많음 • 당황, 불안, 회피가 나타나지 않음 • 조음 생략, 대치, 왜곡이 나타남 • 단어와 구 반복, 조음 오류 • 비조직적 문장구조와 문법적 오류 • 문자의 앞, 뒤를 바꾸어서 읽거나 음절 및 단어 생략	• 유창성 장애의 유형 • 구어 문제를 인식함 • 언어 공포, 상황공포가 있음 • 좌절, 죄의식, 불안, 회피가 나타남 • 음, 음절의 반복, 연장, 막힘 증상이 있음 • 조음 오류가 없음 • 구문론적 문제는 없음 • 입을 짝 벌려 있으면서 한 마디도 못함 • 턱에 힘이 들어가 있음 • 전반적 조음기관의 긴장 상태를 나타냄 • 할 말이 있어도 못하는 경우가 많아 말을 하려다 포기해 버리는 경우가 많음 • 예정된 발표나 책읽기가 있으면 심한 불안감에 예

말빠름증(cluttering)	말더듬증(stuttering)
• 받아쓰기의 철자오류 • 지속적인 주의 집중 곤란 • 간단한 음정, 멜로디의 모방하는 데 어려움	민해지고 식욕이 떨어짐 • 딴청을 피면서 말하거나 다른 일을 열심히 하는 것 처럼 행동하면서 말함
예: "내가 어제 집에 갈 때 그랬다" → "내어집가 따" "바지 다려"→"다지 바려"	예: 단어 반복: "기차. 기차.. .기차 타러 가요." 음절 반복: "기... 기.. 기.. 기차 타러 가요." 음소 반복: "기차 ㅌ.. ㅌ... 타러 가요." 연장: "기이이이차 타러 가요." 긴장: "기......차 타러 가요." 지연 : "...............기차 타러 가요." 첫음절의 반복: 하하학교는 다다다음에 가자(학교 는 다음에 가자)

출처: 이소현, 박은혜(1998). 특수아동교육(3판). 학지사.

유창성장애(fluency disorder)의 핵심행동으로는 음절의 반복(repetition), 소리의 연장(prolongation), 소리의 막힘(blocking) 등의 증상이 있다.

[표 9-11] 유창성장애의 핵심행동

구분	반복	연장	막힘
현상	• 개별말소리, 음절, 1음절 낱말, 다음절 낱말, 다음절 낱말의 일부, 구/절등 억제할 수 없이 여러 번 되풀이하는 현상.	• 하나의 날숨에서 같은 말소리가 계속됨 • 연장될 수 있는 말소리는 마찰음, 단모음이 있으며 0.5초 이상 연장하여 발음	• 가장 늦게 나타나는 핵심행동. • 말의 흐림이 부적절하게 중단되고 조음기관의 움직임이 고착됨 • 멈춤은 긴장되어 있는 경우가 많아 '긴장된 멈춤'이라 함
증상	• 개별말소리 반복; " ㄱ ㄱ ㄱ 기차를 탔어" • 음절반복: "가가가 강에서 놀았어" • 다음절 낱말: "기차, 기차 기차를 탔어"	• 마찰음: "사람" → "ㅅ"을 계속 발음하면서 이어 나오는 "아"로 전이 되지 않는 것. "ㅅ－－－사람" "나는 가－－－있다" "나－－－는 가－－－있다"	• "감(막힘)사합니다" • 말을 못하고 얼굴을 찡그리거나 혀를 내미는 행동

구분	반복	연장	막힘
	• 다음절 낱말 일부 반복: "기기기 기타를 탔어", "버버버 버스를 타고 왔어" • 구/절 반복: "집에 집에 집에 있어", "버스 버스 버스 타고 왔어" "집에서 있다가, 집에 있다가 버스 타고 왔어"	"하－－－고 싶어요" • 모음연장: "아버지" → "아－－－아버지"	
고려 사항	• 반복속도: 말더듬은 계속 진행되면서 반복속도도 빨라 짐 • 반복의 비균일성: 초기에는 반복의 간격이 규칙적이나 심해지면 불규칙해짐	• 반복을 막기 위한 방법으로 연장 • 말소리를 연장하면 반복을 하지 않게 된다고 생각 • 말을 멈추면 호흡과 발성이 동시에 중단될까 봐 두려워함 • 말을 멈추면 청자가 말을 듣지 않을까 두려워함 • 낱말을 발음하는 데 필요한 근육운동의 하나가 그 다음 운동으로 이어지지 않으면 말소리를 연장하는 것 같음	

출처: 이지연, 한수진(2020). 유아교사를 위한 특수교육학개론. 양서원.

(3) 음성장애

음성의 협의적 개념은 성대의 진동에 의해 만들어지는 소리로서 발성을 말하며, 광의적 개념은 의사소통과 관련된 말을 의미한다. 음성장애(voice disorder)의 기본적인 유형은 공명장애(resonance disorder), 발성장애(dysphonia)로 나눈다.

공명장애(resonance disorder)는 말의 음성장애로 분류되며 말소리를 산출하는 동안 구강, 비강 혹은 인두강에서 만들어진 소리 에너지가 비정상적으로 전달되는 경우를 말한다. 발생장애(dysphonia)는 화자의 음성의 강도(loudness), 음도(tonal island), 음질(quality), 유동성(flexibility) 등의 구성요소 중 한 가지 이상이 적합한 정상 범위에서 벗어나는 것을 말하며, 개인의 성, 연령, 체구, 사회적 환경 등에 적합하지 않은 음성장애로 정의하게 된다. 음성장애는 원인 발견, 현재 음성상태의 정확한 기술, 음성 매개변수들의 사용이 병리 상태 유발 혹은 유지시킬 만큼 부적절한지 판별, 개별적 치료 개발 등으로 평가하게 된다.

음성장애의 일반적 언어평가는 음질(quality)의 기식 음성, 거친 음성, 목쉰 음성, 부적절한 음성으로 나타나며, 음도(tonal island)는 너무 높은 음도/낮은 음도/부적절한 음도 등이며, 강도(loudness)는 너무 큰 강도/작은 강도/부적절한 강도 등으로 나타난다. 또한 유동성(flexibility)은 과대비성, 과소비성, 부적절한 공명으로 음성의 내용을 평가하게 된다.

① 음성장애의 매개변수

음성장애의 발성장애의 산출된 4대 매개변수는 [표 9－12]와 같다.

[표 9－12] 음성장애의 4대 매개변수

구분	매개 변수 내용
음도 (tonal island)	• 남－125Hz, 여－225Hz 의 정상범위를 벗어나는 성대 근육의 운동 속도상태를 음도로 인한 음성장애로 인식 • 성대운동의 속도와 관련 있음(*Hz= 초당 진동수 성대 근육의 운동 속도)
강도 (loudness)	• 자발적인 구어시 65±10dB의 정상범위를 벗어나는 압력 상태를 강도로 인한 음성장애로 인식 • 성대의 부딪히는 세기와 관련 있음(*dB= 화자가 말을 할 때 공기 입자가 다른 이의 고막에 미치는 압력)
음질 (quality)	• 목소리가 얼마나 명쾌하고 밝은가와 관련 있음
	• jitter(주파수 변동률) = 1%의 정상범위를 벗어난 상태를 음질로 인한 음성장애로 인식 jitter : 주파수(소리 높이) 한 주기가 얼마나 변동적인지를 말함 정상범위의 jitter(소리 높이)은 즉, 음파의 한 사이클에 소요된 시간이 앞뒤 사이클에 소요된 시간과 얼마나 유사한가를 측정한 것 좋은 음성일수록 각 사이클마다 소요된 시간이 비슷함 음성의 주파수 변동율은 낮을수록 좋다는 정상범위의 주파수 변동률로 측정됨 주파수 변동율을 pitch perturbation이라고 함

구분	매개 변수 내용
	• Shimmer(진폭 변동율) = 3.81%의 정상범위를 벗어난 상태를 음질로 인한 음성장애로 인식 Shimmer: 음파(소리 크기)의 진폭(amplitude)이 얼마나 변동적인가를 측정한 것 보통 3.81%까지를 정상음성으로 봄 진폭 변동율을 amplitude perturbation이라고 함
	• NHR(소음 대 배음 비율) = 0.19dB의 정상범위를 벗어난 상태를 음질로 인한 음성장애로 인식 NHR: 70~4500Hz 사이에 존재하는 배음과 1500~4500Hz 사이에 존재하는 비정상 배음(inharmonic overtone) 간 비율의 평균치로 음성의 전반적인 잡음 특성에 관해 설명해 줌 보통 0.19까지를 정상으로 봄
유동성 (flexibility)	• 음도와 강도가 문맥과 상황에 맞게 자유자재로 변하며 정서를 표현하는 것 • 음성장애의 경우 말장애(구어장애) 유형에 속함

출처: 추연구, 김병룡(2022). 특수교육의 이해. 공동체.

음성장애를 인식하게 되면 신체 및 건강상태나 감정상태 등을 표출시키게 된다. 음성으로 표출되는 성대는 훨씬 더 많은 양의 활동을 하게 되며, 몸의 건강상태는 개인의 음성으로 자연스럽게 표현된다.

음성장애의 발생빈도는 계속 증가하고 있으며 음성장애를 겪는 사람들은 좌절감이 높아지게 되며, 다른 타 질병으로 발병될 때는 은둔하다가 말기에 이르러서야 수술을 받게 되는 예시가 발생하고 있다. 그러므로 음성장애(voice disorder)의 유형에 의한 원인을 분석할 필요가 있다.

② 음성장애의 임상현상의 분류 및 형태

음성장애는 기질적 음성장애(organic voice disorders), 기능적 음성장애(functional voice disorders), 신경학적 음성장애(neurogenic voice disorders)로 구분된다.

[표 9-13] 음성장애의 분류 및 형태

분류	병리적 분류	판정	형태 및 내용
기질적 음성장애 (organic voice disorder)	• 발성기관 구조적 손상 • 기질적 질병에 기인 • 선척적(구조적) • 신경학적, 근육변화 • 일차적 의료처치필요	실어증 지적장애 뇌성마비 자폐성스펙트럼 장애	① 유두종 • 호흡 곤란이나 질식사 위험 • 바이러스 감염 원인 • 성대 여러 부분에 발생 • 기도를 타고 내려가면서 생길 경우 • 대부분 6세 이하의 아동에게 발병
			② 접촉성 궤양 • 남성에게 주로 발생 • 성대와 성대돌기의 접촉지점에 양측성 발생 • 염증성, 괴사성 조직의 탈락에 의한 기관과 조직 표면의 결손 혹은 침몰
			③ 성대낭종 • 이중음성, 기식화 음성 • 성대 표면 여러 곳에 6~12mm 크기로 발생
			④ 성대부종 혹은 후두염 • 성대가 빨갛고 부음 • 전반적인 성대 부위에 발생 • 바이러스, 박테리아 감염, 알레르기 반응 등
			⑤ 후두 격막증(후두 횡경막) • 조기 제거수술 • 거미줄과 같은 얇은 막 • 성대운동 방해, 저음도
			⑥ 후두 각화증 • 각막의 비대(각질의 비대) • 원인은 흡연
			⑦ 성대구증 • 성대에 홈이 패임(내전이 잘 안됨) • 심한 기류가 유출되어 목 쉰 소리가 남
			⑧ 후두암 • 어느 부위든 발생 • 원인은 흡연, 술, 매연, 독성물질

분류	병리적 분류	판정	형태 및 내용
기능적 음성장애 (functional voice disorders)	• 성대 병변 없음 • 성대 오용, 남용 • 음성과 기능 • 구조 문제 없음	언어발달지체	① 성대결절 • 장기간의 음성 오·남용으로 인함 • 성대 앞 쪽 1/3 지점에 양측성으로 발생 • 가수, 여성, 아동에게 주로 발생 • 굳은 살 형태(1~4개) ② 성대폴립(용종) • 성대에 피멍, 붓기도 함 • 물집 형태로 6mm 이상, 편측성으로 발생 • 점막부터 병적 또는 비정상적으로 돌출 성장 • 단기간의 충격, 알레르기, 매연, 약물로 인함 • 2~3주간 음성 치료 후, 진전 없을 시 수술 ③ 기능적 실성증 • 성대접촉이 잘못된 방법으로 성대가 느슨하거나 단단하게 접촉하여 발생 • 성대에 문제가 없으며 심리적인 요인으로 발생하여 수술은 안 함. 음성치료는 회복 가능 ④ 근긴장성 발성장애 • 성대근육의 과긴장 • 성대의 내부근육과 외부근육이 과도하게 긴장됨으로써 정상적으로 음성산출 안 됨 ⑤ 성대비대(증) • 지속적인 음성 남용 • 성대의 가장자리가 붓게 되는 성대질환 • 성대 가장자리의 앞쪽 2/3(성대진동부위) 정도에 걸쳐 나타나거나 성대 근육 부위를 싸고 있는 막에 전체적으로 발생 • 거친 소리, 바람새는 소리가 남 ⑥ 라인케(씨) 부종 • 만성적인 음성 남용 • 성대 상피의 바로 밑에 막인 라인케(씨) 공간

분류	병리적 분류	판정	형태 및 내용
			내에 액체가 고여 성대가 부은 상태 • 자극물(담배)에 성대가 지속적으로 노출 • 여성의 노화된 성대에서 많이 발견
			⑦ 가성 • 높은 음도, 음도 일탈, 기식성 음질 (음도는 높은 반면, 강도는 약함) • 변성기 후에도 높은 소리가 지속, 여성 음성
			⑧ 이중음성 • 한쪽 성대가 다른쪽 성대와 무게, 크기, 긴장도가 다름 • 동시에 가성대, 진성대의 소리가 산출
신경학적 음성장애 (neurogenic voice disorders)	• 신경계 손상 • 기질적 음성장애에 포함		① 하위 운동 신경원 • 성대마비, 공명장애, 근무력증, 궐랑－바레증후군의 증상이 나타남
			② 상위 운동 신경원 • 편측 UMN 마비성 구어장애, 경직형 마비성 구어장애 증상이 나타남

출처: 김선영 외(2020). 특수교육학개론. 양서원

4. 의사소통장애의 교육적 접근

통합교육이나 일반교육을 지원받는 의사소통장애 아동들은 특수교사나 언어치료사 등을 통해 교육지원을 받고 있다. 의사소통장애에 대해 그 특성을 이해하고 교육받을 지원 대상아동이 적절한 교육 아래 올바른 성장 발달을 이루고 연령별 언어발달에 대한 소통이 이루어지도록 교육적 지원이 적절히 이루어져야 한다.

의사소통장애 아동에 대한 학생의 지도 목표는 의사소통 능력의 수준을 고려하여 설정하며, 아동의 언어적 활동이 촉진될 수 있도록 발성(vocalization)이 옹알이에서 단어, 말소리의 단어와 단어로 연결될 수 있도록 언어적 단계로 연결한다. 비언어적 수단인 눈 맞춤, 울음, 감정 표현, 감정을 담은 표정, 몸짓, 손짓, "싫다"의 머리 흔들기, "좋다"의 머리 끄덕이기, 쑥스러움, 미소 등을 활용하여 기초적 의사소통능력을 습득할 수 있도록 교육적 지원을 해야 한다.

아동의 발달 순서를 고려하여 일상생활에 필요한 의사소통의 우선적 필요한 기술을 습득하도록 지원해야 하며, 아동의 흥미나 연령을 고려하여 다양한 형태로 진행한다. 이는 일상생활을 통합한 다양한 형태의 중재가 강조되고 있다. 아동이 일반학급에 통합되어 교육을 받는 경우는 장애아동과 비장애아동과의 관계에서 긍정적으로 적응할 수 있도록 도우며, 특별히 관심을 보이는 부분에 효과적 교수-학습 전략을 적용하여 교육적 지원을 이루어야 한다.

말이나 의사소통의 장애를 가진 아동은 일반학급에 통합적 교육을 통해 교육적 효과를 높일 수 있게 된다. 이는 비장애아동을 통하여 구어 능력 발현의 모델링이 되고, 들으면서 교정되는 효과를 이룰 수 있다. 아동의 학습에 필요한 교재-교구를 활용하여 언어적 촉진을 이루며, 일상생활에서 장애아동들의 자연스러운 수용능력을 확장시켜주게 되어 사회성과 언어기술에 도움을 줄 수 있다.

말장애를 지닌 아동은 교육활동에 모두 참여해야 한다. 비장애아동과 장애아동 또래 간의 중간 자리에 배치하여 아동들 간의 놀이 참여, 학습 참여를 통해 의사소통의 기회를 충분히 제공해 주는 것이 상호작용을 증진시키는 기회를 제공해 주는 것이다.

의사소통장애 아동에 대해서는 다양한 교육뿐만 아니라 장애아동과 비장애아동이 함께 하는 통합교육적 접근이 필요하다. 이는 비장애아동들이 의사소통장애 아동들에게 정확한 말의 모델이 되고, 의사소통장애 아동은 또래의 말을 들으면서 언어교정이 되기 때문이다. 이러한 의사소통의 기회를 확장함으로써 사회성과 언어기술에 도움이 될 수 있도록 제공되기 위한 원칙은 다음과 같다. 첫째, 아동에게 필요한 요구를 예측하지 않는다. 그림을 그리기 위해 필요한 것이 무엇인지 먼저 말해 주지 않는다. 둘째,

새롭거나 독특한 사건을 일으킨다. 국물을 젓가락 혹은 포크로 먹는 행위, 밀가루를 젓가락으로 잡으려는 행위 등이다. 셋째, 다른 사람에게 정보를 전달해야 하는 기회를 제공한다. 점심식사 메뉴 말하기, 그림 설명하기 등이다. 넷째, 아동으로 하여금 선택하게 한다는 원칙을 제공한다. 내가 앉을 자리, 하고 싶은 놀이의 선택을 말하게 한다.

1) 환경중심 교육적 접근

- 장애아동과 비장애아동과의 통합된 환경지원으로 또래 간 긍정적 상호작용에 접근한다.
- 또래 간 상호작용을 통해 구어 능력 발현을 모델링한다.
- 통합교육을 통한 일상생활에서 자연스러운 수용 능력을 확장한다.
- 또래 장애아동과 비장애아동의 혼합적 배치로 놀이 참여, 학습 참여 기회를 제공한다.
- 비언어적 의사 표현과 언어적 의사 표현에 적극적이고 긍정적 반응을 보인다.
- 다른 사람에게 정보 전달의 기회를 제공한다(즉, 점심시간에 김치를 나누어 주며 "김치"라고 말하며 전달하게 함).
- 선택의 기회를 제공한다(즉, 쓰기학습 시 쓰기 도구의 활용의 선택권을 주어 말하게 함).

2) 교재 - 교구중심 교육적 접근

- 효과적 교수-학습 전략을 적용하여 교육적 지원
- 특별하게 아동의 관심 분야에 대한 교재-교구를 충분히 제공
- 충분하고 다양한 물리적 지원(쓰기도구, 재활용 도구, 그림카드 등)으로 언어적 자극
- 요구하기 언어 시도를 할 수 있도록 충분히 제공된 교재-교구를 손이 닿는 곳 위에 두어 요구하기를 시도할 수 있도록 한다(즉, 종이가 필요할 것이라 예측하더라도 아동이 말하기 전에는 주지 않는다.).

3) 교수활동 교육적 접근

- 아동의 학습 및 일상생활 활동이 언어적 촉진을 받을 수 있도록 교육계획을 수립한다.
- 아동의 일과활동의 비언어적 표현을 언어적으로 묘사해 준다.
- 아동이 사용하는 언어의 구조를 확장해 준다.

5. 의사소통장애의 지원방안

1) 언어발달의 촉진지원

- 문법적 구조에 어려움을 보이는 의사소통장애 아동에게는 정확한 언어적 모델링으로 지원한다.("언제 밥 먹었어요→아침에 밥 먹었구나", "어제 비가 와요→오늘 비가 온다고 했구나")
- 어휘력 증진을 위해 다양한 예시로 제시한다.(예: '자다'→"아기가 자요", '가다'→"집에 가요", '먹다'→"00가 먹어요", '입다'→"옷을 입어요")
- 새로운 언어습득 시 실물, 사물, 그림 자료 등을 이용하여 교재-교구를 활용한다.

(1) 교사중심 접근

- 언어행동 변화를 목표로 반복연습과 모델링을 사용한다.
- 교사는 의사소통장애 아동에게 지시적으로 언급한다.
- 활동에 의한 수행 횟수를 조절하기 위해 수행에 대한 정보를 피드백으로 제공한다.
- 새로운 언어 형태나 기능 접근에 유용하게 사용한다.
- 완벽 습득된 기술이어도 일반화의 어려움이 있다.

(2) 아동중심 접근

- 교사의 직접적 접근이 아닌, 아동중심으로 자연스러운 일상생활, 놀이에서 진행한다.
- 아동중심 접근이 될 수 있도록 교사는 충분히 기다려 준다.
- 교사는 혼잣말 기법(self-talk)으로 교사의 행동을 이야기해준다.
- 교사는 평행적 발화(parallel-talk)로 아동의 행동을 이야기해준다.
- 교사는 모방(imitation)으로 아동의 말을 그대로 따라서 말한다.
- 교사는 확장(expansion)으로 아동의 문장구조를 그대로 둔 채 말한다.
- 교사는 확대(extension)로 아동의 말에 교사의 정보를 추가하여 말하여 지도한다.

(3) 교사 더하기 아동 접근

- 교사중심과 아동중심을 모두 고려한 언어중재 방법이다.
- 교사와 아동이 함께 참여하여 자연스러운 언어기술의 맥락을 제공한다.
- 아동의 발달 및 요구에 맞는 언어활동을 계획하고 촉진, 강화하여 활용한다.

(4) 환경중심 접근

- 교사의 개방형 질문과 언어촉진 자극으로 아동에게 제시하여 아동의 반응을 살핀다.
- 교사와 아동의 관심 완료 후 아동이 필요한 것을 요구하기까지 기다린다.
- 아동이 "이건 뭐야?", "지금 뭐해?" 등 물음에도 반응이 적절하지 못하면 모델링 한다.
- 아동의 관심사에서 적절한 언어모델 제공 후, 수행하면 칭찬, 틀리면 모방하게 한다.

2) 보완 · 대체의사소통

말과 언어의 이해에 장애를 보이는 아동에게 의사소통을 위해 말을 보완하거나 대체적인 방법을 사용하여 의사소통 기회를 주고 소통능력을 향상 및 촉진시켜 나간다.

보완·대체의사소통(augmentative and Alternative Communication: AAC)은 다른 사람들과 의사소통 및 상호작용을 하면서 의사소통이 되지 않는 것으로 인한 문제행동을 감소시키고, 정서적 성장, 학습활동 참여, 독립적인 생활의 촉진과 말과 언어발달의 촉진까지 이룰 수 있다.

- '보조도구(aid)'는 '의사소통 책, 의사소통 판, 차트, 기계 혹은 전자장치와 같이 메시지를 전하고 받는 데 사용되는 물리적 도구'이다.
- AAC는 말하기/쓰기 장애를 지닌 아동은 사회에 기여할 수 있는 일원으로 참여, 혹은 재활할 수 있을 만큼 의사소통 할 수 있도록 지원한다.
- AAC 사용에 대한 사회적인 낙인(social stigma)을 최소화하고 장애인들의 정보 접근을 지원한다.

3) 모델링

통합학급에서 교사나 또래 간 일상생활의 놀이 활동, 교육활동을 통해 언어적 자극, 비언어적 자극을 주어 의사소통장애 아동의 발달 촉진을 이룰 수 있다.

모델링을 통한 의사소통 지원 방안은 다음과 같다.

- 말의 크기, 적절한 억양, 다양한 언어, 정확한 발음을 명확히, 천천히, 속도를 조절하며 의사소통을 지원한다.
- 시간 지연 방법을 사용하여 교사와 아동 간의 공동 관심을 형성한다.
- 아동의 이름을 부른다 → 바라볼 때까지 기다린다 → 바라보면 긍정적인 비언어적 표현을 하며 명확하고 천천히 언어적 지원을 한다.
- 아동의 이름을 부른다 → 계속 바라보지 않으면 → 최소한 10초 기다린 후 → 비언어적 표현을 통해 주의를 끈다 → 중요한 단어 사용 → 다시 메시지를 강조하여 말한다.
- 비언어적 표현으로 손짓, 몸짓을 사용하며 말한다.
- 언어적 지원은 짧고 간결하게 말한다.

- 조사, 부사가 연결되어 계속적 언어 수행이 이루어지지 않도록 한다.
- 중요한 부분은 단어를 강조하면서 말한다.
- 시각적 자료를 사용한다.
- 모델링의 가장 중요한 지원은 긍정적으로 표현하며 수용적 태도를 보이는 것이다.

Chapter

10

지적장애

배울 내용

1. 지적장애의 정의
2. 지적장애의 진단 및 원인
3. 지적장애의 특성
4. 지적장애의 교육적 접근
5. 지적장애의 지원방안

학습 목표

1. 지적장애의 정의와 진단 및 원인을 알 수 있다.
2. 지적장애의 특성을 이해할 수 있다.
3. 지적장애의 교육적 접근방법을 이해하고 적용한다.
4. 지적장애의 지원방안을 알아보고 적용한다.

개요

지적장애의 진단 및 생물학적, 환경적 원인을 알아보고 신체적 발달, 인지적 발달, 사회·정서적 발달, 언어적 발달의 어려움을 동반하는 특성에 대해 알아본다. 지적장애의 경도~최중도의 넓은 개인차의 교육적 접근과 지원방안에 대해 살펴보고자 한다.

1. 지적장애의 정의

지적장애(intellectual disability)는 정신지체(mental retardation)와 같은 용어이다. 지적장애는 지적장애인이라는 명칭을 사용하기 전에는 정신연령을 기준으로 다르게 부르기도 하였는데, 정신연령 2세 이하를 백치(idiot), 정신연령 2~7세를 치우(imbecile), 정신연령 7~12세를 노둔(moron)으로 사용하다가 1977년 이후 「특수교육진흥법」, 1981년 「심신장애자복지법」에 의하여 '정신박약(mental deficiency)'이라는 용어로 사용하였다. 하지만 특수교육의 의미에서 '박약'의 의미는 사회적 무능력, 부족함, 교육의 불가능 등으로 사용되어 너무 부정적으로 인식되었다. 그러나 1989년 「장애인복지법」 개정으로 '느리지만 발달하고 있다'라는 의미로서 '정신지체'로 개정되었다. 그 후 2007년 「장애인 복지법」 개정으로 '지적장애'라는 용어를 사용하게 되었다. 이는 가치중립적인 장애의 용어 사용에 의미를 두고 있다. 「장애인복지법」에서는 '지적장애'로, 개정 「특수교육진흥법」에서는 '정신지체'의 용어를 사용하게 되자 2016년 「특수교육법」도 일부 개정하여 '지적장애'의 용어 사용이 단일화되었다.

지적장애는 질병이 아니다. 출생 시 혹은 영아기부터 평균보다 훨씬 뒤처지는 지적 기능 수행 능력을 보이고, 18세가 되기 전에 시작되는 발달장애 상태로 나타나며, 정상적인 일상생활 활동을 수행할 수 있는 능력이 제한되어 나타난다. 뇌 발달을 저해하는 장애, 또는 유전일 수 있으나 대부분 영유아기에는 눈에 띄는 증상이 확실히 나타나지 않는다. 제한된 지적 능력으로 인해 학습에 어려움을 보이고 정신연령이 생활연령보다 낮아 적응행동에 결함을 갖는다. 지적장애는 자신이 필요로 하거나 요구사항을 다른 사람에게 알리거나, 스스로 자신을 돌보는 것에 어려움을 느낀다. 지적장애 영유아 아이들은 또래 아이들보다 일상적 기본 생활습관을 익히거나 기초 학습을 배우고 발달하는 속도가 매우 느리다. 도움 없이 말하고, 걷거나 입기, 식사하기 배변하기, 원하는 것을 말하기, 남의 말을 듣기 등을 배우는 데 시간이 오래 걸릴 수 있다. 그러나 지적장애는 오래 걸릴 수는 있으나 교육이 가능하다. 개인이 가지고 있는 잠재력을 계발할 수 있다는 가능성을 가진다. 지적장애는 경도에서 최중도까지 매우 광범위하다. 영유아나 취학 전 특수교육대상자에게 장애의 표찰(label), 프레임(frames)을 만들어 놓으면 낙인으로 인해 부정적 영향을 받게 될 것이다. 장애 표찰은 경도~최중도의 넓은 개인차에 의한 개인적 잠재력, 교육 가능, 훈련 가능한 능력, 보호 필요한 수준 등으로 구분되어, 아동의 수준과 성과를 낮게 평가하게 한다. 구분되어 특수서비스를 제공받는 것은 치료나 교육의 길을 제공할 수는 있으나 사회로부터 고립, 분리되어 불이익이 될 수도 있다.

일반적으로 알려진 지적장애의 사례는 다운증후군(Down Syndrome), 태아 알코올 증후군(fetal alcohol syndrome), 취약X증후군(fragile X syndrome) 등과 같이 유전자 상태에 의한 선천적 장애로 인한 경우이며, 생후 감염이나 뇌막염과 같이 질병에 의한 지적장애와 같이 후천적인 경우가 있다.

현재 미국 지적장애 및 발달장애협회(American Association on Intellectual and Developmental Disabilities: AAIDD)와 우리나라 장애인복지 및 특수교육법에 대한 용어 및 정의는 [표 10－1]과 같다.

[표 10－1] 지적장애의 정의

출처	용어	정의
장애인 등에 대한 특수교육법	지적장애	지적 기능과 적응행동 상의 어려움이 함께 존재하여 교육적 성취에 어려움이 있는 사람
장애인복지법	지적장애	정신발육이 항구적으로 지체되어 지적 능력의 발달이 불충분하거나 불완전하고 자신의 일을 처리하는 것과 사회생활에의 적응이 상당히 곤란한 사람
미국 지적 및 발달장애인협회 (AAIDD)	지적장애	지적 기능성과 개념적·사회적·실제적 적응기술들로 표현되고 적응행동 양쪽에서 심각한 제한성으로 특징화된다. 미국 지적 및 발달장애협회의 지적장애 정의는 22세에 도달하기 전으로 조작적으로 정의되는 발달기 동안에 시작된다.

출처	용어	정의
미국 정신의학협회 「정신장애 진단 및 통계편람 DSM－5」	지적장애	지적장애는 신경발달장애(Neurodevelopmental disorders)에 해당한다. 장애로 진단기준은 인지능력(IQ)과 적응기능 전체 평가의 필요성을 강조하면서 심각도는 인지능력 점수보다 적응기능에 따라 결정된다.

출처: 이소현, 박은혜(2011). 특수아동교육(3판). 학지사.

지적장애는 발달과 학습 영역에서 매우 광범위한 차이를 보이므로 교사의 교수지도를 매우 다르게 적용해 나가야 한다. 느린 발달 과정 및 학습 습득으로 인하여 사회성 발달, 인지적 발달, 신체적 발달, 생활기술의 발달이 전체적으로 느리게 발달·습득하거나 전혀 습득하지 못하기도 한다. 그러나 경도의 지적장애를 보이는 아동에 대해서는 여러 가지 특성을 고려하여 개별 아동에 맞는 교수자료, 교수법을 적용하고 고려해 나가야 한다.

지적장애의 적응 행동에 고려되어야 할 사항은 다음과 같다. 첫째, 현재의 기능적 제한은 같은 나이의 또래들이 생활하는 환경과 문화 안에서 고려되어야 한다. 둘째, 진단·평가는 의사소통, 감각, 운동, 행동 요인뿐만 아니라 문화적·언어적 다양성 안에서 고려되어야 한다. 셋째, 특정 능력의 제한점은 대개 강점과 함께 존재하므로 강점이 무엇인가를 파악하며, 다른 강점도 함께 고려한다. 넷째, 제한점을 파악하는 중요한 목적은 필요한 지원이 무엇인지 파악한다. 다섯째, 일정 기간 적절한 개별화교육이 시행되면 생활기능은 향상될 수 있다.

2. 지적장애의 진단 및 원인

1) 지적장애의 진단

지적장애의 진단은 지적장애의 정도를 살펴보고, 장애정도에 맞는 프로그램을 결정하게 된다. 지적장애는 지능 저하와 환경적응에 어려움이 나타난다. 지능 저하는 또래의 연령별, 성별, 사회·문화적 비교해 전반적인 지적 능력이 저하되었을 때 판단하는데, 지능이 70 이하일 경우 지적장애로 판단하게 된다. 환경적응은 사회성숙도의 수치를 통해 평가하는데, 의사소통, 사회활동 참여 및 가정생활, 학교 활동, 직업 활동, 사회활동 등의 일상생활에서 독립적인 역할 수행이 가능한 여부를 말하며, 사회집단에서 요구되는 것과 비교하여 판단한다. 장애정도에 따라 등급이 나누어지며 병발하는 장애와 일상생활 척도에 따라 달라진다. 지적장애는 경도, 중등도, 중도, 최중도의 4단계로 나누어 판단한다. 지적장애의 장애정도에 따라 [표 10-2]와 같이 세분화한다.

[표 10-2] 지적장애 정도에 따른 세분화 및 척도

장애정도	지능지수에 따른 세분화		일상생활 척도
	우리나라	미국	
경도(mild) (가벼운 정도 지적장애)	지능지수 50~55에서 약 70까지	지능지수 50~55에서 70~75	• 초등학교 고학년 만 8~10세 해당 • 자발적, 개인위생관리, 식생활 가능 • 주변 보조하에 직업활동 가능 • 주의 도움받아 독립생활 가능 • 교육 가능수준(구3급)
중등도(moderate) (중간 정도 지적장애)	지능지수 35~40에서 50~55까지	지능지수 35~40에서 50~55까지	• 초등학교 저학년 만 4~8세 해당 • 자발적 개인 위생관리, 식생활 가능 • 주변의 적극적인 보조하에 단순 직업활동 가능 • 주변의 도움하에 독립생활 가능 • 훈련 가능수준(구2급)
중도(severe) (심한 정도 지적장애)	지능지수 20~25에서 35~40까지	지능지수 20~25에서 35~40까지	• 정신연령 2~3세 • 간단한 의사소통만 가능 • 개인 신변관리 혼자서 불가능 • 주변의 도움이 필요 • 완전한 보호가 필요한 수준(구1급)

장애정도	지능지수에 따른 세분화		일상생활 척도
	우리나라	미국	
최중도(profound) (아주 심한 정도의 지적장애)	지능지수 20 또는 25 이하	지능지수 20~25 이하	• 정신연령 2세 미만 • 언어의 발달이 거의 되지 않음 • 보호자의 완전한 보조가 필요
정도를 세분할 수 없는 지적장애	• 지적장애라는 강한 심증은 있으나, 표준화 검사에 의해 지능을 측정할 수 없는 경우		
장애의 정도가 심하지 않은 장애인	• 지능지수가 71 이상 79 이하인 사람으로 교육을 통한 사회적·직업적 재활이 가능한 사람(23년 하반기부터 분류)		

출처: 이지연, 한수진(2020). 유아교사를 위한 특수교육학개론. 양서원

지적장애의 의심징후는 대체로 장애정도가 심할수록 더 일찍 나타나게 된다. 즉, 앉거나, 기어 다니거나 걷는 시기가 또래의 아이들에 비해 늦다. 말하는 법을 늦게 배우고, 말하기를 힘들어하거나, 장기기억과 단기기억의 문제로 기억을 잘하지 못한다. 사회적 규칙을 잘 이해하지 못하므로 또래 간의 관계 형성이 어려울 뿐만 아니라 학습장애 현상도 나타난다. 지시를 이해하지 못하므로 행동의 결과를 보기 어려우며 문제 해결에 어려움이 있다.

지적장애가 경도→최중도로 정도가 심할수록 행동장애, 정신의학적 장애, 신경학적 장애 증상이 심하게 나타난다. 정신의학적으로는 조울증, 조현병, 우울증, 주의력 결핍, 과다행동 장애 등의 병발이 높다. 행동장애로는 충동조절장애, 반복행동, 폭력성, 분노, 발작, 과잉 행동 등이 나타난다. 신경학적 장애로는 간질, 뇌성마비에 다른 동작 이상, 시력, 청력, 언어장애 등이 동반된다.

2) 지적장애의 원인

지적장애의 중요한 원인은 신체적인 기능과 심리적인 기능에 다양한 요인들과 연관되어 있을 수 있으므로 원인에 대해 정확히 파악하고 아동의 발달 문제와 함께 의학적

상태에 대해서도 예의 주시하여야 한다.

지적장애는 두뇌의 손상, 염색체의 이상, 유행물질 및 약물 오남용, 대사장애 등이다. 두뇌의 손상은 풍진, 매독 등, 산모가 질병을 앓았을 때 소아가 뇌막염이나 뇌염 등에 걸려 뇌 손상을 입는다. 염색체 이상은 다운증후군(Down Syndrome), 태아 알코올 증후군(fetal alcohol syndrome), 취약X증후군(fragile X syndrome)이 있다. 또한 약물남용, 영양실조, 조산, 방사선, 또는 출생 시 뇌손상 등이 있으며, 가장 치명적인 경우는 산모가 술, 담배, 카페 등, 코카인, 헤로인 등을 복용했을 경우이다.

지적장애의 원인은 생물학적 원인과 환경적 원인으로 나누어 생각해 볼 수 있다.

(1) 생물학적 원인

지적장애의 원인을 정확히 알 수 있는 경우는 매우 드물고, 장애정도가 심한 아동은 특정한 질병이나 두뇌 손상에 기인한 생물학적 원인에 의한 경우가 많다. 생물학적 원인은 10~20% 정도만 규명이 가능한 상황이다. 경도 지적장애는 사회 심리적 원인이 더 밀접하게 관련이 있으며 주로 단일 원인인 경우가 많다. 장애의 원인을 규명하고자 하는 요인은 정확한 진단으로 장애정도에 따른 악화를 방지하고 치료 및 처방을 통해 교육, 훈련을 지원해 주기 위함이다. 중도 지적장애의 경우 생물학적으로 장애를 가지고 태어난 경우가 많으며, 유전적 요인, 염색체 자체의 이상, 출산 전·후, 두개골의 이상 문제 등을 요인으로 분석할 수 있다.

① 유전적 요인

생물학적 유전적 요인의 종류와 내용은 [표 10－3]과 같다.

[표 10-3] **지적장애의 유전적 요인의 종류**

종류	유전적 요인의 내용
테이-삭스병 (Tay-Sachs Disease)	• 인체 조직 내 지방질 증가 • 진행성, 퇴행성으로 첫돌부터 증상이 나타나 급격하게 악화
페닐케톤요증 (Phenylketonuria)	• 아미노산 신진대사장애로서 대표적인 유전적 장애 • 최근 조기 발견되어 치료가 가능 • 특수분유 식이요법 시행. 식단 계획하여 식품을 대체
갈락토스혈증 (Galactosemia)	• 탄수화물 대사장애 • 우유 속에 들어 있는 당분을 소화시키는 효소가 결핍 • 지적장애, 간과 신장 기능장애, 백내장 등의 증상
에드워드 증후군 (Edward Syndrome)	• 치명적인 유전 질환이며 증상으로 지적장애, 탈장, 안면 변형 • 18번 삼염색체(trisomy 18)가 원인 • 출생아 6,000명당 1명, 90% 이상은 생후 6개월 이내 사망 • 저출생체중, 심장기형, 신장기형, 횡격막탈장, 중도지적장애, 발달지연
고셔 병 (Gaucher Disease)	• 글루코세레브로시데이즈 효소에 유전적 이상 • 분해하는 효소의 결핍으로 발생하며 피로, 빈혈, 혈소판 감소 • 고관절, 어깨, 척추의 뼈가 내려 앉고, 뼈를 침범하면 통증 • 폐와 뇌 기능이 저하되고 심하면 간질 발작이 일어남
크라베 병 (Krabbe Disease)	• 신경세포의 수초(생각, 말하기, 걷기의 몸의 기능 수행을 위한 세포간의 교류)를 감싸는 피막의 상실을 일으키는 유전적 효소 결핍 질환 • 출생 후 6개월 전부터 증상이 나타나며, 13개월 전후에서 사망 • 정신기능과 운동기능의 퇴행적인 악화 • 크라베병의 부모는 건강한 보균자와 비정상의 보균유전자 보유 즉 4명의 자녀 중 2명은 부모처럼 보균자, 한 명은 크라베병, 한 명은 정상
태아 알코올 증후군 (Fetal alcohol syndrome)	• 임신중 만성적으로 알코올을 섭취한 산모에게서 태어난 아기 • 지적장애, 신체적 장애 동반
레쉬-니한 증후군 (Lesch Nyhan syndrome)	• 37만 명에 1명. 희귀한 유전 질환 • HPRT 효소의 완전한 결핍으로 몸에 요산이 축적되어 나타남 • 무도무정위운동증, 근긴장이상증, 운동장애, 강박적 자해행동 주 증상 • 지적장애, 자해행동, 경련, 발달장애, 뇌성마비 등 불수의적 운동과 고요산 혈증, 요산뇨, 요로결석, 통풍성 관절염 증상 • 8~12개월에 경련성 운동 장애가 나타남 • 지능지수가 50~90 사이 분포, 90 이상인 경우도 있음

출처: 조윤경, 김수진(2014). 유아교사를 위한 특수아동의 이해. 공동체.

② 염색체 이상 증후군

염색체 이상 증후군의 요인 및 종류는 [표 10-4]와 같다.

[표 10-4] **지적장애의 염색체 이상 증후군 요인의 종류**

종류	염색 이상 증후군 요인의 내용
다운증후군 (Down Syndrome)	• 인구 800명당 1명 정도 나타남 • 동양인, 서양인 모두 유사한 외모 • 21번 염색체의 이상(3개)로 47개 염색체/일반인은 23쌍(46개) • 산모의 음주, 흡연, 약물 복용, 방사선 노출, 간염 바이러스 감염 등
클라인펠터 증후군 (Klinefelter Syndrome)	• 성 염색체 이상이며, 남성의 23번째 염색체 중 X염색체를 하나 더 가지고 있어서 XXY가 될 때 나타남 • 사회적 발달이 지체, 운동발달의 지연, 언어 지연, 읽기 장애 • 성 기능의 발달이 늦으며 2차 성징으로 여성적인 특징이 나타남
터너증후군 (Turner Syndrome)	• 성 염색체 이상, 여성의 성염색체 이상으로 발생 • Y염색체 없이 X염색체만 하나인 XO로 태어남 • 염색체가 XO로 착상된 태아 중 95%는 자연유산 • 2차 성징이 발달이 잘 안되거나 난소발달이 미약한 것이 특징 • 골다공증, 2형 당뇨병, 갑상선기능 저하증에 취약
취약X염색체 증후군 (Fragile X Syndrome)	• X성염색체 유전(Xq27-28) 부위가 끊어져 보임 • 지적장애, 발달장애, 자폐적 행동양식, 과다한 행동으로 보임. • 행동특성은 강박증, 활동 항진, 집중력 결핍, 기분변동, 자폐 등 • 돌발성, 참을성이 없고 항상 생각보다 행동이 앞서는 충동성 • 현저한 집중력의 문제, 불안정한 행동, 부주의와 태만의 행동 양상
니만-피크 병 (Niemann-Pick Disease)	• 상염색체 열성 유전 질환, 11번 염색체 단완 유전자의 돌연변이 발병 • 지질에 세포 축적, 세포의 파괴 및 주요 기관의 기능 부전 발생 • 경련성, 강직성, 나이가 많아지면서 운동능력 소실, 지적 능력 저하
프래더-윌리 증후군 (prader-Will syndrome)	• 15번 염색체의 긴 가지 부분의 결손 • 장기기억, 시공간적 능력의 과제, 직소퍼즐에 강점의 행동특성 • 꼬집기, 심한 짜증, 강박장애, 충동조절장애, 자해하기 • 언어-청각적 기능, 단기기억에 약점 • 지적장애 2급에서 경계선 지능, 간혹 IQ90 이상인 경우가 있음

종류	염색 이상 증후군 요인의 내용
윌리엄스 증후군 (Willams syndrome)	• 7번 염색체의 부분적인 결손 • 인지기능은 경도~중등도 정도의 지적장애 • 언어, 민감한 청각, 얼굴 인지에 강점, 타인에게 친숙함 • 시공간적 기능, 지각－운동 기능, 소근육 기술에서 약점 • 기억력, 언어능력에 뛰어난 능력
에드워드 증후군 (Edwards' syndrome)	• 18번 염색체에 여분의 염색체가 생김으로 발생 • 소두증과 건강문제 • 중도나 최중도의 지적장애 유발
울프－허쉬호른 증후군 (Wolf Hirschhorn syndrome)	• 4번 염색체에 짧은 가지의 부분적 결손 • 소두증 및 심한 지적장애
묘성 증후군 (Cri－du－chat syndrome)	• 5번 염색체에 짧은 가지의 부분적 결손 • 고음의 울음소리를 내는 특성(후두의 결함이 원인) • 소두증과 심한 지적장애, 둥근얼굴, 양안격리증, 넓은 곳 등, 사시, 근긴장 저하, 심장기형 및 발달지연, IQ 20 이하 지능 동반
제이콥슨 증후군 (Jocobsen syndrome)	• 11번 염색체 긴 가지의 부분적 결손 • 느린 성장, 비정상적인 신체, 지적장애의 특성
안젤만 증후군 (Angelman syndrome)	• 15번 염색체의 같은 부분이 결손, 모계로 유전 • 행동문제, 소두증, 발작, 지적장애 등의 특성 • 부적절한 웃음, 물에 대한 집착, 걷는 것을 싫어함, 보행 능력 상실
모자이시즘 (Mosaicism)	• 13번, 18번, 21번 염색체가 삼염색체로 변이 • 어느 단계에서 염색체 절단이나 비분리현상 • 자궁 내 성장장애, 지적장애, 심장기형, 신장기형, 얼굴기형
아퍼트증후군 (Apert syndrome)	• 10번 염색체 유전자 돌이변이, 우성 유전을 통해 발생 • 얼굴 기형, 두정부의 첨형과 사지의 합지증 증상

출처: 이지연, 한수진(2020). 유아교사를 위한 특수교육학개론. 양서원.

③ 출산 전 요인

출산 전 요인의 종류는 [표 10－5]와 같다.

[표 10-5] 지적장애의 출산 전 요인의 종류

종류	출산 전 요인의 내용
임신 초기 풍진에 걸리면	• 산모가 풍진에 걸리면 50% 확률로 장애 유발 • 임신 초기 3개월 내에 풍진에 걸리면 태아에게 치명적 영향 • 소두증 아동은 중도 및 최중도, 지적장애 특징
임신 기간 매독, 에이즈 성병	• 태아의 중추신경계에 손상, 성장 발육 저하 • 지적장애 외 다른 여러 종류의 장애 원인
산모와 태아의 혈액 부적합	• 산모의 항체가 태아의 중추신경계를 공격 • 지적장애, 간질, 뇌성마비 등의 장애, 신체적·정신적 장애 유발 • 임신 중반기나 산후 72시간 이내 Rh면역글로불린 혈청주사로 예방
모체의 감염	• 선천성 풍진증후군(congenital rubella syndrome), 톡소플라스마증(Toxoplasmosis), 거대세포바이러스증(cytomegalovirus)의 모체감염증은 독소에 의한 직접적인 원인과 태반이나 자궁의 정상적인 기능의 방해

출처: 전경원, 권미은(2021). 특수아동의 이해(4판). 창지사.

④ 출산 후 요인

출산 후 요인의 종류는 [표 10−6]과 같다.

[표 10-6] 지적장애의 출산 후 요인의 종류

종류	출산 후 요인의 내용	
뇌손상	• 납, 중금속 중독 • 간질, 발작, 지적장애, 뇌성마비 • 평생에 걸쳐서 운동과 인지 발달의 문제를 가지는 장애 • 운동기능 저하로 고개를 들지 못하거나 눈 맞춤, 일어서기, 걷기의 어려움 • 경증~중증까지 다양	
뇌손상, 뇌출혈	• 외상성 뇌손상 • 영양실조 • 수막뇌염 • 경련성 장애 • 퇴행성 질환	• 보호자의 상호작용 부작용, 부모역할 부재, 적절한 자극 부족 • 가정 빈곤, 가정 폭력, 부적절한 가족지원, 가족의 만성질환 • 시설 수용, 부적절한 특수교육 서비스 • 아동학대 및 유기, 부적절한 안전조치, 조기 중재 • 사회에서의 격리

출처: 김선영 외(2020). 특수교육학개론. 양서원.

⑤ 두개골 기형

두개골 기형 요인의 종류는 [표 10-7]과 같다.

[표 10-7] 지적장애의 두개골 기형 요인의 종류

종류	두개골 기형 요인의 내용
파타우 증후군 (Patau Syndrome)	• 출생아 2만 명 중 1명, 특징적 임상소견이 나타남 • 치명적 증상이 많으므로 80%는 생후 1개월 이내 사망 • 13번 염색체가 3개 존재 13번 삼염색체가 원인 • 외형적 특징은 소두증, 소안구증, 구순열 및 구개열, 낮은 변형귀, 소하 악증, 심장기형, 신장기형, 잠복고환, 심한 정신지체, 발달지연증상 • 소두증은 뇌골격이 매우 작고 원추형, 척추가 휘어져 구부정한 자세 • 뇌수종은 뇌척수액의 흐름이 막혀서 뇌에 손상을 주는 경우 나타나는데 유전에 의해 발생, 산모의 감염이나 중독이 원인

출처: 정효주 외(2012). 배꼽탈장이 동반된 13번 염색체 전좌에 의한 파타우 증후군. 대한산부인과초음파학회지, 제14권 제1호, pp.40-43.

(2) 환경적 요인

아동을 양육하는 형태, 초기 태아의 이상 상태, 임신 중 영양상태, 가정의 경제적 사항, 거주지 문화 정도, 감각 자극의 상실, 어머니와의 상호작용의 부적절 등의 요인 등으로 환경적 영향이 작용한다. 지원이 덜 필요한 경도 지적장애에 대해서는 환경적인 요인에 기인한다고 논의되고 있다.

[표 10-8] 지적장애의 환경적 요인의 종류

종류	환경적 요인의 내용
초기 태아발달의 이상	• 태아 손상 • 태아 알코올 증후군(Fetal alcohol syndrome)
임신 및 주 산기 장애	• 산전 및 산후 뇌 감염 • 태아의 영양실조, 핵 황달 등 • 조산 및 미숙아, 출산 시의 저산소증 및 뇌 손상

종류	환경적 요인의 내용
소아기의 질병	• 선천성 갑상선 기능 저하증, 종양 및 손상, 신경섬유화증 • 약물 및 중금속 중독, 기타감염 등
사회·경제적 원인	• 교육 정도가 낮아 아이에게 적절한 자극을 주지 못하는 부모의 양육기술 부족 • 절대 빈곤층, 또는 사회·경제적으로 낮고 불우한 계층에서 경험 부족 및 가족 지원이 제공되지 못한 위험요인 • 아동발달에 영향을 줄 수 있는 사회적 자극과 상호작용의 질을 좌우하는 여건에서 초래 • 부적절한 부모의 행동으로 잠재적이니 위험 요인 • 아동학대 및 방임의 장기간 경험 • 지적 능력과 적절한 적응기술을 발달시킬 수 있는 정보제공, 교육적·경제적 지원의 부재로 인한 위험요인

출처: 김선영 외(2020). 특수교육학개론. 양서원.

3. 지적장애의 특성

지적장애 아동은 비장애아동과 같은 기본적인 생리적·사회적·정서적 욕구를 가진다. 그러나 비장애아동과는 달리 주의력 결함, 집중력이 짧고, 산만함을 가진다. 그리고 기억력의 결함으로 단기기억에 어려움이 있다. 지적장애의 특성으로 보이는 여러 가지 결함으로 인한 학습 실패의 누적된 경험으로 학습 동기 및 자존감이 낮으며, 언어발달 속도가 비장애아동에 비해 현저하게 지체된다. 그러나 모든 지적장애 아동이라 할지라도 동일한 지적장애의 특성을 보이지는 않는다. 지적장애를 가진 사람마다 개인적 장애정도의 특성을 가지고 있으며 그 차이는 매우 크다.

지적장애 아동의 경우 각 발달 단계에 도달하는 연령이 늦고, 수준이 심각할수록 발달 속도도 느리다. 경도 지적장애 아동은 구체적 조작기에, 중도 지적장애 아동의 경우는 전조작기 이전에 머무르는 경우가 많은데, 이 경우는 교육적 자극을 통해 더 발달될 수 있다.

1) 신체적 특성

지적장애 아동은 비장애아들보다 행동 문제가 나타난다. 폭발, 분노, 발작 및 신체적으로 공격적 또는 자해적인 문제적 행동 등이 나타날 가능성이 매우 높다. 문제적 행동 특성은 충동을 제어하는 능력이 손상됨에 따른 특정한 좌절 상황에 연관된다. 연령이 높은 아동은 잘 속거나 나쁜 행동으로 쉽게 유도된다.

또한 앉기 또는 걷기와 같은 총체적 운동 능력이나 사물 다루기의 소근육 운동 능력이 지연되는 아동은 신경계 장애가 있을 수 있다. 산전, 산후로 인하여 뇌손상에 문제가 발생했을 시는 운동기능의 저하로 평생 장애적 특성을 가지고 살게 되므로 다양한 재활 치료와 경직과 마비를 풀어주는 개입과 인지기능을 개선시키는 노력이 매우 필요하다. 일상생활의 기본활동인 배변 가리기가 늦고 운동 발달도 늦는 경우가 있으며 지능 발달이 정체되어 있기 때문에 어린 아이 같은 성격을 보인다. 일부는 이상행동도 많이 하며, 화가 났을 때는 공격적인 행동을 한다.

2) 인지적 특성

지적장애 아동은 보편적으로 주의력과 기억력 결함으로 인하여 일반적인 장소와 시간에 주의를 기울이기 어렵고, 집중력이 짧아 장·단기 기억의 장애적 증상을 보인다. 기억장애란 단·장기 기억, 작동기억, 정보처리과정의 기억에 있어서 어려움을 말한다.

단기기억 문제는 정보를 유지, 시연 활동하고 정보를 범주화하거나 정보 조작하는 기능의 능력에 문제가 있는 것이다. 일반적으로 비장애아동과도 차이가 있는 기억의 용량 부분에 제한이 있다. 장기기억 문제는 정보처리과정에 있어서 자료의 조직화에 어려움이 있는 것이다. 기억전략을 스스로 사용하거나 처리하지 못하고, 처리정보에 대한 검토, 점검, 결과저장, 입·출력 하는 부분의 어려움으로 인하여 자기조절능력에 문제가 발생한다.

기초적 능력의 부족으로 학습에 어려움을 느끼고, 학습 속도가 느리며, 모방 학습이나 계획되거나 예상되지 않는 학습이 편성될 때의 대처 능력도 매우 부족하므로 학습된 무기력을 느끼게 되므로 구체적이고 의미 있는 교수자료를 사용해야 하며, 정확하고 명확하며 직접적인 교수법을 필요로 한다. 배운 것을 적용시켜 가는 과정에 있어 교실에서 배운 학습을 다른 환경에 적용하는 것이 부족하여 일반화의 부족 문제가 나타난다.

인지발달 관점은 발달론적 관점, 차이론적 관점이 있으며 [표 10-9]와 같다.

[표 10-9] 지적장애의 인지적 발달 관점의 분류

분류	관점의 이해
발달론적 관점	• 발달 지체를 의미하며 경도 지적장애 아동에 대해 유용하다. • 일반 아동과 같은 순서, 과정을 거치지만 발달속도와 기능적 수준이 낮다. • 발달연령, 정신연령을 고려해 반복 학습하며, 수준에 맞는 내용을 가르친다.
차이론적 관점	• 발달의 차이 의미, 비장애아동과 질적 다른 인지 발달의 과정의 관점이다. • 중도 지적장애 아동에 대해 유용하다. • 아동이 현재 필요로 하고 반드시 필요한 내용이 아동의 학습 내용이 된다. • 차이론적 특성인 질적으로 다른 발달과정에 맞는 교육방법이다. • 비장애인의 인지과정과 정보처리 방식에서 질적 차이가 있다.
관점의 문제점	• 경도 지적장애의 경우 발달론적 관점으로 교육한다. • 중도 지적장애의 경우 차이론적 접근으로 교육한다.

출처: 박현옥(2007). CHC 지능이론에 의한 지적장애아의 인지적 특성. 한국발달장애학회 제11집 제1호. pp.113-128.

3) 사회·정서적 특성

사회·정서적 발달 측면에서는 여러 가지 문제가 나타난다. 다른 사람과의 상호작용에 서툴고 방법을 잘 이해하지 못해서 또래 관계 형성에 어려움을 겪거나 자신이 다른 사람들과 뭔가 다르다는 것을 어릴 때부터 인식하면서 빈약한 자아개념이 생겨 사회성 발달이 지체된다.

지적장애 아동의 사회성 기술은 비장애아동과 정서적 관계, 행동이 원활하게 이루어질 수 있다는 기대를 충족하는가에 대해 제한이 되며, 이들을 위한 환경에 배치시키는 원인이 되기도 한다. 대체로 밝고 긍정적 성격의 사람이 많지만, 일상생활의 불편과 괴롭힘 등으로 스트레스를 많이 받아 부정적으로 변하는 경우도 많다.

지적장애 아동은 괴롭힘을 당해도 피해를 잘 호소하지 못하므로 큰 고통을 받게 되는데 잘 속는 성격, 즉 의심하지 않는 성격으로 타인에게 쉽게 놀림을 당하거나 이용당할 위험이 있고, 사기 당할 위험이 있게 된다.

지적장애 아동은 '자신의 지능이 또래보다 낮거나 매우 낮다.'라고 자각하게 되면 매우 심한 열등감을 느끼고 자존감이 하락하며, 우울증을 앓거나 무기력해지는 경우가 많이 나타나게 되고, 지능이 경도일수록 심리적 어려움과 심리적·정서적 열등감, 우울감 스트레스가 높게 나타나게 된다.

정신연령이 낮은 아동은 대체로 사람을 좋아하므로 친구를 사귀려는 시도를 많이 한다. 하지만 어린아이처럼 달라붙는 등의 행동을 하기 때문에 지적장애의 특성을 알지 못하는 비장애의 성인이나 또래 친구들은 이를 수용하기 어렵다. 지적장애 아동은 또래와의 관계를 유지하고 싶어 하고 또래 친구 사귀기를 시도하지만 생활 활동의 차이, 정신 연령의 차이 등으로 인해 친구를 사귀기 어렵다. 친구를 좋아하고 긍정적 성격으로 사람을 잘 따르고 남의 말을 의심하지 않으므로 낯선 사람을 따라가는 위험한 상황이 발생하기도 한다.

지적장애 아동은 타인 혹은 또래와의 상호작용 방법을 잘 모른다. 적응 행동의 제한성, 사회성 기술의 습득의 문제, 인지의 빈약성으로 인해 사회발달에 부정적 영향을 받는다. 이에 대한 문제해결 방법은 장애아동과 비장애아동이 또래와 함께 지내며 긍정적 상호작용의 기회를 제공받고, 통합 환경에서 다양한 사회성 기술을 익히고 관찰하고 모방하여 반복적 연습을 함으로써 사회성 발달을 촉진시켜 나갈 수 있게 하는 것이다.

또래와 함께 할 수 있는 기회의 제공은 사회적 기술의 자연적인 결과가 적절한 행동을 강화하고 유지한다는 장점을 가진다. 즉, 놀이 활동을 하고 있는 또래 아동의 근처에 있으면서 상호작용의 참여 기회를 제공하고, 필요 시 친구의 반응을 정교화하거나 시범하는 모델링의 연습 기회를 제공할 수 있으며, 긍정적 피드백이나 칭찬, 보상, 격려와 함께 학습의 자연스러운 결과를 제공하게 만든다.

4) 언어적 특성

언어장애가 매우 두드러지게 나타난다. 일반적으로 언어발달의 단계를 따르기는 하나, 발달 속도가 느리고, 언어발달 지체가 너무 심하거나 말을 하지 않는 경우도 나타나는데, 그 대안으로 낱말 카드나 보완대체 의사소통 수단을 사용해야 한다.

아동의 사회성 발달이 늦는 이유는 인지 손상과 언어 부족 때문이다. 지적장애 아동은 생활연령이 비장애아동보다 낮아 문제해결의 보조적 수단으로 내적 언어를 사용하지 못하여 학습 곤란을 겪으므로, 아동의 과제와 관련된 정보를 큰 소리로 말하도록 자기 언어화 전략을 하는 등의 언어매개 전략을 통해 개선해 나가야 한다.

보통 부모가 주목하는 첫 번째 문제는 언어발달 지연이다. 지적장애 아동은 단어를 조합하고 완전한 문장으로 사용함에 있어 어렵고 느리다. 일정 나이가 되어도 읽기와 쓰기를 하지 못하거나 매우 어려워하므로 말을 할 때도 발음이 부정확하고 앞, 뒤 말이 맞지 않고, 다른 사람과 대화를 하는 것은 더욱 어려워한다.

언어 문제를 겪고 있는 아이들은 말이 안 되는 문제로 시작해서 행동 발달 부분으로 이어진다. 즉, 주의력 결핍, 산만함, 놀이 활동 무관심 등의 광범위한 발달의 문제성을 보인다. 그러나 언어가 느린 경우는 언어가 정상적으로 발달을 하고 지능이 정상화되느냐에 따라 학습장애나 ADHD로 가게 될 수 있으며, 언어의 발달이 더디게 되는 경우는 지적장애로 진단을 받게 된다.

경도의 지적장애 아동은 또래 연령에 비해 발성도 작고, 자음 산출도 적으며 조음도 부정확하다. 중도~최중도는 보완대체 의사소통 도구를 활용하여 기능적인 의사소통을 하게 된다.

지적장애 아동은 언어적 기술을 가지고 여러 가지 맥락의 구어적 대화에서 단어로 말하기, 대화 이어가기, 끊기 등을 조절하거나 대화를 주고받는 시간 조절능력에서 어려움을 나타내게 된다. 대화를 연결해 나갈 때는 부적절하게 주제를 반복적으로 사용하게 되며, 자신이 전달하고자 하는 부분에 대하여 명확한 의사전달의 어려움, 유머나 풍자로 말을 하거나 두 가지의 의미로 말하는 부분에 대한 의미 해석의 어려움, 비장애아동보다 언어발달 부분에서 속도가 느리므로 일반적 어휘 변별력, 어휘 수, 문법의 구성, 문장의 구성 파악 등에 많은 어려움을 느낀다. 수용언어와 표현언어에서 10시 이후가 되면 언어의 발달이 급격한 차이가 나기 시작한다.

지적장애의 언어적 발달 특성은 언어의 기능, 언어의 내용, 언어의 구성, 언어의 이해로 구분되며 [표 10－10]과 같다.

[표 10-10] 언어의 발달 특성

언어의 구분	언어의 내용
언어의 기능	• 단어 사용, 단어 조합, 완전한 문장으로 말 사용의 어려움 • 일정 나이가 되어도 읽기, 쓰기를 하지 못하거나 어려움 • 대화 시 발음이 부정확하고 앞, 뒤 말이 맞지 않음 • 다른 사람과 대화를 하는 것은 더욱 어려워함
언어의 내용	• 구어적 대화에서 단어로 말하기, 대화 이어가기, 끊기 등을 조절하거나 대화를 주고받는 시간의 조절능력의 어려움 • 대화를 연결해 나갈 때는 부적절하게 주제를 반복적으로 사용 • 자신이 전달하고자 하는 부분의 명확한 의사전달의 어려움 • 유머나 풍자로 말을 하거나 두 가지 의미의 해석의 어려움

언어의 구분	언어의 내용
언어의 구성	• 길이 & 복잡성의 관계가 학령 전 비장애 학생과 유사함 • 비정상아동보다 언어 발달 부분에서 속도가 느림 • 어휘 변별력, 어휘 수, 문법과 문장의 구성, 언어의 의미 파악 등의 어려움 • 수용언어/표현 언어의 10세 이후가 되면 언어 발달의 급격한 차이 • 비장애아동보다 대화를 구성해 나가는 주제의 정교함의 어려움 • 영유아 아동의 수준 향상을 위한 언어구성의 미성숙
언어의 이해	• 문장의 이해, 언어의 연결, 중단, 의미 구성 어려움 • 새로운 구문 형태 습득과 문장 따라 하기의 어려움 • 의미를 파악하기 위해 상황에 더 많이 의존

출처: 정해동 외(2010). 특수교육 국어교육론. 교육과학사.

4. 지적장애의 교육적 접근

지적장애 아동의 교육적 접근을 위해서는 아동의 강점을 찾아내는 것이 중요하다. 강점은 또래 아동보다 우수함이 아니라 개별 아동의 우수한 점이다. 교육적 접근을 해야 할 때 어떤 부분에 대한 강점이 있는지 활용하여 교육적 접근을 하는 것이 교육효과를 높이는 것이다. 경도~최중도의 아동마다 요구도가 다르며 교육적 접근의 방향성이 다르므로 장애아동의 수준에 맞는 교육지원이 이루어져야 한다.

1) 개별화 교육적 접근

지적장애 아동을 교육하기 전에 교육의 효과를 높이기 위해서는 모든 특수교육대상자에게 필요한 필수적 교육 구성인 개별화 교육 프로그램(Individualized Education Program: IEP)을 적용하는 것이 중요하다.

개별화 교육은 각 아동마다 장애의 유형, 개인의 기질, 개인의 성격, 학습의 정도, 흥미를 보이는 부분을 파악하여 적용하는 것이다. 그리고 개별 특성에 따른 요구와 개별화 교육 목표와 방법을 정하고 필수적이고 필요한 부분에 지원해 나가는 것이다. 이는 반드시 일대일로 교육하는 것을 말하는 것이 아니라 장애아동의 교육적 요구에 맞추어진 교수를 의미한다. 일대일 교수, 소집단 교수, 대집단 교수를 포함하여 다양한 교육적 방법과 상황을 배워 나갈 수 있다.

개별화 교육(individualized education)의 '개별화(individualized)'는 특수교육대상자의 '개별성'을 고려하는 것이고 '교육(education)'은 특수교육 관련 서비스를 의미하며, 개개인의 요구도(needs)에 맞는 프로그램을 제공하는 것이다. 특수교육을 받고 있는 대상자는 반드시 개별화 교육 프로그램이 있어야 한다.

[표 10-11] **개별화 교육 접근방법**

구분	내용
개별화 교육 프로그램(IEP)의 접근 방법	① 평가 사정에 기초한 교수 목표 ② 교육과정에서 다양한 도입 지점 수립, 시작점 수준의 다양화 ③ 다양한 수준의 학습 속도 ④ 아동의 의사결정에 적극적 참여 지원 ⑤ 과제와 학습 수준의 기능으로 교수 배치의 다양성 ⑥ 준거 참고 검사의 시행 등으로 개별화 교육 계획으로 촉진하는 교육적 접근을 할 수 있다.
개별화 교육 프로그램(IEP)의 목적	• 장애아동 각 개인의 올바른 학습 목표 설정 • 장애아동 각 개인에게 제공할 서비스 명시
개별화 교육 프로그램(IEP)의 내용	• 장애아동 각 개인의 현재 학업 성취도 • 교육적 환경 & 장소 • 연간 개별화 교육 계획안 및 월별, 주별 수정 교육 계획안 • 각 장애의 유형별 개인에게 제공되는 교육 관련 서비스 • 평가(state assessment)시 평가방법에 대한 설명 • 특수교육 관련 서비스의 시작 시점과 기간 • 14세 때 성인기로의 전환에 다른 필요한 서비스 설명

구분	내용
개별화 교육 프로그램(IEP)의 작성시기	• 특수교육 관련서비스가 시작되면 IEP 작성 • 주, 월, 년 매년 마다 재검토, 재검토에 다른 학생의 요구도 조정 • 각 개인별 목표 설정에 따른 성과 점검
개별화 교육 프로그램(IEP)의 구성원	• 부모 & 장애반 교사 & 일반학급 교사 • 학생의 평가 결과를 해석해줄 전문가 • 성인기 전환 시(14세) 본인 참석

출처: 장수연(2021). 2019 개정 누리과정 기반 유아통합교육의 실제. 창지사.

2) 지적장애 아동의 교육적 접근

경도 지적장애 아동은 기본적 학습준비 기술과 기능적 학습 기술에 대한 지도가 필요하다. 학습준비 기술은 자리에서 일어나지 않고 앉아서 교사에게 집중하기, 지시 따르기, 집단 상황에서 또래와 상호작용하기, 학습의 필요한 학습 태도와 습관을 익히기 등이다. 지시 따르기는 단순한 행동, 복합적인 행동, 연속적인 행동이 요구되는 지시 따르기와 언어적 지시 따르기가 있다. 학습 태도와 습관 익히기는 지각하지 않기, 결석하지 않기, 협력하기 등이 있다.

경도 지적장애 아동에게 기능적 학업 기술을 가르쳐야 하는 이유는 지적장애 학생들은 학습하는 데 오랜 시간이 걸리므로 제한된 주어진 시간에 생활의 필요 부분과 학습이 가능한 수준의 내용을 가르쳐야 하기 때문이다. 또한 일반화 능력에 제한이 있으므로 교과서 위주의 학습보다 실생활에서 적용하는 교수방법으로 일반화를 촉진하기 위함이다.

주제별 학습을 통해 생활주제를 선택하고 관련된 기초 기술들을 제시한 후, 주제와 관련된 기초기술의 연습 기회를 제공하는 방법이 있다. 기능적 연습활동을 통해 읽기, 쓰기, 수학 등의 학업기술들을 가르친 후 실생활에 적용시켜 기능적으로 연습할 수 있는 기회를 제공하는 방법이다. 또한 가족 참여의 기회, 지역사회 참여를 활성화시키며 교사의 역할 및 태도 및 교수법을 알아보자.

3) 지적장애 아동의 교육적 요소

장애아동의 교육과 활동은 서로 분리되어 따로 독립적 교육계획을 세워나갈 수 없다. 교육과 활동, 일상생활이 하나가 되어 자연스럽게 익히고 표현해 나가고 그렇게 축적된 경험들이 하나의 성과로 나타내어 일상생활에 자연스럽게 적응해 가는 접근방법을 선택해 나가는 것이다. 연간계획을 수립하였어도 각 개인별 접근 방법이 서로 다르고 수준에 맞는 교육목표를 재설정해 나가며 매일, 매월, 매년 가능한 생활주제에 맞는 활동을 배치, 재배치하는 교육적 접근을 활성화한다.

지적장애의 교육적 접근요소는 [표 10－12]와 같다.

[표 10-12] **지적장애의 교육적 요소**

구분		교육적 요소 내용
기능적 기술 교수		• 기능적 활동(읽기, 쓰기, 셈하기)을 사용해야 함 • 연령에 적합한 기술 습득 및 다양한 유형의 활동을 실시 • 주제에 따른 교수 제공 • 일상생활의 독립적 기능 습득 • 장애가 부각되지 않도록 자연스럽게 활동 진행
가족 참여		• 일상생활의 기술은 가정환경에서 적용이 되는 기술이 많음 • 반드시 가족참여와 함께 이루어지는 것이 효과적 • 가정 연계하여 교육의 효과 극대화 • 여러 가지 원칙과 지침 사항에 대하여 부모와 협력 • 부모와 함께 다양한 연관활동에 대해 함께 할 수 있도록 설명 • 부모와 함께하는 활동을 통해 긍정적 태도 형성
지역사회 참여		• 지역사회 중심으로 교수과정이 이루어져야 함 • 지역사회기술 수준의 평가와 생활 적응 훈련 프로그램 적용 • 지역사회 복지관을 연계한 프로그램 개발 및 참여
교사	교사의 역할	• 생활 연령에 적합한 교육과정과 수준별 교재-교구의 적절한 배치 • 문제행동요인과 원인 분석 • 교육의 요구도(needs) 파악 후 교육 계획 • 장애교사와 비장애교사의 협력

구분		교육적 요소 내용
	교사의 태도	• 긍정적 수용 및 책임감 • 문제 해결하고자 하는 노력 • 아동의 말에 귀 기울이기
	교사의 교수법	• 교사가 모델링을 수행하며, 교육 과제에 따른 분석으로 순차적 지원 • 아동의 스스로 할 수 있는 부분 증진을 위한 교수방법 선택(자기 점검, 자기강화, 자기교수) • 또래와 상호작용 및 또래 교수자 활동으로 촉진의 기회 • 보완대체 의사소통 기기, 보조도구 이용하여 교수 • 자기결정력 증진을 위한 교수

출처: 이소현, 박은혜(2011). 특수아동교육(3판). 학지사.

4) 통합된 중도 지적장애 아동을 위한 교육적 접근

중도(severe, 심한 정도)장애는 지능지수 20~25에서 305~40까지의 정신연령 2~3세의 아동으로 타인 혹은 성인의 완전한 보호가 필요한 수준의 장애를 가지며 간단한 기능적 요소인 의사소통, 개인 신변 처리 습득(식사하기, 옷 입고 벗기, 화장실에서 대·소변 보기, 이 닦기, 세수하기, 머리 감기, 목욕하기, 손·발톱 다듬기, 면도하기, 생리 처리하기) 등의 정상적 일상생활을 습득하기 위한 교육적 접근이 필요하다.

기능적 교육과정은 최선의 모델로 받아들이며, 다양한 일상생활영역에서 생활연령에 적합한 활동들의 수집을 제시한다. 통합된 중도 지적장애 아동을 위한 교육적 접근의 교육목표를 설정하기 위해서는 학생 본인과 가족, 교사의 구성으로 교육의 우선 순화된 목표를 [표 10－13]과 같이 설정한다.

[표 10-13] **통합된 중도 지적장애 아동의 교육적 접근**

구분	내용
환경 공통적 목표 (cross-environmental)	의사소통, 사회화, 개인적인 관리, 여가, 오락, 응용 학업(교과)
특정 환경적 목표 (environmental-specific)	가정, 학교, 지역사회, 직업 환경의 활동들에 참여하기
일반학급의 일반적 지원 (이해를 위한 교수)	• 개인: 약품 주기, 개인위생을 돕기
	• 신체적 : 자세 잡기, 보장구 관리 등
	• 감각적 : 시각 및 청각 장애의 경우 필요한 환경 지원
	• 중도학생에 대한 다른 사람: 다른 교사, 비장애 학생 등
	• 내·외부의 다양한 통합된 장소의 접근 기회 제공

출처: 김동일 외(2019). 다양한 학습자를 위한 특수교육의 이해. 학지사.

5) 인지적 특성의 교육적 접근

인지적 발달의 사전적 정의는 '어떠한 사실을 분명하게 인식하여 앎'이다. 이는 문제해결, 기억하기, 계획 세우기, 읽기, 쓰기, 사고하기, 분류하기, 상징하기 등의 과정들이다. 즉, 언어 사용과 사물과의 상황, 사건을 지각하기 등을 포함한다. 사람은 신생아부터 학습적 능력을 가지고 출생한다. 학습적 능력의 잠재력을 배움을 통해서 발현하고 표출해 나간다. 그러나 인지발달이 부족하게 되면 사회적 발달에 부정적 영향을 미칠 뿐만 아니라, 기타 다른 영역 발달에 영향을 미치게 된다.

인지적 특성의 교육적 접근의 종류는 [표 10-14]와 같다.

[표 10-14] **인지적 특성의 교육적 접근**

구분	인지적 특성의 교육적 접근 내용
투입 정보의 조직	• 제시되는 교재들은 익숙하거나 관련된 것 제공 • 정보는 반드시 의미 있는 부분들로 분류 • 군집화와 같은 중재 전략들을 이용하여 교수
언어 매개학습	• 과제와 관련된 정보를 큰 소리로 말하기(자기 언어화 전략) • 언어 매개체를 이용하여 개선
쌍연합학습	• 과제의 내용이 의미 있고 재미있는 것으로 제공 • 구체적이고 친숙한 관계에 있는 것으로 제공 • 언어지도를 할 때 그림카드와 같은 보조수단 활용
개념학습	• 자료를 구체적으로 조직 • 구체적 활동을 구성 • 구체적 경험을 통한 학습이 다양하게 이루어지도록 지도전략
학습전략 학습(초인지)	• 학습 전략훈련으로 시연 전략, 정교화 전략, 조직화 전략, 점검 전략, 조정 전략, 시간 관리, 공부환경 관리, 노력 관리, 도움 얻기 등을 실시 • 과정중심 교수법으로 읽기, 수학, 사회, 과학 등의 전반적인 학습활동의 성공적 수행을 위해 요구되는 구체적 학습전략을 제공
우연학습	• 자극이나 동기를 제공 • 우발적 반응, 의도적 반응의 지속적이고 일관성 있는 프로그램 구성 • 반응이 맞으면 즉각 피드백, 사회적 강화 제공 • 동기유발이 잘 이루어지는 게임이나 학습상황 이용
활동 중심 중재	• 아동중심 중재 접근 활용 • 일상 활동 및 계획된 활동과 아동의 자발적 활동 속에서 아동에게 목적과 목표가 되는 것을 훈련 • 순서대로 일어나는 자극과 결과의 사용 • 기능적이고 생성적인 기능의 개발

출처: 추연구, 김병룡(2022). 특수교육의 이해. 공동체.

5. 지적장애의 지원방안

지적장애의 교육을 지원하기 위해서는 여러 가지 지원방안이 필요하다. 도움을 받으면서 일반적 생활이 가능한 수준부터 완전한 도움으로 생활이 가능한 수준까지 기능적 생활중심 교육과정과 동기 및 심리적 지원에 따른 지원 방향을 논해볼 필요가 있다.

1) 지적장애의 기능적 생활중심 교육과정

[표 10-15] **생활중심 교육과정**

구분	교육과정 내용 구성	
기능적 기술	목표	• 교육과정 내용 구성은 교수 목표의 우선 순위 결정 중요 • 교육과정은 기능을 우선하여 구성 적용 • 다른 사람에 대한 의존심을 줄임 • 제한이 적은 환경에 참여
	기술 구성	• 스스로 옷 입기 • 식사하기 • 개인위생 • 대중교통 이용하기 • 간단한 물건 사기 • 지역사회 적응하기
선택 기술	목표	• 일상생활에서 선택 가능한 것을 지도
	기술 구성	• 아동이 스스로 선택하기 전 일상생활에 필요한 것을 대신 선택하여서는 안 됨 • 과잉보호하면 안 됨 • 경험을 제한하면 안 됨
여가 기술	목표	• 삶의 질을 향상 시키는 활동 • 지적장애아는 특별히 가르쳐야 함 • 적절하고 만족할 만한 여가기술을 자연스럽게 배우기 위함
	기술 구성	• 사회적 상호작용 기술 • 신체적 기술 유지 • 지역사회 활동에 적극적 참여

출처: 김선영 외(2020). 특수교육학개론. 양서원.

2) 동기 및 심리적 특성의 지원 방향

[표 10-16] 지적장애 아동의 동기 및 심리적 특성의 지원 방향

구분	동기 및 심리적 특성의 지원 방향
낮은 동기와 학습된 무기력	• 동기는 행동 내적 유발, 성공적 학습에 매우 중요 • 학습동기가 높지 않으므로 새로운 과제나 어려운 과제는 참여하지 않거나 흥미를 잃으므로 익숙한 자료나, 자연스러운 강화물을 제공 • 실패경험이 누적되어 자신감이 결여되므로 긍정적 상호작용을 통해 지속적으로 지원
통제소	• 자신이 한 행동의 결과를 어떻게 지각하는가의 의미 • 내적 통제소는 자시 스스로 그 원인을 찾으며, 외적 통제소는 일의 성패는 운이나 과제의 난이도에 달려 있다고 생각 • 아동기에는 자라나면서 자신의 행동으로 인해 결과가 달라질 수 있다고 깨닫게 되므로 내적·외부적 자극의 결과를 적극적 상호작용을 통해 긍정적으로 할 수 있다는 신념을 부여
외부지향성	• 문제해결과정에서 자기 스스로 능력에 의존하기보다 상황, 외부적 요소에 의존하고 해결하려는 경향 • 스스로 문제를 해결하기보다 교사나 부모의 도움을 받아 해결하려는 경향 • 실패의 경험이 많아 내적 통제소가 발달하지 못함
자기결정력	• 독립적 생활이 가능하도록 하기 위해서는 일상적 활동과 의사결정 상황에서 타인의 의견보다 스스로 결정할 수 있는 능력을 지원 • 실패에 대한 두려움, 무기력, 외적 통제, 문제해결의 외부지향성 등으로 연결되어 자기결정력이 쉽게 길러지기 힘든 경우가 많음
지도방안	• 과제수행 실패를 줄이기 위해 인지적 단계를 고려하여 과제 제공 • 구체적이고 성취가 가능한 현실적 목표 설정 • 긍정적, 특정 행동에 대해서는 즉시 피드백이나 보상 제공 • 과제 완수 후는 긍정적 격려, 과제 실패 시는 대처방법의 모델링 제공 • 과제 실패의 반복 시는 목표 설정의 난이도 수정 • 과제를 실행하고 완수 할 수 있도록 처음부터 개입하지 않기 • 적절한 언어적 단서, 그림 단서, 학습 도구 등을 통해 촉진의 기회 제공 • 다양한 상황에서 스스로 결정의 기회 제공

출처: 김동일 외(2019). 다양한 학습자를 위한 특수교육의 이해. 학지사.

Chapter

11

특수교육대상 가족지원

배울 내용

1. 가족지원의 이해
2. 가족지원의 법적 지원
3. 가족지원의 필요성
4. 개별화 가족지원계획(IFSP)

학습 목표

1. 가족지원의 이해와 목적, 원리를 알 수 있다.
2. 가족지원의 법적 지원을 알고 교육적 접근법을 알 수 있다.
3. 가족지원의 필요성을 인식하고 적용할 수 있다.
4. 개별화 가족지원계획(IFSP)의 실제와 원리 과정을 이해한다.

개요

유아특수교육에서 가족지원의 중요성이 증대되고 있으며, 특수교육대상 영유아와 그 가족에게 가족중심의 체계적이고 적절한 지원을 위해서 가족과 특수교육관련서비스 전문 인력의 상호협력이 강조되고 있다. 가족지원은 부모에게 직접적 서비스의 제공이 아닌 가족과 그들의 아동을 돕기 위해 가족에게 능력과 힘을 실어 주는 것으로, 본 장에서는 가족지원의 목적과 원리를 이해하고, 법적 지원 및 교육적 접근법을 알 수 있다. 또한 가족지원의 필요성의 인식과 개별화 가족지원계획(IFSP)의 실제와 원리 과정을 알고 실천할 수 있는 자료를 제시한다.

1. 가족지원의 이해

최근 특수교육의 패러다임은 아동중심에서 가족중심으로의 변화이다. 가족은 아동이 가진 가장 중요한 자원이고 강점이며, 유아특수교육에서의 가족지원의 중요성은 증대되고 있다. 이러한 가족중심의 교육과정 운영을 위해서는 가족 참여가 필수적이다.

가족은 아동이 필요한 요구를 충족시켜 주며, 아동의 서비스 제공을 위해 전문가와의 팀 협력을 통해 교육적 요구를 충족시키는 데 중요한 역할을 한다.

가족 역할과 중요성에 대한 인식은 1980년 이후 유아특수교육을 중심으로 많이 소개되었다. 가족중심 중재는 미국 「공법」 94－142(1975)의 개정 법률인 「공법」 99－457(1986) part H에 내용이 처음 명시되면서, 특수교육대상 영유아와 그 가족에게 가족중심의 체계적이고 적절한 유아특수교육을 운영하기 위해 가족과 특수교육 관련서비스 전문 인력의 상호협력을 강조하고 있다(이병인, 2004 재인용).

1) 가족지원의 목적

가족지원은 부모에게 직접적 서비스의 제공이 아닌 가족과 그들의 아동을 돕기 위해 가족에게 능력과 힘을 실어 주는 것이다. 가족지원에 관련한 용어를 정리하면 다음과 같다.

첫째, '가족에게 능력 주기(enabling families)'이다. 가족 구성원들이 가지고 있는 요구와 기대에 충족되는 자원을 동원하기 위해 새로운 능력과 잠재된 능력을 발휘하도록 기회를 제공하는 것을 의미한다.

둘째, '가족에게 힘 실어 주기(empowering families)'이다. 삶에서 중요한 측면의 습득과 통제를 위해 가족의 이해를 반영하게 되는 행동 및 신념을 의미한다.

셋째, '강화하기(enhancing)'와 '촉진하기(promoting)'이다. 가족에게 힘을 실어주는 것을 이해하고 강화하기 위한 긍정적인 측면과 순향적 측면을 강조하고 촉진하는 것을 의미한다.

넷째, '가족의 능력(family capability)'이다. 가족의 요구, 기대, 성취, 가족의 기능수행을 위한 자원을 동원하기 위해 사용하는 지식과 기술과 재능을 의미한다.

다섯째, '가족기능 지원 및 강화(support/strengthening family functioning)'이다. 가족의 요구 충족을 위해 더욱 확장된 범위로 지역 사회 사람들의 자원 활용을 강조한다.

2) 가족지원의 원리

Dunst 등(1988)은 6가지 범주로 가족지원의 원리를 기술하였다.

첫째, '지역공동체 의식의 강화'이다. 이는 서로의 상호의존성을 창출하기 위한 방법으로 지역 사회와 가족 구성원 간의 상호의존성을 조성하는 데 초점을 둔다.

둘째, '자원과 자원의 동원'이다. 이는 필요한 자원의 흐름을 조장하는 방법으로 사회지원망을 조직하고 조성할 기회를 창출하는 것이다.

셋째, '책임의 공유 및 협력'이다. 이는 협동과 협력을 격려하는 방법이며 가족과 전문가 간의 공유된 생각과 지식, 기술을 강조한다.

넷째, '가족의 신념과 가치 보장'이다. 이는 가족이 가진 신념과 가치를 보호 및 중요하게 여기고 수용하는 방법으로 유도되어야 하는 것을 의미한다.

다섯째, '가족의 기능 강화'이다. 가족이 가진 문제나 단점을 보완하기보다는 가족이 가진 강점과 활용 가능한 자원에 의존하여야 하며, 가족은 자신이 받는 서비스에 대한 의사 결정을 최대한 보장받을 수 있도록 한다.

여섯째, '순향적 인간 서비스의 실천'이다. 이는 가족지원의 목적과 일치하는 인간 접근을 의미하며, 이를 실천하기 위해서는 중재적 접근이 아닌 예방적 접근방법을 활용해야 한다.

3) 가족-전문가 간의 관계

유아특수교육에서 가족지원이 바람직하게 실행되기 위해서는 교사를 비롯한 전문가들의 가족 지원에 대한 이해가 필수적이다. Turnbull(2000) 등은 가족-전문가 간의 변화를 다음과 같이 기술하고 있다.

(1) 전문가중심의 관계

'전문가중심의 관계(power-over relationship)'의 목적은 전문가의 진단에 의해 부모 문제를 정의하며, 치료 및 권위적 통제를 통해 협력을 강화하는 것이다. 전문가들은 아동을 돕기 위한 방안으로 가족이 요구하는 정보와 자원을 임의 조절하며, 전문가의 의견으로 가족들을 통제하였다.

(2) 상호 협력관계

가족-전문가 관계의 두 번째 요소인 '상호 협력관계(power-with relationship)'는 가족들과 가족과 아동의 요구에 맞는 의사결정과 서비스를 포함한 가족중심의 실제 원리에 영향을 주기 시작하였다.

(3) 동반자적 관계

'동반자적 관계(power-through relationship)'는 최근 가족과 전문가 간 상호 협력의 중요성이 강조되며, 가족중심 중재 모델에 발전되고 생산적인 방법으로 나타나기 시작하였다. 부모와 가족 구성원, 전문가, 또래와 지역주민 모두에게 상승효과를 가져올 수 있는 의사결정을 중요시하고 있다.

2. 가족지원의 법적 지원

1) 특수교육진흥법

① 0~2세 특수교육대상 영유아의 교육에 대한 공교육적 대책은 규정되어 있지 않았다.

② 특수교육대상자를 심사·선정하는 특수교육 운영회나 학교장은 그 보호자에게 의견을 진술할 기회를 주어야 한다(동법 제10조).

③ 특수교육대상자가 학교의 지정·배정을 요구할 경우 특수교육 위원회는 특수교육대상자의 장애 정도·능력·거주지 등을 종합적으로 판단하고, 보호자의 의견을 참작하여야 한다(동법 제11조).

④ 보호자 교육의 중요성을 인식하여 보호자 교육 계획을 수립하고 실시한다(동법 제17조).

2) 장애인 등에 대한 특수교육법

장애인 등에 대한 특수교육법

제2조(정의)

2. "특수교육 관련서비스"란 특수교육대상자의 교육을 효율적으로 실시하기 위하여 필요한 인적·물적 자원을 제공하는 서비스로서 상담지원·가족지원·치료지원·보조인력지원·보조공학기기지원·통학지원 및 정보접근 지원 등을 말한다.

제4조(차별의 금지) ① 각급학교의 장 또는 대학(「고등교육법」 제2조에 따른 학교를 말한다. 이하 같다)의 장은 특수교육대상자가 그 학교에 입학하고자 하는 경우에는 그가 지닌 장애를 이유로 입학의 지원을 거부하거나 입학전형 합격자의 입학을 거부하는 등 교육기회에 있어서 차별을 하여서는 아니 된다.
② 국가, 지방자치단체, 각급학교의 장 또는 대학의 장은 다음 각 호의 사항에 관하여 장애인의 특성을 고려한 교육시행을 목적으로 함이 명백한 경우 외에는 특수교육대상자 및 보호자를 차별하여서는 아니 된다.

1. 제28조에 따른 특수교육 관련서비스 제공에서의 차별
2. 수업참여 배제 및 교내외 활동 참여 배제
3. 개별화교육지원팀에의 참여 등 보호자 참여에서의 차별

4. 대학의 입학전형절차에서 장애로 인하여 필요한 수험편의의 내용을 조사·확인하기 위한 경우 외에 별도의 면접이나 신체검사를 요구하는 등 입학전형 과정에서의 차별

제9조(특수교육대상자의 권리와 의무의 안내) 국가 및 지방자치단체는 제15조 제1항 각 호의 장애를 가지고 있는 자를 알게 되거나 제15조에 따라 특수교육대상자를 선정한 경우에는 2주일 이내에 보호자에게 해당 사실과 의무교육 또는 무상교육을 받을 권리 및 보호자의 권리·책임 등을 통보하여야 한다.

제17조(특수교육대상자의 배체 및 교육)
② 교육장 또는 교육감은 제1항에 따라 특수교육대상자를 배치할 때에는 특수교육대상자의 장애정도·능력·보호자의 의견 등을 종합적으로 판단하여 거주자에서 가장 가까운 곳에 배치하여야 한다.
③ 교육감이 관할 구역 내에 거주하는 특수교육대상자를 다른 시·도에 소재하는 각급학교 등에 배치하고자 할 때에는 해당 시·도 교육감(국립학교의 경우에는 해당 학교의 장을 말한다)과 협의하여야 한다.
④ 제3항에 따라 특수교육대상자의 배치를 요구받은 교육감 또는 국립학교의 장은 대통령령으로 정하는 특별한 사유가 없는 한 이에 응하여야 한다.

제28조(특수교육 관련서비스) ① 교육감은 특수교육대상자와 그 가족에 대하여 가족상담 등 가족지원을 제공하여야 한다.

3) 장애인복지법

장애인복지법

제50조(특수교육대상아동수당과 보호수당) ① 국가와 지방자치단체는 특수교육대상아동에게 보호자의 경제적 생활수준 및 특수교육대상아동의 장애 정도를 고려하여 장애로 인한 추가적 비용을 보전하게 하기 위하여 특수교육대상아동수당을 지급할 수 있다.
② 국가와 지방자치단체는 장애인을 보호하는 보호자에게 그의 경제적 수준과 장애인의 장애 정도를 고려하여 장애로 인한 추가 비용을 보전하게 하기 위하여 보호수당을 지급할 수 있다.

제50조2(자녀교육비 및 장애수당 등의 지급 신청) ① 제38조에 따른 자녀교육비(이하 "자녀교육비"라 한다), 제49조 및 제50조에 따른 장애수당, 특수교육대상아동수당 및 보호수당(이하 "장애수당 등"이라 한다)을 지급받으려는 사람은 보건복지부령으로 정하는 바에 따라 특별자치시장·특별자치도지사·시장·군수·구청장에게 자녀교육비 및 장애수당 등의 지급을 신청할 수 있다.

4) 영유아보육법

보호자가 근로 또는 질병 기타 사정으로 인하여 보호하기 어려운 영아 및 유아를 심신의 보호와 건전한 교육을 통하여 건강한 사회 성원으로 육성함과 아울러 보호자의 경제적·사회적 활동을 원활하게 하여 가정 복지 증진에 기여함을 목적으로 한다.

> **영유아보육법**
>
> 제1조(목적) 이 법은 영유아의 심신을 보호하고 건전하게 교육하여 건강한 사회 구성원으로 육성함과 아울러 보호자의 경제적·사회적 활동이 원활하게 이루어지도록 함으로써 영유아 및 가정의 복지 증진에 이바지함을 목적으로 한다.
>
> 제2조(정의) 이 법에서 사용하는 용어의 뜻은 다음과 같다.
> 1. "영유아"란 6세 미만의 취학 전 아동을 말한다.
>
> 제4조(책임) ① 모든 국민은 영유아를 건전하게 보육할 책임을 진다.
> ② 국가와 지방자치단체는 보호자와 더불어 영유아를 건전하게 보육할 책임을 지며, 이에 필요한 재원을 안정적으로 확보하도록 노력하여야 한다.

3. 가족지원의 필요성

1) 특수교육대상 아동 가정의 특성

특수교육대상 아동의 출생은 부모, 가족 모두에게 일반적인 도전과 책임감 외에도 부가적인 고통과 어려움을 부과하게 된다. 이런 어려움에 대한 적응과정은 아동의 기본적인 신변처리에서부터 교육적 서비스 제공까지 다양한 요구 등이 복잡하게 나타나므로, 특수교육대상 아동을 가진 부모들은 자녀 양육 상황에서 스트레스를 경험하게 된다. 장애 자녀를 둔 부모의 스트레스는 단순히 개인이 겪는 어려움을 넘어 가족 구성원과 개인 간의 관계 즉, 가족이라는 전체와 관련하여 생각해야 할 필요성이 있다.

특히 주 양육자인 어머니의 심리적 고통은 어머니 자신뿐 아니라, 부부관계와 모자관계를 포함한 가족 전체에 영향을 미치며, 양육행동은 아동 발달에도 영향을 주게 된다. 아버지의 경우, 어머니보다 사회적 낙인을 극복하는 데 더욱 많은 어려움을 겪는다. 비특수교육대상 아동의 아버지에 비해 낮은 자존감과 심한 우울증을 겪고 있는 경우도 많이 발생하고 있다.

따라서 장애가 있는 가정을 위한 스트레스 극복 방안과 가족 지원의 특성과 부모의 양육스트레스에 대한 이해와 아동의 교육적 요구 충족이 가능한 다양한 가족 지원프로그램의 개발과 시행이 필요하다(이병인, 2002).

한편, 모든 부모는 자녀의 장애 진단에 동일한 방식으로 반응하지 않는다. 그러나 많은 부모는 정신적 발달의 과정을 경험하며, 슬픔의 단계하고 알려진 단계를 알아보면, 충격과 불신, 부정, 분노와 분개, 타협, 우울과 좌절, 수용의 단계로 분류된다. 슬픔의 단계에 따른 전문가의 제안을 살펴보면 다음과 같다.

[표 11-1] 슬픔의 단계에 따른 전문가 제안

슬픔의 단계	특성	전문가 제안
충격 불신 부정	• 죄책감과 수치심으로 실의에 빠질 수 있다. • 자녀의 장애를 부인하며 진단을 위한 여러 병원을 전전할 수 있다. • 자녀의 장애를 수용하거나 필요한 지원을 완전히 거부할 수 있다.	• 가족이 자신의 감정을 수용하고 표현하도록 지지하고 경청하라. • 장애자녀와 관련해 가족이 함께할 수 있는 강점을 찾아라. • 가족이 준비되고 요청할 때 자원과 서비스를 제공하라.

슬픔의 단계	특성	전문가 제안
분노와 분개	• 도움을 주려는 이에게 화를 낼 수 있다. • 진단에 관하여 전문가와 논쟁할 수 있다. • 비장애아동을 키우는 친구들에게 분개할 수 있다.	• 주의 깊게 경청하고 공감하라. • 다른 부모에 대한 분노는 자연스런 감정임을 인정하고 충분히 표현하도록 지지하라. • 가족들의 감정을 평가하거나 논쟁하지 마라. • 공격적인 말에 방어하지 마라.
타협	• 자녀의 장애가 없어질 수만 있다면 무엇이든 하려는 믿음을 갖는다. • 신과 "장애가 사라지게 해 준다면 무엇이든 하겠다"고 협상하려고 한다.	• 적극적으로 경청하라. • 지지를 보여라. • 전문적인 견해를 부모에게 강요하지 마라. • 비평하지 마라.
우울과 좌절	• 현실의 수용을 시작하고 기대했던 아이를 잃어버렸다는 슬픔을 느낀다. • 장애 자녀의 잠재력을 보지 못하고, 결함만을 보려 할지 모른다.	• 적극적으로 반영하며 경청하라. • 부모 자조모임과 같은 자원을 제안하라. • 우울증이 만성적으로 나타난다면 상담을 받을 수 있도록 조언하라. • 장애자녀의 장점에 대해 지속적으로 의논하라.
수용	• 장애 자녀의 결함을 보는 대신 장애 자녀의 강점을 보기 시작한다. • 장애 자녀의 삶을 향상하기 위해 긍정적이고 주도적인 태도를 보인다.	• 계속 경청하라. • 진보에 대해 걱정하라. • 장애 자녀의 강점에 대해 지속적으로 의논하라. • 가족의 역량강화를 위해 지원하라.

출처: 박지연 외(2006). 장애아 부모지원 가이드북 개발연구. 한국장애인개발원.

2) 비장애 형제 지원 프로그램

비장애 형제의 어려움은 아동 자체로의 문제가 아닌 사회적인 시각과 부모와 주변인의 태도에 의해 만들어지고 강화되고 있으므로, 이들을 위한 교육과 관심이 더 많이 필요하다. 어린 나이의 비장애 형제들은 장애가 전염되지 않을까 하는 걱정과 더불어 형제에 대한 부정적 생각과 감정, 부모의 과도한 기대감 등의 걱정으로 인한 갈등상태를 경험하기도 한다. 특수교육대상 아동을 둔 가정의 다수는 특수교육대상 아동을 중심으로 모든 생활이 이루어지므로 가족을 고려하는 일은 대단히 중요한 일이다. 특히,

특수교육대상 아동을 둔 형제자매에 대한 교육과 관심이 지속적으로 필요하다.

비장애 형제 지원 프로그램을 통해 장애 형제와의 관계 개선의 기회를 제공하고, 자신과 같은 상황에 있는 또래들과 공감대를 형성함으로써 서로에게 마음의 위안과 도움을 줄 수 있는 기회를 제공할 수 있다는 점에서 매우 필요하다. 특수교육현장에서 이루어지고 있는 비장애 형제 지원 프로그램의 사례를 제시하면 다음과 같다.

[표 11-2] 비장애 형제 지원 프로그램 사례

<table>
<tr><th colspan="2">프로그램 명</th><td colspan="2">○○ 교실(장애 형제 관계 개선 프로그램)</td></tr>
<tr><th colspan="2">목 적</th><td colspan="2">장애 형제로 인해 스트레스, 부담감, 낮은 자존감 등의 여러 가지 심리·사회적 스트레스를 겪고 있는 비장애 형제의 긍정적인 성장발달을 돕는다.</td></tr>
<tr><th colspan="2">대상 집단</th><td colspan="2">○○시에 거주하는 본 기관 내에 있는 장애 형제들과 그들의 비장애 형제(7~13세), ○○명</td></tr>
<tr><th colspan="4">프로그램의 내용</th></tr>
<tr><th>구분</th><th>기간</th><th>프로그램 내용</th><th>과정평가</th></tr>
<tr><td rowspan="7">존재
체험</td><td rowspan="7">4/10~5/22</td><td>자기소개
'나는 누구일까요?'</td><td rowspan="7">존재 체험 중반부터 본 기관 심리치료사가 참여하여 아동을 충분히 파악한 상태에서 집단 상담과 역할극이 이루어졌으며, 더욱 효과적인 역할극 진행을 위해 캠프를 실시하였으며, 높은 만족도를 나타냈다.</td></tr>
<tr><td>자연 속에서 '나' 찾기</td></tr>
<tr><td>레크레이션</td></tr>
<tr><td>카드 설명하기(경청 훈련)</td></tr>
<tr><td>나의 감정 알기</td></tr>
<tr><td>집단 상담</td></tr>
<tr><td>역할극</td></tr>
<tr><td rowspan="2">우리
체험</td><td rowspan="2">7/8</td><td>사물놀이</td><td rowspan="2">가족 간에 어울릴 수 있는 좋은 기회가 되었다.</td></tr>
<tr><td>가족 신문 만들기</td></tr>
<tr><td>나눔
체험</td><td>7/27</td><td>종결 파티 및 마무리 평가</td><td>소감문 작성과 의견을 나누는 시간이 있었고, ○○ 교실에 대해 보완해야 할 부분, 좋았던 부분 등 다양한 논의가 이루어졌다.</td></tr>
</table>

출처: 이병인(2016). 특수교육대상아동 가족지원의 이해. 노스보스. p. 228.

비장애 형제를 위한 장애 유형별 지원 프로그램은 각 기관별 장애와 관련한 다양한 정보의 제공으로 진행되며, 체계적인 프로그램이 이루어지지 않아 각 기관의 자율성을 바탕으로 프로그램이 운영되고 있는 실정이다. 장애 유형별 특성을 고려한 지원프로그램을 개발, 운영하는 것이 필요하다. 예를 들면, 전래놀이를 통해 유대감을 강화하고 함께 놀이에 참여함으로써 서로를 이해하는 폭을 넓히게 된다. 또한 정서 및 자폐성장애의 경우 상호작용의 어려운 점과 어떻게 장애 형제와 상호작용을 하는 법 등을 경험하고 익히게 된다. 타 기관에서 실시하고 있는 장애 유형별 프로그램을 소개하면 다음과 같다.

[표 11-3] **장애 유형별 프로그램의 예시**

시각장애	지팡이 사용법, 시각장애 체험
청각장애	보청기의 기능과 사용법, 청각장애 체험
지체장애	휠체어 사용법, 휠체어 면허 취득, 장애 체험
정신지체 및 정서장애	놀이를 통한 장애 형제 이해

4. 개별화 가족지원계획

1) 개별화 가족지원계획의 실제

(1) IFSP란 무엇인가?

개별화 가족지원계획(IFSP)은 0세부터 3세까지의 발달지체 영유아와 그 가족에게 조기 중재서비스를 제공하기 위해 가족과 특수교육대상 아동의 중재서비스 팀이 아동의 프로그램의 성공에 필요한 지원서비스, 활동 및 자원 등에 대한 규정을 서면으로 작성한 문서를 뜻한다(이병인, 2016).

(2) 개별화 가족지원계획으로 무엇을 할 수 있는가?

개별화 가족지원계획은 아동과 가족에게 활용 가능한 자원 등을 체계화할 수 있기 때문에 유용하다. 이러한 자원들 중의 어떤 부분은 특수교육대상 아동의 가족이나 이웃에서 발견할 수 있으며 또 다른 부분들은 전문가나 프로그램, 지역사회의 여러 기관 등에서 제공될 수 있다. 개별화 가족지원계획은 이러한 서비스의 준비단계에 참여하는 사람에게 서비스의 전체적인 개요와 각각의 참여자들에게 부여된 임무 등을 제공하며 아동과 그 가족이 원하는 활동뿐 아니라 아동의 목표에 도달하는 데 필요한 전문가나 전략 등도 알려 준다. 개별화 가족지원계획 내에 있는 시간 스케줄은 활동 완료와 아동이 필요로 하는 자원이 제공되었음을 알려준다.

(3) 개별화 가족지원계획은 어떤 것들이 포함되는가?

미국의 「연방법」(공법 105－17 Part C)에는 개별화 가족지원계획에 반드시 포함되어야 하는 사항에 대해 자세히 설명하고 있다. 각 주마다 나름대로의 특성을 가지고 융통성 있게 개발·운영하고 있다. 우리나라에서도 몇몇 특수교육기관에서 미국의 개별화 가족지원계획 구성요소를 기본으로 아동의 특성이나 교사의 지도 방법 또는 기관의 교육 철학 등에 따라서 창의적이고 융통성 있게 운영할 수 있기 때문에 개별화 가족지원계획을 '융통성 있는 개별화 교육 문서'라고도 부른다(이병인, 2002 재인용).

개별화 가족지원계획(IFSP)은 미국의 각 주에 따라 약간씩의 차이는 있지만 일반적으로 포함되는 내용들은 다음과 같다.

- 운동 기능(시력, 청력, 건강 등) 의사소통기술, 인지 능력, 적응 능력 및 사회·정서 기술 등과 관련된 아동의 현재 발달 수준
- 아동의 정상 발달 증진에 관련된 가족의 관심 사항, 서비스에 대한 가족의 우선순위, 활용 가능한 가족의 자원 등에 관한 기술(이 부분은 선택 사항이며 부모의 동의하에 가능하다)

- 아동과 가족을 위해 기대되는 주요 결과에 대한 서술, 그리고 어느 정도의 진보를 목표로 해야 하는가의 정도를 결정하기 위해 사용되는 준거, 절차, 시간에 관한 서술과 필요한 프로그램의 수정이나 개정에 관한 기술
- 아동과 가족의 중재 목표 혹은 독특한 요구를 성취하기 위해 요구되는 구체적 조기 중재서비스에 관한 기술(서비스의 횟수, 정도, 장소와 서비스 제공 방법 등이 포함되어야 한다)
- 서비스의 시작을 위해 필요한 학습 자료와 예상되는 서비스 지속 시간의 명시
- IFSP 수행을 책임질 서비스 중재자의 명단과 다른 기관과의 협력 여부에 대한 기술
- 발달지체 영유아 서비스 기준상의 취학 전 서비스나 적절한 다른 서비스로 변경 시 아동이 필요로 하는 전이 서비스에 대한 기술
- 일반 유아와의 통합을 위한 '자연적 환경'에 대한 기술

2) 개별화 가족지원계획 원리 및 과정

(1) 개별화 가족지원계획 원리

개별화 가족지원계획은 0~3세까지의 발달지체 영유아와 그 가족에게 조기 중재서비스를 제공하기 위해서 만들어진 개별적이고 융통성 있는 문서이다(Cripe & Graffeo, 1995). 개별화 가족지원계획의 기본 원리는 가족이 아동의 가장 큰 자원이다. 아동의 요구는 그들 가족의 요구와 매우 밀접하게 관련되어 있으므로 이동을 지원하고, 그들의 요구를 충족시키는 최선의 방법은 가족이 필요한 지원과 자원을 발견할 수 있도록 개개인의 강점을 지원하고 강화하는 것이다.

개별화 가족지원계획 과정에 포함된 일반적인 원리들은 다음과 같다(Mcgonigel, 1991).

첫째, 발달지체 영유아는 자신의 건강과 양육을 가족에 의존하며, 이러한 의존은 '가족중심' 조기 중재를 필요로 한다. 영아는 태어나면서부터 신체적·심리적 욕구를 만족시키려고 어른에게 의존한다. 이러한 욕구의 본질적인 서비스는 조기중재이며 그들 가

족 환경 내에서 제공되어야 한다.

둘째, 가족은 독특한 구조, 역할, 가치, 신념과 극복 전략을 갖고 있는데 이러한 다양성은 가족중심 조기중재의 기본이 된다. 가족의 다양성에 대한 이해는 개별화 가족지원계획 과정에서 발달지체 영유아를 지원하는 데 중요하며, 이것은 모든 가족이 강점과 자원을 갖고 있음을 의미한다.

셋째, 가족의 독립성과 결정권은 가족이 조기중재 서비스의 수준과 종류를 결정한다. 그러므로 가족은 자신들의 가치, 신념, 자원, 강점, 요구 및 희망 등에 의한 조기중재 서비스의 영향을 알고서 선택해야 한다.

넷째, 가족전문가의 상호협력과 동반자관계는 가족중심 조기중재 및 개별화 가족지원계획 시행 과정에 있어서 필수적인 요소이다. 개별화 가족지원계획 개발과 시행에 있어서 서비스 결정에 대한 가족의 권리와 관심이 전문가의 전문적 지식과 함께 조화를 이룰 때 비로소 진정한 협력이 이루어질 수 있다.

다섯째, '가족에게 능력 주기'라는 접근은 전문가들로 하여금 자신들의 전통적 역할과 실제를 성찰하도록 하는 계기가 되었고, 가족과의 상호 존중과 동반자적 협력관계를 촉진시켜 주었다.

여섯째, 개별화 가족지원계획은 전문가의 프로그램 요구와 정책에 가족을 적응시키기보다는 정책과 서비스를 가족의 요구에 적응시켜야 한다(이병인, 2016).

(2) 개별화 가족지원계획 과정

개별화 가족지원계획은 프로그램 그 자체보다 과정이 더 중요하다. '가족중심' 조기중재는 가족과 전문가 간 동반자적 상호협력을 기초로 한다. 개별화 가족지원계획 과정은 또한 가족에게 자신과 아동이 원하는 서비스 제공을 위해서 가족과 전문가 간에 자료와 정보를 모아, 공유하고 교환하는 것으로 이루어진다. Lynch, Mendoza & English(1990)가 제시한 몇 가지 중요한 개별화 가족지원계획 과정을 제시하면 다음과 같다.

1단계	첫 접촉 및 선별
2단계	사정: 가족의 관심, 우선순위, 자원 아동의 강점 및 요구
3단계	프로그램 계획: IFSP 모임 개최, 목표결정, 서비스 중재자 선임
4단계	IFSP 시행 및 감독
5단계	IFSP 검토, 평가 및 전환계획

[그림 11-1] 개별화 가족지원계획 과정

출처: 이병인(2016). 특수교육대상아동 가족 지원의 이해. 노스보스. p.72.

첫째, 첫 접촉과 적격성 여부를 위한 선별을 들 수 있다.

첫 접촉의 목적은 가족과 전문가가 긍정적 관계를 형성하고 가족의 관심, 우선 순위와 자원을 찾아내고, 결정 사항에 가족을 참여시키고 개별화 가족지원계획 과정에 가족이 얼마나 관여하기를 원하는지를 결정하게 된다.

둘째, 가족의 관심, 우선순위, 자원 및 아동의 강점 및 요구에 관한 사정 작업을 벌인다. 사정 계획과정은 미래의 가족과 전문가 간 상호 협력 관계를 형성시키므로 이 단계에서 가족의 능동적인 역할은 매우 중요하며 가족의 참여를 유도하도록 개발되어야 한다.

셋째, 프로그램을 개발한다. 몇 가지 사안이 프로그램 모임 시에 이루어지며 가족이 편한 시간으로 정하도록 하며 주요 목표를 결정하고 공식-비공식적 자원을 사용하는 서비스 계획이 개발된다.

넷째, IFSP 시행 및 감독이 이루어진다. 서비스 적격 판정을 받은 아동과 가족은

IFSP 모임이 있는 후 곧바로 서비스를 제공 받는다. 이 과정은 IFSP의 핵심이라 할 수 있고 IFSP 문서가 가족과 전문가의 합의된 목표를 충족시키기 위한 활동과 전략으로서 실제 시행되는 기간이다.

구체적인 IFSP 시행과 감독과정은 다음과 같다.

① 아동에게 필요한 서비스 제공

② 아동과 가족의 요구와 관련된 정보 제공

③ 가족의 요구에 기초한 정서적·사회적 지원이 가족에게 제공

④ 가족－아동 간 상호작용을 촉진하기 위한 부모훈련 및 그룹 활동과 IFSP 과정에서의 의사결정권 확대

⑤ 조기중재의 효용성 정략들이 비공식적으로 분석

⑥ 지역 내 자원과의 연계를 확립하고 유지한다.

다섯째, IFSP 검토, 평가 및 전환계획이 이루어진다. IFSP 검토는 6개월마다 이루어져야 하며 1년을 주기로 평가가 이루어진다. 가족의 관심, 우선순위 및 의미 있는 중재가 목표 전술에 명시되고 평가된다.

가족은 서비스 중재자, 프로그램 활동, 팀 과정과 일반적인 프로그램에 대한 만족도 등도 평가하여야 한다. 전문가들 또한 가족과 전문가의 프로그램 효과에 대한 가치 있는 정보에 대한 인식을 비교함으로써 프로그램 효과를 평가할 수 있다.

(3) 미국 특수교육협회 조기교육분과(DEC)의 가족 관련 추천의 실제

- 문화적, 언어적, 사회·경제적 다양성에 민감하고 반응적인 상호작용을 통하여 가족과 서로 신뢰하고 존중하는 파트너십을 형성한다.
- 가족이 이해할 수 있고 선택과 결정에 사용할 수 있는 종합적이고 편견이 없는 최신 정보를 제공한다.
- 가족의 관심, 우선순위, 변화하는 생활환경에 반응적이어야 한다.

- 교사와 가족은 가족의 우선순위와 관심, 아동의 강점과 요구를 다루기 위해서 성과 또는 목표를 정하고 개별화된 계획을 세우고 교수를 실행하는 일에 함께 한다.
- 가족의 강점과 역량을 인식하고 기반으로 함으로써 가족 기능을 지원하고 자신감과 능력을 촉진하며 가족-아동 관계를 강화한다.
- 융통성 있고 개별화되고 가족의 선호도에 맞춘 방식으로 양육 지식 및 기술과 양육 효능감 및 자신감을 지원하고 강화하는 기회에 참여시킨다.
- 교사는 가족이 원하는 성과 또는 목표를 성취하기 위해서 공식적인 또는 비공식적인 자원과 지원을 확인하고 접근하여 활용할 수 있도록 가족과 함께 일한다.
- 발달지체장애를 지녔거나 위험에 놓인 이중언어 아동의 가족에게 복수언어 학습이 아동의 성장과 발달에 미치는 혜택에 대한 정보를 제공한다.
- 가족이 자신의 권리를 알고 이해하도록 돕는다.
- 가족에게 리더십과 옹호 기술을 갖추기 위한 기회에 대하여 알려주고 참여를 원하는 경우 격려한다.

3) 우리나라에서의 가족지원 방안

2007년 「장애인 등에 대한 특수교육법」과 「장애인 차별법 및 권리규제 등에 관한 법률」의 제정으로 장애인 가정을 위한 복지와 교육정책에 큰 변화가 있었다. 가족은 특수교육대상 아동에게 가장 중요한 자원인 동시에 강점이다. 가족은 아동의 지원자로서 교육계획에 직접 참여하고, 아동의 행동을 관찰하여 실제의 목표에 도달하는 데 돕는 역할을 한다.

우리나라의 유아특수교육 현장에서는 부모교육과 부모참여, 가족연계 프로그램, 가족 참여, 가족중심 프로그램 등 다양한 형태로 가족 지원을 제공하고 있으나, 현실적으로 적지 않은 문제점을 나타내고 있다. 가족 구성원들이 서로의 자원과 강점이 되기보다 서로의 상처가 되는 등의 상황과 아버지의 참여, 비장애 형제자매를 위한 프로그램이 활성화되지 못한 실정이다.

대다수의 유아특수교육기관들은 특수교육대상자나 부모, 가족의 요구를 반영하고 다양한 프로그램을 운영하기 위한 노력을 지속적으로 하고 있다. 하지만 이러한 노력에도 불구하고 현장에서 서비스를 제공하는 사람들은 오히려 많은 어려움을 겪고 있다. 이는 서비스를 제공하는 사람이나 서비스 대상자인 가족 모두 가족 지원에 대한 올바른 인식과 체계가 부족하기 때문이다. 이를 개선하기 위한 방법을 모색하기 위해 서비스 제공자나 대상자 모두 가족지원에 대한 올바른 인식과 정보 제공 및 프로그램 개발을 위한 적극적인 참여가 요구된다.

따라서 가족의 요구에 따라 효율적인 가족지원 프로그램 활용방안을 제시하면 다음과 같다.

① 가족지원 프로그램은 가족기능의 회복과 강화에 목적을 두고 실행되어야 한다.
② 가족지원 프로그램은 가족이 겪는 스트레스의 수준과 단계에 따라 다양한 접근 방법으로 실행되어야 한다.
③ 가족지원 프로그램은 발달지체 영유아 자녀의 성장주기에 따라 여러 접근 방법에 따라 이루어져야 한다.
④ 가족지원 프로그램은 지역사회와 연계하여 이루어져야 한다.
⑤ 가족지원 프로그램은 가족 내·외에 존재하는 자원을 발견하여 이를 활용할 수 있도록 구성하여야 한다.
⑥ 가족지원 프로그램은 현재와 미래에 가족이 요구하며, 가족이 성취하고 싶은 기대의 영역을 반영하여 실행되어야 한다.
⑦ 가족지원 프로그램은 발달지체 영유아 가족이 가지고 있는 독특한 상황과 고유한 문화적 배경을 고려하여 구성 및 실행되어야 한다.

4) 가족지원의 실제

(1) '베테랑' 부모가 되기 위한 10가지 팁

① 자녀는 여러분을 놀라게 하는 방향으로 성장하고 발달합니다.

② IFSP에 가족 전체를 참여시킵니다.

③ 서비스 조정자는 가족의 이야기를 들어주는 사람이자, 자원이자 지원입니다.

④ 코칭 모델을 신뢰합니다. 서비스 제공자가 여러분에게 활동을 가르쳐줍니다.

⑤ 가족이 된다는 것이 중요할 때가 있습니다.

⑥ 다른 부모와 교류합니다.

⑦ 자녀의 장점, 재능 및 관심사에 대해 칭찬합니다.

⑧ 자신도 돌보면서 자녀와 가족을 돌봅니다.

⑨ 영유아 프로그램을 종료하는 것은 보기만큼 그리 두려운 것이 아닙니다.

⑩ 여러분은 자녀에 대한 전문가입니다.

(2) 부모 IFSP 체크리스트

- 나는 자녀가 왜 영유아 프로그램의 수혜 자격이 되는지 이해하고 있습니다.
- 나는 IFSP 팀 회의에 가족, 친구, 보육 담당자를 초대했습니다.
- 첫 번째 IFSP가 신청 이후 45일 안에 완료되었습니다.
- 첫 번째 서비스가 IFSP를 완료한 후 30일 이내에 시작되었습니다.
- 친구, 자녀에 대한 정보를 공유했으며, 나의 희망과 꿈에 대해 설명했습니다.
- IFSP 팀이 나의 권장 안을 고려했습니다.
- IFSP에 자녀의 고유한 장점과 발달 필요 사항이 잘 나타나 있습니다.
- IFSP에서 가족의 일상생활 내 학습이 이루어질 수 있는 기회가 식별됩니다.
- IFSP에 자녀의 일상생활, 활동 및 장소에 서비스가 제공될 수 있는 방식이 설명되어 있습니다.

- IFSP가 가족이 지역사회 자원 및 지원을 이용할 수 있도록 지원합니다.
- IFSP에서 서비스 조정자와 기타 서비스 제공자가 식별됩니다.
- IFSP 회의 동안 그리고 조기 개입 서비스를 받는 동안 질문을 편안하게 받았습니다.
- 자녀의 IFSP 사본을 받았습니다.
- 서비스를 시작하도록 허가서를 제공했습니다.
- 시간과 장소를 서로 협의하여 조기 개입 약속이 예약되었습니다.
- 첫 번째 IFSP 검토가 6개월 후에 수행되지만 언제든지 검토를 요청할 수 있습니다.

(3) 가족 워크시트: 자녀의 발달상황 확인

본 워크시트는 자녀의 장점 및 필요사항에 대해 생각해볼 수 있도록 도와줍니다. 조기 개입 서비스 제공자는 평가도구를 사용하여 비슷한 연령대의 다른 아이들과 자녀의 발달 상태를 어떻게 비교할지 결정합니다. 가정, 지역 사회, 보육원과 같은 장소나 취학 전 프로그램에서 아이들이 적극적으로 참여하도록 하려면 아이들은 ① 긍정적인 사회적, 감성적 기술 개발 ② 지식 및 기술 습득 및 사용 ③ 자신의 필요 사항을 충족하기 위해 적절한 행동 수행 등과 같은 세 가지 영역에서 기술을 개발해야 합니다. 아래 차트 작성 시 발달에 대한 이러한 세 가지 기능 영역을 바탕으로 자녀를 관찰한 내용을 기록합니다. 자녀가 현재 보유하고 있는 기술, 자녀가 배워야 한다고 생각되는 기술을 생각해 봅니다. 자녀에 대해 알고 있는 내용과 생각하고 있는 내용이 평가 정보 및 IFSP 팀 토론에 포함되는 것이 중요합니다.

[표 11-4] 가족 워크시트: 자녀의 발달상황 확인

	자녀의 상황…	자녀의 장점 자녀가 좋아하는 것은 어떤 것입니까? 자녀가 시연하는 기술은 무엇입니까? 또는 자녀와 비슷한 연령대의 아이들이 시연하기 시작한 기술은 무엇입니까?	자녀의 필요사항 자녀가 하지 않거나 어려워하는 기술이나 행동은 무엇입니까? 자녀에게 도움이나 실습이 필요하다고 생각되는 활동이나 기술 영역은 무엇입니까?
긍정적인 사회적, 감성적 기술 개발	• 사람들과 잘 어울립니까? • 가족과 관계를 잘 맺고 있습니까? • 다른 어른들과 관계를 잘 맺고 있습니까? • 다른 아이들과 관계를 잘 맺고 있습니까? • 감정을 잘 표현합니까? • 다른 사람들의 접촉에 반응합니까?		
지식 및 기술 습득 및 사용	• 다른 사람들의 지시 사항이나 요청을 이해하고 이에 반응합니까? • 생각하고 기억하고 추리하며 문제를 해결합니까? • 책, 그림 및 인쇄물을 통한 소통이 원활합니까? • 크다, 뜨겁다 등과 같은 기본 개념을 이해하고 있습니까?		

자신의 필요사항을 충족하기 위해 적절한 행동 수행	• 식사나 옷 입기 등 자녀에게 기본적인 필요사항을 챙겨줍니까? • 자녀가 몸을 이리저리 움직입니까? • 손을 사용하여 장난감을 가지고 놀거나 크레용을 손에 쥡니까? • 자녀가 원하는 내용이나 필요로 하는 내용을 표현합니까? • 자녀가 자신의 건강과 안전을 지키기 위해 노력합니까?		
추가로 고려해야 할 질문		• 자녀가 좋아하는 활동은 무엇이며 좋아하는 사람은 누구입니까? • 자녀가 자신이 좋아하는 것을 나에게 어떻게 알려줍니까? • 자녀가 아주 협조적인 태도를 보일 때는 언제입니까? • 자녀를 진정시켜주는 것은 무엇입니까?	• 자녀가 싫어하는 것은 무엇이며 싫어하는 사람은 누구입니까? • 자녀가 자신이 싫어하는 것을 나에게 어떻게 알려 줍니까? • 자녀를 겁먹게 하는 것은 무엇입니까? • 자녀를 좌절시키는 것은 무엇입니까?

Chapter

12

부모상담

배울 내용

1. 부모상담의 정의
2. 부모상담의 필요성
3. 부모상담의 기법

학습 목표

1. 부모상담의 개념을 이해하고, 부모의 내적·외적 갈등 원인을 알아보며, 상담자의 구성요소 및 역할에 대해 알아본다.
2. 부모상담의 필요성, 양육 태도, 양육 스트레스를 설명할 수 있다.
3. 부모의 심리적 반응과 가족 기능에 미치는 요인을 알 수 있다.
4. 부모의 장애에 대한 수용도와 상담 요인을 설명할 수 있다.
5. 의사소통장애 지원방안을 이해하고 적용한다.

개요

장애아동 부모의 상담을 통해 자신만의 정체성을 깨닫거나 상담을 통한 자아를 발견하고 양육 태도와 양육 스트레스를 점검함으로써 긍정적 방향성을 알게 된다. 이에 따른 부모상담 기법 적용으로 자녀의 문제, 가정의 문제, 사회적 문제, 자신의 내적·외적 문제에 대해 살펴보고자 한다.

1. 부모상담의 정의

부모상담(parent guidance)은 장애아동을 돌보는 부모가 환경적·심리적·사회적 영향을 받아 자신 및 가족과 사회 안에서 다루는 문제를 상담을 통하여 훈련되고, 교육을 실시하며 자신의 자존감 및 자아실현을 위해 종합적으로 접근하는 것을 말한다.

부모 활동과 관련된 것을 의미하는 것으로 부모교육(parent education), 부모참여(parent participation), 부모관여(parent involvement), 부모훈련(parent training) 등과 같은 다양한 용어가 있다. 이를 수행하기 위한 구체적 프로그램들 역시 부모교육, 부모참여, 부모훈련 프로그램 등으로 다양하게 표현되고 있다(권요한 외, 1998; 김진희, 1997; Meyen & Skrtie 1995; Grotberg, 1983).

부모교육은 포괄적 범위에서 부모의 다양한 참여의 지원 및 부모 역할 수행에 따른 교육을 지원하고 부모로서 정보, 잠재능력, 교육 활동 참여를 통한 자녀의 기대효과 등에 대해 알게 된다. 부모상담은 자신만의 정체성을 깨닫거나, 상담을 통한 자아를 발견하게 되고, 아픔에 대한 치료의 효과 및 장애 자녀를 돌보면서 느끼는 양육 태도와 양육 스트레스의 긍정적 방향성을 알게 되면서 심리치료 효과의 주장도 나온다.

1) 상담의 용어 정의

상담은 '인위적 만남을 통해 생활 곳곳에서 사람들의 바람직한 변화를 돕는 과정'을 말한다. 전문 상담자와 내담자 간의 대면관계를 통해서 문제를 접근하고 도와주는 과정이다. 내담자의 상담 내용에 대한 다양한 갈등과 스트레스 및 사회적·정서적 관계를 이해하고 내담자가 요구하는 당면문제를 효율적으로 해결해 나가는 과정이다.

2) 부모상담의 윤리

부모상담 시 상담사가 지켜야 할 윤리에 대한 태도이다.

(1) 상담사의 전문적 태도

① 상담사는 전문적 능력을 갖춘다.

② 상담사는 내담자의 문제 해결 및 예방, 성장 발전에 적절하게 도와준다.

(2) 정보의 보장

① 상담사는 사생활 비밀 및 전자 정보의 비밀을 보장한다.

② 상담사는 전문적 서비스를 제공하며 상담의 비밀 및 보관을 안전하게 한다.

③ 상담사는 내담자의 위협이나 위험이 있다고 판단 시 비밀보장의 한계를 갖는다.

(3) 내담자의 복지

① 상담사는 내담자를 존중하며 권리를 보호한다.

② 인간의 기본적 권리, 존엄성, 가치를 존중하며 내담자의 다양성을 존중한다.

(4) 상담 관계

상담자는 내담자의 정보제공에 대한 동의를 받는다.

(5) 사회적 책임

상담자는 사회 윤리 및 지역사회의 도덕적 기준을 존중하며 사회관계에 봉사한다.

(6) 윤리문제 해결

상담자는 윤리적 책임감으로 상담한다.

3) 부모의 내적 갈등

장애아 부모는 심리·사회적으로 여러 가지 갈등을 겪게 된다. 장애아는 출생부터 성인이 되기까지 독립적 생활이 어려우므로 부모의 보살핌과 관리가 필요하다. 이는 시간적 제약, 전체 가족 관계에서의 문제, 형제·자매간의 문제, 사회적 활동의 문제, 경제적 문제 등 다양한 일반적인 문제들이 따르게 된다. 장애아동으로 인해 겪게 되는 부모의 내적 갈등에 대해서는 여러 가지 갈등요인이 있다.

(1) 불확실성의 내적 갈등

장애의 유형, 수준에 따른 다양한 정보 및 장애의 진행 과정에서 오는 정보와 진단, 처치 등에 대하여 대처해야 하는 부분과 장애아동이 성장해 나가면서 미래에 대한 불확실성의 갈등을 경험하게 된다.

(2) 낮은 자아와 좌절감의 내적 갈등

장애아동보다 더 깊은 부정적 스트레스를 받게 되므로 심리적 어려움을 겪게 된다. 영유아기에는 비장애아동의 발달 정도에 비추어 견주어 보지만 성장하면서 일반적이지 않은 미성숙한 발달로 공격적 행동, 의사소통의 어려움, 감정 조절능력 불가, 자주적 활동의 어려움, 부모와 함께 하는 이동의 불편함 등으로 부모는 심리적 어려움을 경험하게 된다. 이때 부모상담을 통하여 부모 심리에 위로와 지지를 받을 수 있으나, 원활한 상담이 이루어지지 못하면 부모상담으로 높은 스트레스를 경험하게 된다.

(3) 내재된 슬픔의 내적 갈등

장애 자녀로 인하여 아픔과 고통으로 비장애아동보다 높은 내재된 슬픈 경험을 갖는다. 내재된 슬픔은 어떠한 환경변화나 부모의 노력으로도 바뀔 수 없으며 자연적 변화가 이루어지지 않는 현실에 대한 비관으로 지속적 슬픔을 경험하게 된다.

4) 부모의 외적 갈등

장애아 부모의 양육 부담이 부부간의 외적 갈등요인으로 연구되고 있으며, 장애 유형에 따른 양육환경, 가족 관계 갈등이 다양하게 나타나므로 사회활동 강화를 통해 장애아 부모의 외적 갈등 해소방안을 찾아볼 수 있다.

(1) 육체적 부담의 외적 갈등

장시간 부모는 장애 자녀가 스스로 처리할 수 없는 많은 활동을 보조해 줌으로써 피로가 누적되어 육체적 부담으로 건강 문제가 된다. 또한, 쉬는 시간, 일하는 시간, 활동을 보조해 주는 시간이 구분되어 있지 않고 지속적이고 상시 되풀이되는 돌봄으로 인해 수면 부족 현상으로 부모의 외적 갈등 어려움이 증가하게 된다.

(2) 전문가들과의 의사소통 어려움의 외적 갈등

교육 전문가, 치료 전문가, 상담 전문가, 활동 보조 전문가 등 다양한 부분의 전문가들에게 부모는 도움을 받게 되는데, 부모가 전문가의 코칭을 모두 이해하지 못하거나, 장애아동과 관련된 부가 서비스제도 및 전문가와의 소통의 어려움으로 인해 혼란을 겪게 되고, 열등감, 좌절감을 가지게 된다.

(3) 시간 부족의 외적 갈등

장애아동의 감각치료, 놀이치료, 통합치료, 언어치료, 물리치료, 재활 훈련 등 지속적 치료와 교육 등으로 일상생활의 시간적 부담을 지속적으로 경험하게 되며, 부모의 경제적 부담 및 시간 부족이 부모의 큰 외적 갈등요인이 된다.

5) 부모상담의 구성요소

부모상담의 구성요소는 상담자와 내담자 간의 의사소통으로 이루어진다. 상담을 진행하기 위한 기본 사항은 상담방법, 상담의 온라인 혹은 대면방법, 상담 수단, 상담 대상과 내용, 상담 과정 활용 등을 마련하는 것이다.

(1) 상담의 방법

상담에 참여하는 인원에 따라 집단상담(Group Counseling)과 1:1로 진행되는 개인상담(Individual Counseling), 가족상담(Family Counseling)으로 나눈다.

[표 12-1] 부모상담 방법의 구분

구분	내용
집단상담 (Group Counseling)	• 두 명부터 구성된 모임 형태이며, 사회적 상호작용의 영향을 통해, 자신의 문제를 해결해 나가고 되돌아보는 방식으로 긍정적이고 삶의 질을 향상시키고 소통해 나가는 상담방법이다. • 집단상담 시 중요사항은 상담의 주제가 목적이 분명해야 한다. 아픔이나 고통을 안은 내담자의 경우 주제가 불분명할 때 혼란과 불안이 된다. • 상담자는 어떻게 진행할 것인가, 상담의 주제는 무엇인가, 내담자의 상담 관심사는 어떠한 것인가, 집단상담의 목표를 무엇으로 정할 것인가의 목표와 목적을 두어 전문성과 문제 해결의 효과를 높일 수 있다. • 집단상담은 경제적으로 효율적이며, 시간적 특성상 짧은 시간 내에 다수 인원의 결과를 얻을 수 있다는 장점이 있다. • 자녀 장애 수준에 따른 정보 공유, 양육방법, 양육 스트레스 해소 방법 등 정서적 공감대 및 심리적 안정에 대한 긍정적 상호작용을 높인다.
개인상담 (Individual Counseling)	• 다양한 개인적 문제를 풀어 가면서 문제를 해결해 나가는 방식이다. • 집단상담과 다르게 정보교류나 교육 정도, 지식보다는 정서적·심리적·감정적 스트레스, 행동 및 태도의 불안 등 개인 상담에 초점을 둔다. • 장애아동의 양육 경험을 통해 부모의 죄책감과 장애아를 돌보면서 오는 육체적 고통, 심리적 스트레스, 경제적 어려움 등을 호소하게 된다.

구분	내용
가족상담 (Family Counseling)	• 하나의 조직 단위로 구성되며, 구성원에 대한 중재가 장애를 포함한 가족일 때 그 영향은 일반가정의 영향과는 다르게 작용한다. • 부모뿐만 아니라 형제, 자매, 일가친척까지 영향을 미치므로, 가족 구성원이 만성적으로 겪게 되는 스트레스에 대해 상담이 필요하다. • 부부간 책임의 회피와 비난, 자녀들 간의 역할에 대한 원망, 비장애아에게 화가 폭발하며, 심리적·정서적으로 어려운 현실에 부딪히게 된다. • 장애아의 문제행동은 전체 가족 구성원이 함께 노력하여 행동특성을 파악하고 문제행동에 대한 지원으로 지도하고 교육·치료한다.

출처: 김향지(2001), 장애유아 부모상담의 특성 및 내용구성 방안. 정신지체연구 제3집 3호. pp.127-143.
김형태(2001). 집단상담의 이론과 실제. 동문사. 재인용.

(2) 상담 통로

상담 통로(counseling passageway)는 상담을 어떤 방식으로 진행할 것인가에 대한 사항이다. 즉, 만남, 온라인, 신문, 전화, 편지 등의 다양한 매체를 이용한 방법을 통하여 상담의 효과를 높여 나갈 것에 대한 부분이며, 부모의 심리, 시간, 기타 여건을 고려하여 효율성을 높이기 위한 적절한 방법을 선택하게 된다.

(3) 상담도구와 수단

상담도구(counseling tools)와 수단(means)은 상담에 내용에 대한 보조적 수단의 사용에 대한 방법이다. 상담 내용을 좀 더 구체화하여 문제를 풀어나가기 위해 역할상담을 진행하거나 음악치료, 미술 치료 등을 활용하여 상담에 투입될 수 있다.

(4) 상담의 내용과 대상과 대상

상담의 내용(counseling content)과 대상(human)에 대하여 구체화하는 방법이다. 즉, 상담의 내용, 상담 대상을 부모 자신으로 할 것인지, 장애 자녀로 할 것인지에 대한 것이다. 상담 내용은 부모 자신의 가정사에 대한 문제, 경제적 사항, 건강 문제, 자녀의 진로, 교육방법, 장애 수준에 대한 대응방법의 어려움, 법률적 해결 방법 문제에 따른 내용과 대상의 초점을 명확하게 분류하여 진행해 나가는 것이다.

(5) 상담의 활용

상담의 활용(counseling utilization)은 상담에 따른 내담자의 변화를 필요로 하는 효과적 치료방법 중 하나이다. 즉, 내담자의 상담상황에서 신념, 자주 이용하거나 사용하는 말, 행동, 문화적 배경 등에 대한 특정한 목적을 위하여 주변의 자원을 이용하여 신경증적 습관까지 치료적 수단으로 이용하는 방법이다.

6) 상담자와 내담자의 관계 형성

상담자와 내담자의 관계는 사회적 관계에서 이루어지는 관계이며, 내담자의 상담 내용에 맞는 현실적인 문제에 대한 적합한 범위 내에서 내담자의 발전을 촉진시켜 주고 자신의 탐색을 돕는 관계를 형성한다.

[표 12-2] 상담자와 내담자와의 관계

구분	내용
특수한 조력관계	• 일상적 인간관계는 자기중심적으로 대화가 진행된다. • 상담 관계에서 내담자와의 관계는 내담자 중심으로 관계된다. • 상담에 대한 협조적이고 긍정적 이해관계의 특수한 조력 관계이다.
상호 협력적 관계	• 상담자의 도움을 필요로 하는 관계이다. • 상담와 내담자 간의 협력체제로 상담의 목표를 설정하게 된다. • 상담 목표에 대한 동등한 책임을 가진다. • 상호 협력적 긍정적 관계를 유지하며 상호 작용한다.

구분	내용
정서적 상호작용의 관계	• 상담자의 전문적 자질을 기본으로 상호작용하는 조력 관계이다. • 충고, 지시, 명령, 전달로 상담이 이루어지지 않는다. • 내담자의 동참으로 정서적 스트레스를 해소하며, 불안, 고통, 긴장감을 완화해 나가는 상호작용적 상담을 한다. • 상담자의 언어적·비언어적 행동으로 내담자의 정서적 해소를 촉진한다. • 내담자의 사회적 관계 및 능력에 대해 이해하고 인정한다.
비밀보장 원칙의 관계	• 내담자 및 상담 내용에 대한 비밀을 유지한다. • 내담자의 성향, 가정사, 및 사회적 관계에 대한 비밀을 유지한다. • 내담자의 비난, 비판, 분노 등에 대한 정서적 과정의 비밀을 유지한다. • 상담자의 전문적 자질 및 직업적 특성에 대한 윤리를 지킨다.
인간 실존 간 부딪침의 관계	• 일상적 부딪침과는 다른 장애 자녀의 부모와의 부딪침은 다르다. • 특성적·특정적 어려움의 상담 내용에 대해 상식의 한계를 넘어선 인간 실존 간의 부딪침이 된다.

출처: 김형태(2001). 집단상담의 이론과 실제. 동문사. 재인용.

7) 상담자의 역할

전문적 자질을 갖추고 내담자의 인간성을 존중하며 상담내용에 대한 정서적 지원과 일상생활 유지 및 장애아동의 정보 교환을 통해 내담자의 행복과 안위를 지원해 준다.

[표 12-3] 상담자의 역할 분류

구분	내용
객관적 통찰과 자각 역할	• 객관적 통찰(insight)의 능력 • 심리적 기능에 의한 자각(perception) 역량 • 심리적 과정의 관심과 흥미에 대한 역량
공감 역할	• 공감의 능력 • 다양한 개인적 아픔과 고통에 대한 이해 능력 • 장애아 부모에 대한 심리에 공감

구분	내용
관찰 역할	• 내담자의 상담 내용에 집중 • 내담자의 자신 및 상담자 자신의 행동에 대해서 함께 관찰 • 내담자의 비언어적 행동에 대해 관찰 • 내담자의 사고의 과정에 대해 관찰 • 내담자가 생략하는 문제들에 관찰 • 내담자의 상담 내용을 전개하는 방식과 어떻게 풀어가는지 관찰
합리적 사고 역할	• 인식하는 것이 아니라, 표현하는 것에 집중하는 사고의 능력 • "앞으로 어떻게 가야 하는가?"에 대한 길을 제시 • "지금 가는 방향은 옳은가?"에 대한 사고를 합리적으로 제시 • '경험을 통한 원칙'이 구성되어도 합리적 판단 근거에 기준
경청의 역할	• 상담을 더 효과적이고 가치 있게 만드는 경청의 능력 • 귀로 듣는 것이 아니라 마음을 기울이는 능력 • 경청으로 상담 내용 안에 속뜻의 숨은 의미를 파악하는 능력 • 내담자가 마음을 열고 대화할 수 있도록 환기적 경청(evocative listening) • 내담자의 상황과 상태를 고려한 조언과 설득 • 내담자에게 귀를 기울이지만 감정을 다스리는 연습
기억의 소환 역할	• 내담자가 말하고 싶은 무엇이든 다 말할 수 있는 기억 소환의 능력 • 비합리적, 비윤리적, 고통, 분노, 슬픔, 어리석음 등도 기억하여 이야기 • 내담자의 생각, 감정을 그대로 표현 • 내담자의 무의식 속의 억압된 문제를 찾아 이야기
상담의 안내 역할	• 상담의 첫 만남부터 지속적 만남의 목표 및 계획을 진행 • 내담자의 문제를 이해하며, 촉진적 상담 관계를 형성 • 도움을 청하는 직접적인 이유를 확인 • 내담자의 문제 발생 배경을 탐색 • 문제 해결의 동기와 평가 • 상담 목표 및 진행방식, 상담방식에 대한 합의
내담자의 기대수용 역할	• 내담자의 이야기에 주의를 집중 • 내담자의 이야기에 이해하고 수용 • 내담자가 이야기할 때 긍정적 언어를 표현 • 내담자의 비언어적 요소가 포함된 몸짓, 표정, 제스처
구체적 기술성 역할	• 한 상담과 주제가 끝나면 내용의 요소를 묶어 요약

출처: 송현종, 조성은(2005). 통합교육과 학교상담: 학교상담자의 태도와 역할. 특수교육저널: 이론과 실천. 제6권 제14호. pp.215-235. 재인용.

2. 부모상담의 필요성

1) 부모의 양육태도

부모의 양육태도(parent's Raising Attitude)는 자녀를 돌보는 과정의 다양한 보편적 태도를 말한다. 부모의 양육태도는 상담자와 내담자 간 장애 자녀의 돌봄 정보 및 치료방법 등 정보제공 및 긍정적 의사소통이 이루어질지라도 부모 개인의 자존감에 상해가 되거나, 자율성에 대한 침해, 사회적 관계에 대한 위협으로 지각된다면 상담자의 긍정적 소통, 정보와는 상관없이 정서적·심리적으로 부정적 영향을 미치게 된다.

부모의 자아존중감(self esteem)이 높은 부모는 자녀에 대한 애착 측면에서 긍정적 영향이 높다. 그러나 자녀 돌봄이 부족하고 우울증, 심리적 불안감이 높은 부모는 자신의 사회적 관계 및 장애 자녀에 대한 부정적 영향을 미친다.

양육 태도는 부모 자신이 스스로 사랑하고 존중하며 가치 있는 존재라고 느끼는 자아존중감과 사회적 지지가 있을 때 장애 자녀의 양육 태도가 긍정적으로 이행될 수 있다. 또한, 부모의 심리적 강인함(The hardiness scale)으로 스트레스를 해소해 나갈 수 있는 의지는 일상생활에 몰입(commitment)하며, 통제(control)할 수 있는 자아 신념으로 나타난다.

애정/통제가 어떻게 이루어지는가에 대해 Baumrind는 부모 양육방법에 대하여 허용적인(permissive) 부모, 권위적인(authoritative) 부모, 독재적인(authoritarian) 부모, 방임적인(uninvolved) 부모로 양육유형을 나누었다.

부모 양육태도 및 자녀의 특징은 다음과 같다.

[표 12-4] **부모양육태도 및 자녀의 특징**

구분	부모의 양육태도	자녀의 특징
허용적인 (permissive) 부모 양육태도	• 지나치게 자유방임적인 태도 • 자녀의 의견 무조건 동의하거나 관대 • 온정적, 수용적 • 행동 통제를 하지 않음 • 자녀 양육에 자신감 및 확신 부족	• 충동적, 불복종적, 반항적 • 참을성이 없음 • 학업성취 낮음 • 반사회적 특징
권위적 (민주적)인 (authoritative) 부모 양육태도	• 자녀에게 온정적, 요구의 수용도 높음 • 허용적, 적절한 자율성 인정 • 스스로 선택 및 결정의 기회 제공 • 소통의 중요성 강조 • 생각, 감정, 욕구표현 격려 • 의사결정에 자녀 참여 기회 제공	• 부모－자녀관계 정서적 • 행복감, 높은 자존감 형성 • 자기조절 능력, 인내심 • 과업수행, 학업성취도 높음 • 타인의 입장 고려, 협조적 • 사회적·도덕적 성숙
독재적인 (authoritarian) 부모 양육태도	• 자녀에게 지나친 억압과 간섭 • 자녀를 배제한 결정 • 부모 지시에 무조건 복종의 태도 • 조건부 애정 • 자녀의 자율성 불인정 • 자녀의 자기표현, 독립성 제한 • 부모의 호통, 지시, 비판, 위협적 태도	• 불안 • 낮은 자존감 • 강한 분노와 반항적 태도 • 자기 결정의 의지 없음 • 정체성 발달의 어려움
방임적인 (uninvolved) 부모 양육태도	• 자녀의 의견 수용, 통제 없음 • 자녀에 대한 최소한의 관심 • 자녀에 대한 시간·심리적 여유 없음 • 자녀 양육 참여 의지 희박 • 최소한의 자녀요구에 대응 • 최악의 경우 방임	• 낮은 학업 성취도 • 우울 • 분노 • 반사회적 행동

출처: 여성가족부(2019). 나는 어떤 부모일까? 양육유형 점검하기.

부모의 양육태도에 따른 모형 그래프는 다음과 같다.

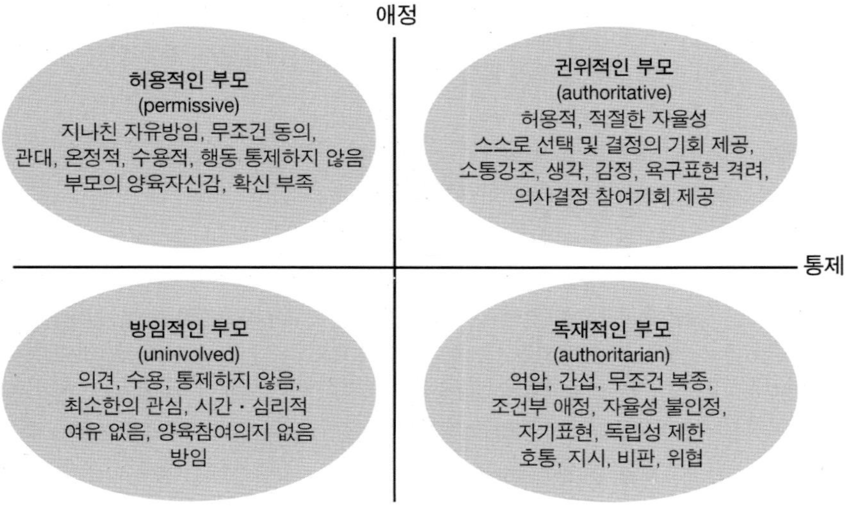

[그림 12-1] 부모 양육태도

출처: 여성가족부(2019). 나는 어떤 부모일까? 양육유형 점검하기.

2) 부모의 양육 스트레스

양육 스트레스(Parenting Stress)는 자녀를 출산하여 부모 역할을 수행하면서 경험하게 되는 다양한 스트레스를 의미한다. 장애아동의 부모 역할은 단순 돌봄에만 국한되는 것이 아니라 교육, 치료 병행, 이동의 동행, 장애 수준에 따라 완전한 돌봄, 치료 지원 등 다양하게 이루어진다. 어린 연령보다 나이가 많아짐에 따라 더 넓은 범위의 돌봄을 요구하게 된다. 이러한 다양한 부분에서 부모로서 일상생활의 긴장과 압력, 장애 자녀를 키우면서 느끼게 되는 부모 역할 수행에 따른 양육 스트레스를 경험하게 된다.

부모가 자녀를 양육하는 여러 유형과 방법에서 오는 스트레스는 차이가 있을 수 있다. 그러나 부모 자신 스스로 느끼는 심리적 스트레스는 판단의 기준이 되지 않는다. 또한, 교육을 통해서, 치료를 통해서, 부모 자신의 온전한 희생을 통해서 부모는 장애 자녀가 비장애인으로, 혹은 비장애 범주 안으로 들어올 수 있는 희망을 가진다. 그 또한 어려운 현실임을 인지하면서 자포자기하는 상황을 맞이하게 된다. 상담사와 부모와의 상담은 부모의 심리적 지지, 응원의 기회가 된다. 장애 자녀를 양육하고 있는 부모는 자녀에 대한 미안함, 죄책감, 자괴감, 낮은 자존감, 장애 자녀를 온전히 돌봄으로써 오는 양육의 스트레스 등 심리적 압박감과 부담감을 가지게 되므로 상담사는 이에 대한 지지와 응원이 필요하다.

장애 자녀의 부모로서 양육 스트레스를 경험하게 되는 요인은 다음과 같다.

첫째, '부모의 고통'이다. 부모로서 역할 수행을 하면서 느끼게 되는 심리적 우울감, 개인 생활의 제한성, 사회적 활동의 단절 혹은 고립, 그리고 가족 관계에서 생기는 배우자와의 문제, 형제·자매와의 문제로 인한 심리적 어려움 등으로 인하여 느끼는 심리적 고통이다.

둘째, '부모와 자녀와의 불편한 상호작용'이다. 자녀를 출산했으나 일반적 성장 과정과 부모이기 때문에 자녀에 대한 기대감과 장애아라는 표찰로 인하여 느끼게 되는 불편한 상호작용의 스트레스이다. 즉, 장애아 표찰로 인해 부모로서 수용에 대한 의지와 앞으로 현실을 감당해야 하는 현실과의 괴리로 인한 스트레스이다. 그러므로 부모로서 장애아 자녀에 대한 미성숙한 부모의 수용도는 자녀와 불편한 상호작용이 진행하게 되는 경험을 하게 된다.

셋째, '부모의 기질과 자녀의 기질이 상충될 때'이다. 자녀가 까다로운 기질일 때, 부모의 심리적 상태는 극도로 예민하고 정신적 스트레스는 더 높게 나타난다.

부모의 양육 스트레스는 부모의 삶에 부정적 영향과 장애 자녀의 발달 및 성장에도 부정적 영향을 미친다. 부모의 양육 스트레스를 해소할 수 있는 대안이 필요하다.

3) 장애아동 부모의 심리적 반응

부모의 심리적 반응단계는 다음과 같다.

첫째, 충격, 부인의 단계이다. 장애아의 표찰이 되면서 외형적으로 두드러진 모습의 장애를 가지고 있음에도 불구하고 부모로서 인정되지 않고 정신적 고통으로 인하여 부인하게 된다.

둘째, 거부감과 왜곡된 기대감의 단계이다. 의사소통장애, 지적장애, 지체장애, 발달장애이든 장애 유형과 상관없이 장애 증상에 대한 거부와 함께 다양한 분야의 의료진을 통하여 장애의 표찰이 되었음을 재확인하게 된다. 이는 부모의 기대가 높고 장애를 인정하지 않는 심리적 불안에서 나오는 현상이다.

셋째, 분노와 슬픔의 단계이다. 부인하고 거부하고 기대해 보지만 현실은 변화되지 않고 나이를 조금씩 들어가면서 자녀의 장애 수준은 변화되지 않거나 더 안 좋아지는 상황이 발생하면서, 자신을 되돌아보며 주변 및 타인과의 사회적 관계에서의 정신적 고립 상태가 되기도 한다. 장애 자녀의 치료나 재활에 의지하며 사회적 지원, 의료지원을 적극적으로 지원받기보다는 장애 자녀를 외부로부터 격리하거나 노출을 꺼리는 경우가 된다. 분노와 슬픔을 자신의 잘못으로 '나 자신'을 겨냥하여 괴로워할 수 있으나, 때로는 상대방에 대한 질투나 열등감으로 분노를 나타내기도 한다.

넷째, 정보수집과 도움 요청의 단계이다. 부모로서 완전한 수용은 하지는 않았으나 자녀를 위해 현실적 타협으로 정보수집과 사회적 도움을 요청하게 된다. 그래서 외부의 교육이나 치료기관을 알아보고 선택하며 외부의 도움을 요청하기 위해 시선을 밖으로 돌리게 된다.

다섯째, 수용과 적응의 단계이다. 장애 자녀에 대한 표찰을 인정하는 단계이다. 부모로서 희생과 노력에도 정상적 생활을 영위할 수 없음을 깨닫게 된다. 장애아가 자신의 자녀라는 부인의 단계에서부터 부모의 심리적·경제적·사회적 고통과 고립을 경험하면서 마지막 장애로 인정하며 받아들이는 긍정의 단계로 바뀌는 마지막 단계이다.

4) 장애아동이 가족 기능에 미치는 요인

(1) 장애 자녀에 대한 부모의 정서적 반응

부모가 자녀가 장애를 가졌음을 인지하는 순간부터 부모의 다양한 반응이 나타난다. 충격과 분노, 거부감과 왜곡된 기대감, 분노와 슬픔, 정보수집과 도움의 단계 그리고 마지막 수용과 적응의 단계를 거친다. 이러한 일련의 부모의 반응단계를 거치면서 심리적·정서적 반응을 나타내게 된다. 자녀가 장애가 있음을 인지하게 되는 순간은 부모에게 있어서 죽음을 맞았을 때의 반응단계와 유사한 것으로 나타난다.

(2) 장애 자녀로 인한 부모의 스트레스

비장애아동의 부모보다 장애아동의 부모가 훨씬 높은 스트레스를 경험하게 된다. 장애 유형, 장애정도에 따라 조금 다른 스트레스의 양상이 나타나기는 하지만 양육으로 인한 어머니의 스트레스는 매우 높게 나타나고 있다.

부모의 스트레스 극복에 미치는 요소는 다음과 같다. 첫째, 결혼 생활의 행복 정도, 둘째, 타인, 혹은 전문기관, 전문가와의 협력, 정보공유의 질, 셋째, 장애 자녀의 수용도에 따라 다를 수 있으나 장애 자녀의 수용과 적응단계이다.

(3) 형제·자매의 적응반응

형제·자매들도 마찬가지로 부모의 장애 자녀를 인지하고 받아들이는 단계보다 더 힘들어 한다. 즉, 부모와 같이 분노하고, 거부, 두려움, 슬픔, 죄의식 등에 대한 감정적 변화를 경험한다. 형제·자매가 장애아와 함께 성장하면서 일상생활에서 부딪치고 경험하고, 형제·자매로서 비춰지는 장애아의 사회적 시선과 자신이 함께 경험해 나가야 하는 부분에 관심을 보이게 된다.

5) 부모의 수용도

(1) 부모의 심리적 반응에 따른 일반적 단계

부모의 심리적 반응에 대한 일반적 단계는 첫째, 충격과 부인의 단계, 둘째, 거부와 왜곡된 기대감, 셋째, 분노와 슬픔의 단계, 넷째, 정보수집과 도움 요청의 단계, 다섯째, 수용과 적응의 단계로 나눌 수 있다.

심리적 반응에 따른 장애 부모로서 이러한 단계를 모두 거치는 것은 아니지만, 특정 단계에서 오래 머물기도 하고 벗어나지 못하는 상황이 되기도 하며, 복잡하고 복합적인 심리의 변화로 인하여 다시 앞 단계로 되돌아오거나, 다음 단계로 넘어가기도 하고, 단계가 반복되기도 한다.

(2) 부모의 긍정적 심리 반응

부모가 장애 자녀를 받아들이는 과정의 심리 반응은 다음과 같다.

① 현실적인 기대나 희망을 가지게 된다.

② 장애를 인정하며 수용하는 마음가짐이다.

③ 장애를 인정하며 극복해 나가는 마음가짐이다.

④ 장애를 인정하며 가정의 행복, 자신의 긍정적 삶의 의미를 찾아가는 마음가짐이다.

(3) 부모의 부정적 심리 반응

부모로서 장애 자녀의 부정적 심리 반응은 다음과 같다.

① 자녀가 장애가 있음을 부인하는 마음이다.

② 자녀의 장애에 대하여 내 탓이나 남의 탓하는 마음이다.

③ 자녀에게 장애가 있음에 대하여 스스로 화내는 분노의 마음이다.

④ 자녀가 장애가 있게 되어 부모로서 무기력해지고 좌절감을 갖게 되는 마음이다.

⑤ 장애 자녀를 위해 부모로서 희생하거나 열심히 치료하면 비장애아가 될 수 있다

는 기적과 희망을 갖게 되는 마음이다.

⑥ 장애 자녀로 인해 잃어버리는 삶에 대한 고통스러운 마음이다.

6) 부모상담의 요인

(1) 성공적인 부모상담 요인

[표 12-5] 성공적인 부모상담 요인 분류

구분	내용
상담을 통한 부모의 사회적 변화	• 상담을 통하여 양육 태도의 변화를 경험한다. • 상담을 통해 장애 자녀의 장애에 대해 인정하며 수용해 나간다. • 상담을 통해 가정의 변화를 시도해 나간다. • 내담자의 심리적·정서적 안정을 찾아 나간다. • 내담자의 사회적 관계를 형성해 나간다. • 내담자의 삶의 질을 개선해 나간다.
교육과 양육방법에 대한 정보제공	• 상담자의 다양한 정보제공에 대해 수용해 나간다. • 교육기관의 양육방법에 대해 협력해 나간다. • 부모와 장애 자녀와의 의사소통에 대한 방법을 터득해 나간다. • 장애 자녀의 신체발달에 필요한 정보를 제공 받는다. • 장애 자녀의 문제행동에 대한 대처방안의 정보를 제공 받는다. • 자녀의 치료에 필요한 기능을 습득해 나간다. • 자녀의 성장 시 예상치 못한 발달과정에 대해 정보를 제공 받는다.
상담자의 전문적인 상담태도	• 상담자의 전문적 지식을 가지고 상담 태도를 가진다. • 상담 시 내담자의 윤리에 대해 안내한다. • 내담자에게 다양한 정보 및 장애 유형, 장애 수준에 맞는 정보를 제공한다. • 내담자의 상담을 기록지로 기록한다. • 내담자의 마음을 읽고 공감하며, 지지와 응원의 언어적·비언어적 행동으로 편안한 상담 분위기를 제공한다. • 내담자의 상담 내용에 전문치료기관, 전문 교육기관 등과의 연계가 가능한지 협력의 통로를 만들어 간다. • 내담자의 상담 내용은 비밀을 유지한다.

구분	내용
상담을 통한 부모의 심리적 변화	• 상담을 통하여 양육 스트레스를 낮춘다. • 상담 내용의 공감 태도를 통해 부모의 심리적 변화가 나타난다. • 내담자의 가정 상담을 통해 스트레스를 해소해 나간다. • 내담자의 가정 상담을 통해 문제 해결을 한다. • 내담자 사회적 인적관계의 형성을 긍정적으로 해소해 나간다.

출처: 배재홍(2014). 학교폭력을 위한 상담기법.
김희영(2013). 장애아동 부모상담의 성공 요인에 대한 개념도 연구, 청소년 복지연구 제15권 제2호. pp.227-246. 재인용.

(2) 성공적인 부모상담 요인의 인식구조

[표 12-6] 성공적인 부모상담 요인의 인식구조 분류

구분	내용
상담자 차원	• 상담자의 전문성, 인간성을 갖춘다. • 라포(rapport) 형성으로 효율적 상담을 이루어 나간다. • 상담자와 내담자 간의 신뢰하고 따르는 관계를 형성해 나간다. • 상담공간의 환경을 청결하고 안정감을 주며 방해 없는 환경을 제공한다. • 내담자와의 의사소통을 공감하고 존중하는 태도로 임한다. • 내담자의 상담 내용에 관심을 기울이는 태도를 보인다. • 내담자의 상담 내용에 반영의 의사를 표현한다. • 내담자의 상담 내용에 갈등을 유발하지 않도록 긍정적 존중한다. • 내담자는 상담자의 비언어적 표현에 민감하므로 친밀성 있는 표현을 한다. • 내담자의 심리적 불안감을 이해하고 기다려 준다.
부모 차원	• 장애 자녀의 필요한 복지를 제공할 법적인 책임을 가진다. • 교육적·의료적·정서적 상담 관련 정보를 접한다. • 장애 자녀의 구체적이고 현실적인 장·단기 목표를 설정에 참여한다. • 장애 자녀의 신체적 발달을 위해 정보를 제공 받는다. • 장애 자녀의 정서적·심리적 안녕과 행복을 위해 정보를 제공 받는다. • 상담자에 대한 적대감 및 거부보다는 필요한 지원 상대임을 인식하도록 한다.
정서적 차원	• 내담자의 신경증, 우울증의 성향이 장애 자녀에게 미치지 않도록 정서적 지원을 한다. • 내담자의 장애수용에 따른 심리적 부적응의 영향이 장애 자녀에게 미치지 않도록 정서적 지원을 한다.

구분	내용
	• 내담자의 의사소통을 회피하는 방식에 안심할 수 있도록 작은 비언어적 소통에도 지지하며 정서적 지원을 한다. • 내담자가 상담자를 불신하는 방식에 전문 상담자로서 정서적 지원을 한다. • 부모의 긍정적 양육 태도에 지지와 응원을 보낸다. • 부모의 부정적 양육 태도에 바른 양육방법에 대한 정보와 개입이 될 수 있도록 긍정적 지원을 한다.
행동적 차원	• 내담자와 개방적 의사소통이 이루어지도록 상호 간의 이해와 감정을 솔직하게 이야기한다. • 내담자의 부모－자녀 간의 상호 간의 정보가 솔직하고 자유롭게 이루어질 수 있도록 소통한다. • 내담자 자신이 지각하는 현재의 양육 태도에 대해 일관성 있고 솔직하게 이야기한다. • 긍정적 행동에 대해 모호한 표현을 할 때는 모델링이 되어 지원한다.

출처: 배재홍(2014). 학교폭력을 위한 상담기법.
김희영(2013). 장애아동 부모상담의 성공 요인에 대한 개념도 연구, 청소년 복지연구 제15권 제2호. pp.227-246. 재인용.

3. 부모상담의 기법

상담자와 내담자 간의 상담은 장애 자녀에 대한 문제, 가정의 문제, 사회적 문제, 자신의 내적·외적 문제에 대한 관계, 상황에 대하여 진행한다. 어느 상담기법을 사용하든 상담 내용을 통한 통찰과 내적 성장을 이루기 위하여 진행하게 된다.

상담자는 자기 방어기제를 버리고 경험에 대한 왜곡을 줄여 내담자의 완전한 이해를 할 수 있도록 도와주는 것이다. 상담자는 내담자의 상담 내용을 정확하게 인지하고 솔직하게 표현해 나가며, 인간에 대한 존중의식을 가지고 내담자의 무조건적 긍정적 존중을 원칙으로 내담자의 내적 가치를 존중하는 마음을 가지며, 내담자의 경험이나, 생각과 감정 등에 대해 내담자 입장을 이해하고, 공감의 마음으로 상담해야 한다.

1) 상담 초기에 요구되는 기법

[표 12-7] 상담 초기 기법 분류

기법	내용
수용과 주목	심리적 안정 행동, 상담 내용의 수용, 몰입하는 태도와 반응을 보인다.
반영과 경청	언어적·비언어적 메시지에 귀 기울이기, 부연, 느낌과 감정의 반영, 행동과 태도를 반영한다.
구조화	상담 내용의 메시지 파악하기, 상담의 본질, 조건, 방향에 대해 정의한다.
신뢰감, 라포 형성	내담자의 내적 심리상태를 이해하고 공감하고, 신뢰, 친밀감을 형성한다.
환언하기	내담자가 한 말을 다시 반복하여 말하여 내용과 생각을 구체화한다.
요약하기	상담 내용의 생각과 감정을 상담 마무리 시 정리하여 이야기한다.
명료화하기	상담 내용의 의미를 상담자가 생각하고 정리하여 한번 더 이해시킨다.
해석하기	상담 내용을 재구성하여 일상생활의 경험과 행동적 의미를 해석한다.

출처: 이규미(2017). 상담의 실제: 과정과 기법. 학지사. 재인용

2) 일반적 기법

[표 12-8] 상담의 일반적 기법 분류

기법	내용
즉시하기, 직면하기	현재 상황의 문제를 다루기, 내담자가 현실 문제에 대해 거부하거나 모르고 있는 문제나 생각, 느낌에 대해 직면하기
충고하기	내담자의 지도력과 자립의 의지를 격려하며 충고
격려하기	내담자의 부정적 면을 제거하고 신뢰하고 긍정적 표현으로 격려
역설적 의도	특정 과제, 행동, 사고에 대해 의도적 부정적 연습으로 행동 변화
시범보이기	상담자가 모델링 되어 모방할 수 있는 행동 보이기
역할놀이	내담자가 "내가 만약 ~을 할 수 있다"로 역할놀이 상황 설정

출처: 김보기, 박유미(2020). 아들러의 개인심리학을 적용한 상담 과정과 상담기법에 관한 연구. 산업진흥연구 제5권 제3호. pp.89-96. 재인용.

3) 특수기법

[표 12-9] **상담의 특수기법 분류**

기법	내용
초인종 누르기	내담자의 긍정적 경험과 부정적 경험에 대한 감정에 주목하기
접근－회피상황 설정	목표 행동 수행 시 행동을 못하게 함으로써 행동의 유용성 감소
마이더스 기법	상담 욕구를 충족하기 위한 과잉대응 시 내담자는 욕구 감소
타인을 즐겁게 하기	내담자의 사회적 관심의 흐름 속으로 되돌아오게 하는 촉진 설정
심리적 성숙으로 이끄는 행동	내담자의 자기 패배적, 부정적 행동유형을 상담으로 가져옴
스스로 억제하기	부정적 심리상태를 말하여 자신을 억제하여 불합리한 행동의 중지

출처: 김보기, 박유미(2020). 아들러의 개인심리학을 적용한 상담 과정과 상담기법에 관한 연구. 산업진흥연구 제5권 제3호. pp.89-96. 재인용.

4) 부모의 장점·단점 인식하기

(1) 의존적 성향의 부모

- 자신의 판단에 대한 확신이 없고 스스로 결정하는 어려움이 있을 때 의존하게 된다.
- 어려서 받은 '과보호'가 '습관'이 되어 성인이 되어서도 의존하는 성향이 된 것이다. 이는 '성향'일 수 있으나, 가족력의 영향이 있을 수 있다.
- 독립의 두려움, 자기주장 결정의 어려움, 탐색 과정의 바른 판단의 어려움을 가진다.(※ 부모의 긍정적 기술: 부모의 의존적 성향은 내담자의 의견을 잘 듣고, 스스로 자립하고 결정할 수 있도록 유도한다.)

(2) 태만한 성향의 부모

- 말이 없고 무던하게 지나가는 부모가 있으나 그렇다고 시설의 운영에 관심이 없는 것은 아니다.

- 조용히 혹은 별 탈 없이 지나가는 부모를 태만한 성향의 부모로 오인하기 쉽다.
- 태만은 아이에 대한 낮은 관심과 반응, 욕구의 무관심을 나타낸다.
- 부모의 태만한 성향은 어렸을 때 신체적·정서적 학대 등의 문제 가능성이 있다.
- 태만한 성향 부모에게 자녀는 충동적·비감정 조절능력, 문제행동의 특성을 나타낸다.(※부모의 긍정적 기술: –부모는 자녀의 행동 통제, 강제 조절, 개입, 판단보다 성숙한 행동의 요구를 긍정적으로 표현한다. 장애 자녀의 장애 수준을 수용하고 인정한다.)

(3) 과잉보호 성향의 부모

- 자신의 실수에 대한 두려움을 자기방어 성향으로 이해해야 한다.
- 자녀의 실수를 미리 차단하여 부모가 문제를 해결해 나가는 길이 자녀를 안전하게 보호한다는 불안감을 가진 성향으로 이해해야 한다.
- 자신이 어려서 자주적·독립적으로 문제를 해결해 본 적이 없으므로 어른이 되어서는 자녀가 어려울 때 부모가 해결해야 한다고 판단하고 이해하는 부모이다.
- 부모가 완벽주의자로 아이의 모든 면을 간섭, 통제하고 개입하는 성향이 있다.
- 부모의 통제 아래 자라고 있으므로 잘못한 일에 대한 책임, 잘한 일에 대한 칭찬, 부족한 부분에 대한 잔소리가 없다.
- 부모의 과잉보호 아래 자란 아이는 고연령이 되면서 고집이 세지고 스스로 책임감을 상실하여 결정할 수 없는 무책임한 행동을 하게 된다.

  (※부모의 긍정적 기술: 부모가 모든 것을 다 해줄 것인가? 부모의 과잉보호로 자라는 것이 건강하게 자라는가를 이해시킨다. 자녀가 해야 하는 일과 부모가 해야 하는 일과의 경계를 지켜야 한다.)

(4) 완벽주의 성향의 부모

- 부모는 자녀가 자신의 발달에 맞는 행동을 하고 있어도 문제가 있다고 판단한다.
- 자녀의 발달에 못 미치는 행동발달을 보여도 불구하고 과대평가 하는 부모가 있다.

• 경계선 장애적 특성을 보여도 아무런 문제가 없다고 자신의 생각을 관철한다.
• 자녀의 문제가 있다거나, 행동적 문제 성향이 있다는 것을 받아들이기 힘들어한다.
• 부모에게 자녀의 문제에 대해 도움을 주고자 상담을 하게 되면 부모와 교사 간의 불편한 상황이 초래하게 된다.
• 자녀의 잘못을 인정하는 것은 부모 자신의 잘못을 인정하는 것으로 생각하게 된다.
(※부모의 긍정적 기술: 자주 아동의 행동을 친근하게 이야기하거나 수시로 긍정적으로 수용할 수 있는 범위 내로 이야기하며 상황을 인식할 수 있도록 한다. 자신의 경험보다는 전문기관의 평가와 함께 부모, 교사가 함께 이야기를 나눈다.)

(5) 분노 성향의 부모

• 분노 성향은 어려서부터 형성된다.
• 영유아기부터 형성된 성향이므로 부모의 분노 성향은 자녀에게 미치는 영향이 크다.
• 자녀에게 긍정적 사회화보다는 부정적 사회화, 소통의 어려움이 발생한다.
• 공격적 분노 성향은 자신의 주장과 권리를 크게 말하고 조율하기 어렵다.
• 수동적 분노 성향은 처음부터 화를 내지는 않지만, 화를 내면 조절하지 못하고 자제력을 잃고 화를 낸다.
• 수동 공격적 분노 성향은 자신이 화를 내고 있지 않다고 생각한다.
• 투영 공격적 분노 성향은 다른 사람이 화를 내는 모습을 보며 자신의 모습을 투영한다.
• 분노 성향의 부모 아래에서 자란 아이는 부모의 모습을 투영하여 배우며 자라게 된다.
• 분노 성향의 부모에게서 자란 아이는 가학적인 잔소리를 내거나, 분을 폭발한다.
• 분노 성향의 부모에게서 자란 아이는 복종하는 모습을 보이거나 타인 앞에서 자신의 감정을 숨기고 화를 숨기는 방법을 터득한다.

• 분노 성향으로 인한 감정억제는 언제부터인가는 억제감정의 폭발이 나타나게 된다.
(※부모의 긍정적 기술: 화가 났을 때는 3초, 3분 숨쉬기로 분노의 감정을 내려놓는 연습을 한다. 부모의 분노 성향을 자녀가 답습하므로 화를 다스리고 감정을 다스리는 연습을 한다. 분노를 냈던 자신을 모습의 진실을 직시하는 연습을 한다.)

(6) 다투는 성향의 부모

• 부부의 성격 차이, 성향, 부부의 이혼, 생활환경으로 나타난다.
• 통제에 대한 욕구가 강하고, 자신의 의견 수렴이 어려울 때 강하게 나타난다.
• 부모가 다투는 성향일 때는 모욕, 비아냥, 비웃음, 인신공격 등이 동반될 수 있다.
• 다툼이 성향으로 나타날 때는 서로에게 자신의 의견만을 충고로 이야기하게 된다.
• 상대의 의견보다 자신의 의견이 우위에 있는 말과 행동이라고 생각하게 된다.
• 장애아동은 가족 관계뿐만 아니라 대인관계에 부정적 영향을 미친다.
• 장애 자녀 의사소통의 어려움과 사회적 환경에 부정적 영향을 미친다.
(※부모의 긍정적 기술: 한 가정의 부모로서 문제를 대화를 통해 문제를 해결할 수 있도록 노력한다. 자신의 의견보다 타인의 의견에 존중하는 태도를 배워 나간다.)

(7) 비협조적 성향의 부모

• 상담자와 부모 간의 상담 효율성을 저해하며 부정적 영향을 미치는 요인이 되며, 이러한 태도는 아동의 행동특성과도 함께 한다.
• 부모가 상담 시 비협조적인 태도에 대한 대응의 이유를 찾아보는 것이 중요하다.
• 비협조적 태도에 대한 원인을 분석하지 않으면 앞으로 이어질 상담이 원활하지 않을 가능성이 매우 높다.
• 비협조적인 부모는 거리를 두거나 횟수를 줄이거나 중단하면 더 악화된다.
• 장애아동이 시설에서 많은 시간을 보내며 교육과 훈련 처치를 하지만 부모의 시

설 행정의 일반적 참여가 협조적인지, 비협조적인지에 대한 판단의 기준은 모호하다.

- 단순 소극적 행정 참여가 비협조적인지, 다른 이유는 무엇인지에 대한 편안한 소통의 노력이 필요하다.
- 장애 자녀로 인하여 열등의식에 의한 고통으로 참여가 어려운 부분인가?

(※부모의 긍정적 기술: 부모로서 회피, 철회, 현실을 피하는 방법으로 불안감 감소 등으로 생존 전략 방법의 심리적 특성)

참고문헌

「영유아보육법」(2022.06.10. 일부개정).

「장애인 등에 대한 특수교육법」(2007.5.25. 법률 제8483호 신규제정).

「장애인복지법」(2022.9.6. 시행규칙 개정).

「특수교육진흥법」(1994.1.7. 법률 제4716호 전문개정).

강대옥, 강병일, 김기주, 김남진, 김창평(2016). 특수교육학개론(2판). 학지사.

강영심, 전정련(2002). 초등학교 통합학급에서의 협력교수에 대한 특수교사와 통합학급교사의 인식. 정서·학습장애연구, 17(3), 33-47.

강위영, 권명옥(1998). 장애아 부모를 위한 자폐성 아동의 이해. 도서출판 특수교육.

강종구(2010). 지체중복건강장애연구. 한국지체부자유아교육학회, 53(2), 185-212.

공주대학교 특수교육연구소(2018). 특수교육의 이해. 양서원.

곽금주, 오상우, 김청택(2011). 한국판 웩슬러 아동용 지능검사Ⅳ. 학지사.

교육과학기술부(2010). 장애인 등에 대한 특수교육법 시행규칙.

교육부(2015). 특수교육연차보고서.

교육부(2018). 2015개정 특수교육 교육과정 총론.

국립특수교육원(2003). 통합학급 운영실태 연구. 국립특수교육원.

국립특수교육원(2009). 특수교육대상아동 선별검사 개발. 국립특수교육원.

국립특수교육원(2013). 시각, 청각, 지체장애학생 교수학습자료.

국립특수교육원(2015). 중도·중복장애학생 자립생활 교수학습 자료.

국립특수교육원(2016). 장애영유아 양육 길라잡이.

권요한 외(1998). 장애학생 부모교육프로그램. 국립특수교육원.

권요한, 김수진, 김요섭, 박중휘, 이상훈, 이순복, 정은희, 정진자, 정희섭(2010). 특수교육학개론. 학지사.

권요한, 김수진, 김요섭, 박중휘, 이상훈, 이순복, 정은희, 정진자, 정희섭(2015). 특수교육학개론(2판). 학지사.

김광웅(1990). 정신지체유아의 통합교육에 관한 연구. 단국대학교 특수교육연구소.

김동일, 고은영, 고혜정, 김우리, 박춘성, 손지영, 신재현, 연준모, 이기정, 이재호, 정광조, 지은, 최종근, 홍성두(2019). 다양한 학습자를 위한 특수교육의 이해. 학지사.

김동일, 손승헌, 전병운, 한경근(2010). 특수교육학개론. 학지사.

김동일, 신종호, 이대식(2003). 학습장애 아동교육. 학지사.

김미선(2008). 문제행동에 대한 긍정적 행동지원. 장애학생의 문제행동 중재방안 및 사례, pp.33-60.

김미숙, 김향지(2011). 교사를 위한 특수아동의 이해와 교육. 창지사.

김병년(2013). 장애수용도가 장애아동 부모의 양육태도 및 양육스트레스에 미치는 영향. 장애인복지연구 제4권 제2호. pp.113-138.
김보기, 박유미(2020). 아들러의 개인심리학을 적용한 상담과정과 상담기법에 관한 연구. 산업진흥연구 제5권 제3호 pp.89-96.
김삼섭 외(2016). 장애영유아 양육 길라잡이 제4권 청각장애. 국립특수교육원.
김삼섭 외(2016). 장애영유아 양육 가이드북. 국립특수교육원.
김선영, 안도연, 정희선(2020). 특수교육학개론. 양서원.
김수진(2012). 교사와 부모를 위한 청각장애 아동 교육. 학지사.
김승훈(2016). 한국보조공학 지원서비스 체계 연구. 단국대학교 일반대학원 박사학위논문.
김애화, 김의정, 김자경, 최승숙(2012). 학습장애 이론과 실제. 학지사.
김애화, 황민아(2008). 초등학교 고학년의 읽기 능력에 영향을 미치는 읽기 관련 변인에 관한 연구. 언어청각장애연구, 13(1), 1-25.
김영욱(2007). 청각장애 아동의 이해. 서울: 학지사.
김영욱, 김원경, 박화문, 석동일, 이해균, 윤점룡, 정재권, 정정진, 조인수(2009). 특수교육학(4판). 교육과학사.
김영태(2014). 아동언어장애의 진단 및 치료(2판). 학지사.
김원경, 허승준, 추연구, 윤치연(2008). 최신 특수교육학. 학지사.
김은경(2002). 자폐성장애 아동의 의사소통 특성에 관한 고찰. 유아특수교육연구, 제2권 제2호. pp.83-119.
김이영, 김선영, 김지영, 성연승, 안도연, 정희선(2015). 특수교육학개론. 양서원.
김종현, 윤치연, 이성현, 이은림(2007). 특수아동의 이해와 지도. 공동체.
김종현, 이성현, 이은림, 정대영(1996). 특수유아교육. 창지사.
김진호 외 공역(2002). 특수교육학개론. 시그마프레스.
김진호, 김려원(2018). 최신 특수아 진단 및 평가. 학지사.
김진희(1996). 특수아 부모교육의 과제. 특수교육학회지, 제17집 제2호. 21-35.
김향지(2001). 장애유아 부모상담의 특성 및 내용구성 방안. 정신지체연구, 제3집 3호. pp.127-143.
김형태(2001). 집단상담의 이론과 실제. 동문사.
김혜리, 김영미, 김진주(2021). 지체장애학생 교육의 이론과 실제. 양서원.
김희규 외(2010). 장애학생의 교과교육을 위한 교수-학습방법과 평가 효율화 방안. 특수교육교과교육연구, 3(1), 57-76.
김희영(2013). 장애아동 부모상담의 성공 요인에 대한 개념도 연구. 청소년복지연구, 제15권 제2호, pp.227-246.
대구대학교 특수학교교육과정연구위원회(1999). 제7차 특수학교교육과정에 의한 학생중심 교수–학습 모형연구. 대구대학교.

더위키(2022). 서번트 증후군.

도명애, 김성화, 박순길, 박채진, 서석진, 서영란, 이수진, 임은주, 정훈영, 조재규, 최성욱(2021). 특수교육학. 양서원.

마주리(2013). 장애아보육. 공동체.

미국 장애인교육법(Individuals with Disabilities Education Act: IDEA).

민강기(2011). 특수지원센터 보조공학 지원서비스 모형개발. 대구대학교 대학원 박사학위논문.

박순희(2022). 시각장애아동의 이해와 교육(4판). 학지사.

박옥희(2004). 장애인 복지론. 학문사.

박윤조, 용상이, 이정원, 정재엽, 박서연(2005). 장애아동의 이해. 공동체.

박은혜, 김정연(2013). 지체장애학생교육. 학지사.

박주영, 정남해(2021). 아동작업치료사의 부모상담 경험에 관한 현상학적 연구. 대한감각 통합치료학회지 제19권 제2호.

박지연 외(2006). 장애아 부모지원 가이드북 개발연구. 한국장애인개발원.

박지연(2002). 특수교육 인물: Evelyn Deno와 통합교육의 흐름. 현장특수교육, 7(5). 국립특수교육원.

박지연(2007). 학부모 교육과 상담. 국립특수교육원.

박현옥(2007). CHC 지능이론에 의한 지적장애아의 인지적 특성. 한국발달장애학회, 제11집 제1호, pp.113-128.

배재홍(2014). 학교폭력을 위한 상담기법. 경상북도 경주교육지원청.

보건복지부(2020). 장애인 실태조사.

보건복지부(2021). 장애인복지법.

송준만, 유효순(1995). 특수아동. 학지사.

송현종, 조성은(2005). 통합교육과 학교상담: 학교상담자의 태도와 역할. 특수교육저널: 이론과 실천, 제6권 제4호. pp.215-234.

신동렬(2000). 보행훈련. 한국시각장애인복지재단.

양육 길라잡이(제3권)-시각장애. 국립특수교육원.

여성가족부(2019). 나는 어떤 부모일까? 양육유형 점검하기.

유수옥 외 공역(2006). 영유아교육현장 장애유아 통합교육 전략. 창지사.

유수옥(2005). 유아특수교육론. 학지사.

유수옥(2017). 특수유아교육. 창지사.

이규미(2017). 상담의 실제: 과정과 기법. 학지사.

이병인(2002, 2004, 2006, 2016), 장애학생가족지원의 이해. 단국대학교 출판부.

이병인(2016). 특수교육대상아동 가족지원의 이해. 노스보스.

이소현 역(1995). 장애영유아를 위한 교육. 이화여자대학교 출판부.

이소현 외(2017). 유치원 통합교육 가이드북. 인천광역시 교육청.
이소현(2020). 유아특수교육(2판). 학지사.
이소현, 박은혜(2011). 특수아동교육(3판). 학지사.
이지연, 한수진(2020). 유아교사를 위한 특수교육학개론. 양서원.
이태훈(2021). 시각장애 학생 교육의 이론과 실제. 학지사.
이필상, 권순항, 김수진, 김시영, 박미혜, 박선희, 정은희(2020). 청각장애아동교육의 이해(2판). 학지사.
이해균, 차향미, 추병선, 한성민, 백수진(2014). 확대 교과서 제작 지침 개발 연구. 국립특수교육원.
임안수, 이해균, 박중휘, 신동렬, 이태훈, 이우관, 이해균, 조성재, 홍성계(2014). 저시력의 기초. 한국시각장애인복지재단.
장수연(2021). 2019 개정 누리과정 기반 유아통합교육의 실제. 창지사.
전경원, 권미은(2009). 특수유아교육. 창지사.
전경원, 권미은(2021). 특수아동의 이해(4판). 창지사.
전헌선(2004). 뇌성마비아의 언어치료교육. 대구대학교 출판부.
정대영(2016). 특수아동 교육: 0세부터 8세까지. 창지사.
정여주, 최한, 정유진(2022). 미술심리재활중심 장애아동의 이해. 학지사.
정용석(2014). 정서·행동장애 정의에 대한 대안적 모형연구: Freud의 성격구조론과 이이의 심성론을 중심으로 정서·행동장애연구. 제30권 제4호. pp.451-471.
정인숙, 조광순, 조윤경, 홍성두(2008a). 장애 영유아 선별 및 진단, 평가 지침서 개발 Ⅰ. 국립특수교육원.
정인숙, 조광순, 조윤경, 홍성두(2008b). 장애 영유아 선별 및 진단, 평가 지침서 개발 Ⅱ. 국립특수교육원.
정재권, 오명화(2007). 뇌성마비아 작업치료의 이해와 실제. 시그마프레스.
정지훈, 조규영 공역(2017). 시각중복장애인의 이해와 지도. 일본 맹중복장애인복지시설연구협의회 편저. 시그마프레스.
정해동, 권주석, 김미선, 김주영, 박경옥, 박순희, 이경면, 이성봉, 이옥인, 정영숙, 정주영, 조규영(2010). 특수교육 국어교육론. 교육과학사.
정효주, 권병수, 박지영, 편승연, 동서연, 설현주, 정의, 김승보(2012). 배꼽탈장이 동반된 13번 염색체 전좌에 의한 파타우 증후군. 대한산부인과초음파학회지, 제14권 제1호, pp.40-43.
조윤경, 김수진(2014). 유아교사를 위한 특수아동의 이해. 학지사.
조윤정(2019). 장애아통합보육 순회지원에 대한 보육교직원의 인식. 대구대학교 대학원 석사학위논문.
최상배, 강창욱, 황윤재, 이상희, 김은하(2020). 청각장애(난청)학생 교육지원 방안. 국립특수교육원.
최승숙(2004). 통합교육을 실시하고 있는 초등학교 교실에서의 협력교수 실제. 특수교육학 연구, 39(3), pp.262-292.
추연구, 김병룡(2022). 특수교육의 이해. 공동체.

표윤희(2017). 교사와 작업치료사간 협력적 팀 접근 중재모델의 적용이 뇌성마비학생의 시 지각, 상지기능 및 일상생활능력과 개별화교육목표 성취에 미치는 영향. 특수교육학 연구, 52(1), pp.121-144.

한국시각장애인 연합회. 점자일람표.

한국청각언어장애교육학회(2012). 청각장애 아동교육. 양서원.

한국특수교육연구회(2009). 최신 특수아동의 이해. 양서원.

한선영(2020). 협력교수가 통합학급 학생의 사회적 지위와 학교생활만족도 및 일반교육 교사의 통합교육 효능감에 미치는 영향. 한국교원대학교 대학원 석사학위논문.

한송이, 김경미, 이미숙(2018). 특수학급 장애학생 부모의 부모상담에 대한 인식과 기대. 교육혁신연구, 제28권 제1호. pp.493-517.

홍재영, 김두영, 김호연(2014). 학령기 시각중복장애 학생 교육 실태 및 요구. 특수교육학연구, 49(2), 1-22.

홍재영, 이태훈, 박영근(2020). 시각장애(저시력) 학생 현황 및 교육지원방안연구. 국립특수교육원.

황도순(2007). 청각법의 이론과 실제. 공주대학교 출판부.

American Psychiatric Association 2000. *Diagnostic and statistical manual disorders*(4th ed., text rev., p.75) Washington DC: Author.

American Psychiatric Association(2013). DSM-5.

American Psychiatric Association(2015). DSM-5 간편 정신질환진단통계편람. 학지사.

American Psychiatric Association(2015). DSM-5.

American Speech-Lanauge-hearing Association(1993). Definitions of communication of disorders and variations *ASHA, 35*(Suppl. 10). 10-11.

Bambare, L. M.,& Knoster, T. P. (2009). *Designing positive bebavior support plans*(2th Ed.). American Association on Intellectual and Developmenatal Disabilites.

Blacher, J., & Christensen, L. (2011). Sowing the seeds of the autism field: Leo Kanner(1943), *Intellectual and developmental disabilities, 49*(3), 172-191.

Blackman, J. A. (1990). *Medical Aspects of Developmental Disabilities in Children Birth to Three*(2nd ed.). Rockville, MD : Aspen.

Bos, C., & Vaughn, S. (2002). *Strategies for Teaching Students with Learning and Behavioral Problems*(5th ed.). Needleham Heights, MA : Allyn and Bacon.

Chess, S. (1971). Autism in children with congenital rebellion. *Journal of autism and childhood schizophrenia, 1*(1), 33-47.

Copple, C., & Bredekamp, S. (2009). *Developmentally appropriate practice in early childhood programs*(3rd ed.) Washington, DC: National Association for the Education of Young Children.

Cripe, J. J. & Graffeo, J. (1995). *A Family's Guide to the Individualized Family Service Plan*. Brookes Publishing Co.

DEC/NAEYC. (2009). *Early childhood inclusion: A joining position statement of the Division for Early Childhood (DEC) and the Naional Association for the Education of Young Children*. (NAEYC). Chapel Hill, NC: The University of North Carolina, FPG Child Development Insitute.

Deykin, E. Y., & MacMahon, B. (1980). Pregnancy, delivery, and neonatal complications among autistic children. *American Journal of Disasses of Children, 124*(9), 860-864.

Division for Early Childhood(DEC). (2014). *DEC recommended practices in early intervention/ early childbood special education* 2014. Retrieved from http://www.dec-sped.org/recommendedpractices.

Dunst, C. J. Trivette, C. M. & Deal, A. (1995). *Enabling & empowering families: Principle & Guidlines for Practice*. Brookline Books.

Dunst, C. J. Trivette, C. M., & Deal, A. G. (1988). *Enabling & empowering familie: Principle & guidlines for Practice*. Cambridge, MA: Brookline Books.

Feinstein, C., & Reiss, A. L. (1998). Autism: The point of view from fragile X studies. *Journal of Autism and Developmental Disorders, 28*(5), 393-405.

Friend, M. & Bursuck, W. (1996). *Including students with special needs: A practical guide for classroom teachers*. Boston: Allyn & Bacon.

Friend, M., & Bursuck, W. (2002). *Including Students with Special Needs: A Practical Guide for Classroom Teachers* (4th ed,). Needham Heights, MA: Allyn and Bacon.

Friend, Marilyn; Bursuck, William D. (2002). *Including Students with Special Needs: A Practical Guide for Classroom Teachers*. Third Edition.

Giangreco, M. F., Cloniger, C. J., Dennis, R. E., & Edelman, S. W.(2002). Problem solving to facilitate inclusion. In J. S. Thousand, A. I. Nevin, & R. A., Villa (Eds.), *Creativity and collaborative learning: A practical guide to empowering students and teachers* (2nd ed.). Baltimore: Brookes.

Giangreco, M. F., Dennis, R., Cloninger, C., Edelman, S., & Schattman, R. (1993). "I've counted Jon": Transformational experiences of teachers educating students with disabilities. *Exceptional Children, 59*(4), 359-372.

Hughes, C. A., Ruhl, K. L., & Misra, A. (1989). Self-management with behaviorally disordered students in school settings: A promise unfulfilled:. *Behavioral Disorders, 14*(4), 250-262.

Hu－Lince, D., Craig, D. W., Huenthelman, M, J., & Stephan, D. A.(2005).The autism genome project: Goals and strategies. *American Journal of Pahrmacogenomics, 5*, 233-246.

Hu-Line, D. W., Huenthelman, M. J., & Stephen, D. A. (2005). The autism genome project: Goals and strategies. *American Journal of Pabrmacogenomics, 5*, 233-246.

Individuals with Disabilities Education Act Sec.3033.321(2004).

Janney, R., & Snell, M, E. (2004). *Modifying scbool work* (2th ed.). Baltimore: Paul H. Brookes.

Johnson, W. R. (1961). Special education for mentally handicapped-A paradox. *Exceptional Children, 19*, 62-69.

Lynch, E. Mendoza, J. & English, K. (1990). Implementing Individualized Family Service Plans in California Final Report(Available from California Department of Developmental Services, 1600 9th St., Sacramento, CA95814).

Mayen, E. L. & Skrtic, T. M. (1995). *Special education*. Love Publishing Company.

McGonigel. M. G (Eds,). (1991). Philosophy and conceptual framwork: *Guidlines & recommended practices for the IFSP*. Bethesda, MD: Association for the Care of Children's Health.

Nelson, J. R., Stage, S., Duppong-Hurley, K., Synhorst, L., & Epstein, M. H.(2007). Risk factors predictive of the problem behavior of children at risk for emotional and behavioral disorder. *Exceptional Children, 73,* 367-379.

Rosenberg, M. S., Westling, D. L., & Mcleskey, J. (2011). *Special education for today's teachers: An introducation* (2nd ed., p, 261). Boston: Pearson.

Smith, D. D. (2004). *Introduction to special education: Teaching in an age of opportunity* (5th ed., p. 121). Boston: Pearson.

Snell, M. E.,& Brown, F. (2006). *Instruction of students with severe disabilities* (6th ed.). Upper Saddle River, NJ: Memill/Prentice-Hall.

Stanley 1, Greenspan, MD. Serena Wieder, PH, D. (2010). 자폐아동과 함께하기. 핑키밍키.

Strock, M.(2004). *Autism spectum disorders (pervasive developmental disorders)*. Bethesda, MD: US Department of Health and Human Services, National Institutes of Health, National Institute of Mental Health.

Taylor, R. L. (2008). *Assessment of exceptional students: Educational and psychological prodedures*(8th eds,). Prehall.

Trottier, G., Srivastsva, L., & Walker, C. (1999). Etiology of infantile autism: A review of recent advances in genetic neurobiological research. *Journal of Psychiatry and Neuroscience, 24*(2), 193-215.

Tumbull, A. P., Turbiville. V., Tumbull. H. R. (2000). *Evolution of family-professional partnership: Collective empowerment as the model for the early twenty-first century*. In S. J. Meisels & J. P. Shonkoff (Eds). Handbook of early childhood intervention, 631-650, New York: Cambridge University Press.

Walker, H. M., & Sprague, J. R. (1999). The path to school failure, delinquency, and violence: Causal factors and some potential solution. *Intervention in School and Clinic, 35*, 67-33.

Walker, H. M., & Sprague, J. R. (2000). Intervention strategies for diverting at-risk children and youth from de structive outcomes. *Emotional and Behavioral Disorders in Youth, 1*, 5-8.

Williams, P. G., & Hersh, J. H. (1998). Brief report: The association of neurofibromatios is typel and autism. *Journal of autism and Developmental Disorders, 28*(6), 567-328.

「장애인 등에 대한 특수교육법」(2022.7.21. 시행규칙 개정).

국민건강보험공단(https://www.nhis.or.kr) 영유아건강검진 문진표.

굿모닝 보청기(https://www.ikgdigital.co.kr).

미디어생활(https://www.imedialife.co.kr/news/articleView.html?idxno=22501)

비마이너(http://www.beminor.com/news/articleView.html?idxno=8457)

서울시 보조기기센터(http://www.seoulats.or.kr)

푸른교육사(https://modui.co.kr/product/요술거울4종/1020)

찾아보기

저자 소개

이미선

국민대학교 교육학 석사
단국대학교 대학원 교육사회학 및 평생교육학과 박사 수료
중부대학교 대학원 교육심리상담전공 박사과정
前 부천대학교 겸임교수
성덕대학교 강사
現 재능대학교 겸임교수
중앙사이버평생교육원 교수

박미숙

인천대학교 교육학 석사
단국대학교 대학원 특수교육학과 박사 수료
現 시립 북변어린이집 원장

김미경

단국대학교 교육학 석사
現 국공립 부개1동 어린이집 원장

특수아동교육

1판 1쇄 인쇄 2023년 1월 5일
1판 1쇄 발행 2023년 1월 12일

저 자 | 이미선 박미숙 김미경
발 행 인 | 박철용
발 행 처 | 양서원
주 소 | 경기도 파주시 직지길 522 파주출판도시
전 화 | 031-955-8000(代)
팩 스 | 031-955-8005
홈페이지 | www.yswpub.co.kr
이 메 일 | yswgroup@naver.com
출판등록 | 1987년 11월 24일 제 406-2003-037 호

ISBN 978-89-994-1321-6

정가 19,000원